The Road of Project Management

프로젝트 관리의 길

김종열 지음

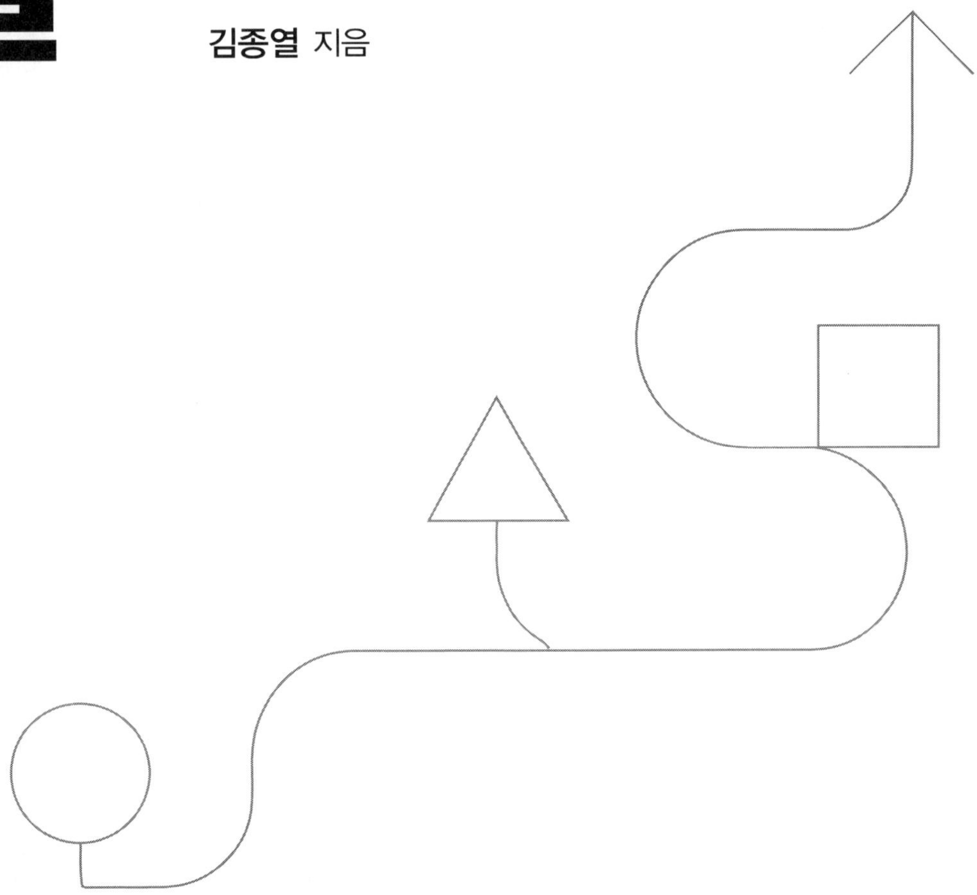

자유아카데미

머리말

산업화의 역사를 거슬러 올라가면, 18세기 후반 경공업 중심의 제1차 산업혁명, 19세기 중후반 중화학공업의 시작을 알리는 제2차 산업혁명, 20세기 중후반 정보통신기술의 발전에 의한 제3차 산업혁명으로 이어졌고, 금세기 들어 기계학습, 인공지능, 빅데이터, 클라우드, 사물인터넷 등 창조적 파괴(creative destruction)와 같은 다양한 기술혁신으로 제4차 산업혁명에 진입하였다. 수차례에 걸친 산업혁명의 근간에는 많은 기술혁신 프로젝트들이 수행되었을 뿐만 아니라 관련 프로젝트관리 기법들도 함께 발전해 왔다.

산업의 발달, 소비자 인식의 변화, 공급사슬의 다변화, 그리고 전 세계적인 지구환경과 사회적 이슈 등 다양한 요인들에 의해 글로벌 비즈니스 환경은 급격하게 변화하고 있다. 기업들은 점점 더 디지털 혁신과 지속가능경영을 핵심전략으로 삼고 있으며, 변화하는 비즈니스 환경을 이해하고 이에 맞춰 적절한 대응전략을 설계하는 것이 기업의 생존과 성장을 위한 필수적인 요소가 되었다. 빠르게 변화하는 제4차 산업혁명의 니즈와 트렌드를 반영한 혁신적인 제품과 서비스의 개발이 경쟁력을 결정 짓는 시대에 접어들자, 기업들은 시시각각으로 변화하는 비즈니스 상황에 시의 적절하게 대응하기 위해 다양한 프로젝트들을 수행하게 되었다.

전술한 바와 같이 프로젝트 형태의 과제들이 많아지자 기업들의 인적자원관리에도 변화의 바람이 불어, 특정 업무에만 집중하는 기존의 직무나 직책이 아닌 보다 유연한 조직구조와 스킬 중심 채용(skill-focused hiring)을 선호하고 있다. 기업들이 인적자원을 충원하는 방식에 있어서도 공개채용은 줄이고, 필요한 시점에 수시 채용이나 경력직 채용을 확대하고 있어, 재학 중인 대학생과 대학원생뿐만 아니라 기업조직에서 근무하고 있는 관리자도 프로젝트관리 스킬 역량을 갖추게 되면, 신규 채용과정 또는 프로젝트업무 수행 성과에서 경쟁우위를 확보할 수 있다.

본 도서는 '1부: 프로젝트관리기법과 체계, 2부: 프로젝트 조직과 의사소통, 3부: 프로젝트관리 기본 3요소, 4부: 프로젝트관리 지원 스킬'의 4개 부문으로 구성되어 있으며, 각 부문마다 장과 절을 두어 관련된 지식과 예시를 포함하여 필요에 따라서는 예제까지도 추가하였다. 독자의 이해를 돕기 위해 각 부문 내 장과 절에서 다루는 내용들을 간략하게 요약해본다.

1부, 제1장에서는 고대로부터 전해온 프로젝트에 관련된 역사적 흔적이나 현존하는 실체 등을 살펴보고, 현대에 이르기까지 프로젝트를 과학적으로 관리하기 위해 적용해 온 기법들의 발전과정을 간략하게 정리하였다. 뒤이어 제2장에서는 프로젝트관리의 체계적 접근을 위해 프로젝트의 특성, 프로젝트의 생애주기 및 프로젝트관리의 프레임워크를 각각 설명한다. 2부, 제3장에서는 프로젝트 수행에 필요한 역량 있는 인적자원의 확보, 교육과 훈련, 팀워크, 책임과 역할 그리고 인적자원의 배치와 보상 등에 대하여 기술하며, 제4장에서는 프로젝트 관련 의사소통계획, 이해관계자, 윤리 등을 다룬다. 3부, 제5장에서는 프로젝트 착수단계에서 필요한 프로젝트 헌장, 전체 작업을 계층적으로 세분화하는 작업분할구조 기법, 작업분할구조사전 개발 등에 대한 지식을 포함한다. 제6장에서는 프로젝트 일정네트워크, 활동자원(자재, 인력, 장비 등)추정, 활동기간추정, 프로젝트 일정수립 프로세스를 통한 일정기준선 설정 및 일정통제를 상세하게 정리하였고, 제7장에서는 프로젝트 원가의 구분, 시간과 원가 간의 상충관계, 원가추정, 예산결정 방법 등을 포함하고 있다. 특히, 제6장 일정과 제7장 원가의 경우, 수학식까지 다루고 있어, 대학원생들에게는 연구논문 작성을 위한 기초적 이해에 도움이 될 수 있다. 마지막 4부는 프로젝트관리를 지원할 수 있는 스킬 역량 측면에서 제8장 프로젝트 품질, 제9장 프로젝트 조달, 제10장 프로젝트 리스크를 각각 포함하고 있다.

좋은 책을 위해 최선을 다했지만 부족한 부분이 있을 수 있다. 이 점은 양해를 바라며 출간 후 나올 수 있는 수정사항 등은 자유아카데미 홈페이지(www.freeaca.com) 자료실에 제공할 예정이니 참고하기를 바란다.

끝으로, 프로젝트를 체계적으로 관리하기 위한 스킬 역량 강화에 관심 있는 독자들에게 도움이 되었으면 하는 간절한 마음으로 집필하였다. 이 마음이 전달되어 독자분들에게 큰 도움이 되기를 바라며, 책이 출간되기까지 도움을 준 자유아카데미를 비롯한 모든 분께 감사의 마음을 전한다.

2025년 11월

저자 김종열

차례

1부 프로젝트관리기법과 체계

제1장
프로젝트관리 유래와 기법

1.1 프로젝트관리 역사 3
1.2 프로젝트관리기법 발전 9
1.3 효과적인 프로젝트관리 12

연습문제 • 16

제2장
체계적인 프로젝트관리

2.1 프로젝트와 프로젝트관리 17
2.2 프로젝트관리 계획 24
2.3 프로젝트 요구사항 28

연습문제 • 36

2부 프로젝트 조직과 의사소통

제3장
프로젝트 조직

3.1 프로젝트 조직 거버넌스 39
3.2 프로젝트 조직 운영 44
3.3 프로젝트 인적자원 59

연습문제 • 71

제4장
프로젝트 의사소통

4.1 프로젝트 의사소통계획 73
4.2 프로젝트 이해관계자 81
4.3 프로젝트 윤리 83

연습문제 • 89

3부 프로젝트관리 기본 3요소

제5장
프로젝트 범위

5.1 프로젝트 승인과 범위 93
5.2 프로젝트 작업분할 100
5.3 프로젝트 범위검증 105
5.4 프로젝트 범위통제 106

연습문제 • 108

제6장
프로젝트 일정

6.1 프로젝트 일정네트워크 109
6.2 프로젝트 활동자원과 기간 119
6.3 프로젝트 일정수립 125
6.4 프로젝트 일정통제 149

연습문제 • 151

제7장
프로젝트 원가

7.1 프로젝트 원가와 기간 153
7.2 프로젝트 원가추정 160
7.3 프로젝트 예산결정 166
7.4 프로젝트 원가통제 168

연습문제 • 178

4부 프로젝트관리 지원 스킬

제8장
프로젝트 품질

8.1 품질과 품질관리 181
8.2 프로젝트 품질계획 189
8.3 프로젝트 품질통제 196
8.4 프로젝트 품질보증 207

연습문제 • 208

제9장
프로젝트 조달

9.1 조달의 체계적 접근 209
9.2 프로젝트 조달계획 212
9.3 프로젝트 조달수행 218
9.4 프로젝트 조달종료 227

연습문제 • 231

제10장
프로젝트 리스크

10.1 프로젝트 리스크계획 233
10.2 프로젝트 리스크식별 236
10.3 프로젝트 리스크분석 239
10.4 프로젝트 리스크대응 251
10.5 프로젝트 리스크통제 254
연습문제 • 256

참고문헌 257
찾아보기 263

1부

프로젝트관리기법과 체계

제1장 프로젝트관리 유래와 기법

제2장 체계적인 프로젝트관리

제1장

프로젝트관리 유래와 기법

프로젝트관리에 필요한 세부적인 기법이나 기술적인 내용을 다루기에 앞서 우선 고대로부터 전해온 프로젝트에 관련된 역사적 흔적이나 현존하는 실체 등을 이해하기 위해 1장에서는 현대에 이르기까지 프로젝트를 과학적으로 관리하기 위해 노력한 흔적 또는 테크닉의 발전과정을 간략하게 정리해본다.

1.1 프로젝트관리 역사

프로젝트(project)의 어원은 행동을 하기 전에 준비한다는 의미를 갖는 라틴어 동사, 프로이세르(proicere)에 기초한 프로젝툼(projectum)에서 유래하였다. 실제 근대적인 감각과 의미에서 프로젝트란 용어를 처음 사용한 것은 인쇄술이 발명되기 이전 15세기 중엽(1400~1450년)에 제작된 알렉산더의 전쟁(the wars of Alexander) 필사본인 것으로 알려져 있다. 기원전부터 전해오는 프로젝트의 결과물을 중심으로 고려하면, 세계적인 문화유산, 유적 또는 건축물 등을 통하여 프로젝트관리의 유래를 찾아볼 수 있다.

(1) 문화유산 건축물

역사적으로 중요한 가치를 지닌 세계적 문화유산 건축물들은 공사 당시에 프로젝트 관리를 어떻게 하였는지 이해하기 위해 현대적 감각에서 유추해본다.

ⅰ) 이집트 기자 지역 대형 피라미드

기원전(BC) 2580~2560년, 이집트 수도 카이로 근교 기자(Giza)지역 사막고원에 세워진 이집트 제4대 왕조의 2대 파라오 쿠푸(Pharaoh Khufu)왕 무덤인 대형 피라미드(Great Pyramid) 건축물이 프로젝트 수행역사의 기원으로 거론되고 있다.

가) 피라미드 구조

<그림 1-1>과 같은 단면을 가진 이 피라미드의 초기 높이는 그 당시 무려 146.6m에 달하여, 지난 3,800여 년 동안 인간이 만든 구조물로서는 전 세계에서 가장 높았다. 세월이 흘러감에 따라 햇빛, 공기, 물 등에 의한 풍화작용으로 서서히 외부에 씌운 매끈한 백색 석회암이 점차 제거되면서 지금은 그 높이가 조금 낮아져 138.5m이다.

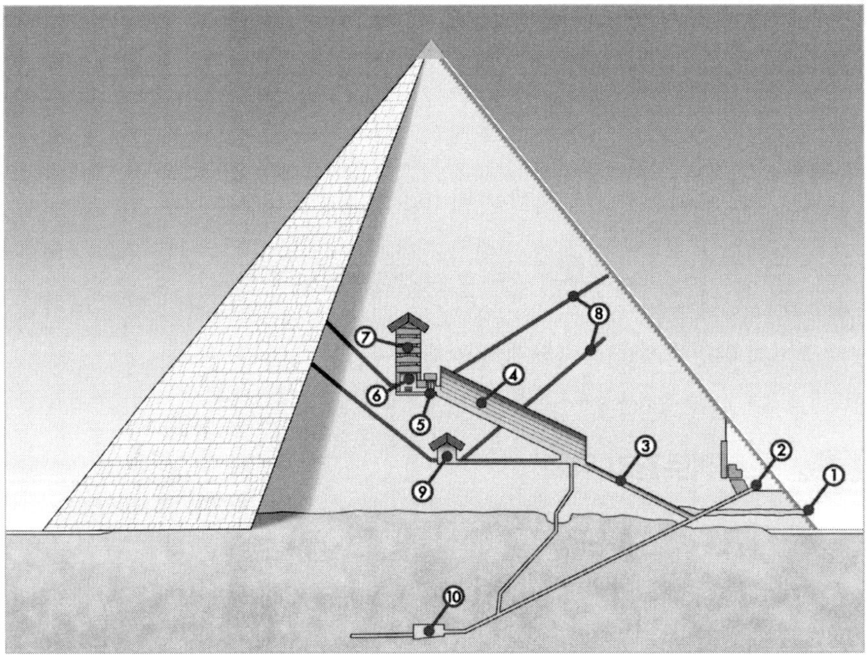

1: 현재 입구　2: 예전 입구　3: 통로　4: 큰 복도　5: 수평유지장치
6: 왕묘실　7: 배출실　8: 환기공　9: 여왕묘실　10: 지하실

그림 1-1 쿠푸왕의 피라미드 단면

나) 프로젝트관리 측면

기자 지역 현지에서 발견된 기록물에 의하면, 공사기간 동안 피라미드 건축물의 4면 각각에 대해 별도로 담당하는 관리자를 두었고, 공사계획에 따른 목표 대비 완성도 점검임무를 부여한 것으로 되어 있었다. 그 당시 공사 진척상황에 대해 현재로서 정확한 것은 알 수 없으나 프로젝트관리의 관점에서 판단할 때 공사기간의 단축이나 원가절감에 초점을 맞추기보다 피라미드 건축물의 품질보증, 즉 완성도에 역점을 둔 것으로 생각해볼 수 있고, 20년 동안의 장기 건축프로젝트를 체계적으로 관리하기 위해 필요한 피라미드 건축에 대한 상당한 계획수립, 실행 및 통제가 있었던 것으로 추정된다.

ii) 그리스 파르테논 신전

고대 그리스의 수도, 아테네의 아크로폴리스(Acropolis)에 있는 도리아식(Doric) 건축물인 <그림 1−2> 파르테논(Parthenon) 신전은 그 당시 그리스 문명의 철학, 미학 및 과학적 사고를 담아내기 위해 BC 448~432년, 아테네 동쪽 펜텔리산(Mount Penteli)에서 채취한 7,500여 개의 대리석 블록들로 만들어졌다. 그 당시 자료들에 따르면, 펜텔리산 채석작업에 들어가기 전에 미리 대리석 자재의 소요량을 정확하게 조사하고, 건축물이 들어설 최종 위치와 배치(layout)를 고려하여, 대리석 블록들을 정확한 크기로 절단하였기 때문에 실제 대리석을 운반하는 과정에서 불필요한 자재 낭비와 중량을 많이 줄일 수 있었다.

그림 1−2 파르테논 신전

가) 프로젝트관리 측면

절단된 대리석 블록들을 효율적으로 운반하기 위하여 오랫동안 축적된 아테네의 선박 건조기술 관련 전통과 경험들을 기반으로 지렛대, 도르래, 균형 추 및 밧줄을 사용하였다. 그뿐만 아니라 대리석 블록들을 펜텔리산 아래로 내리면서 발생할 수 있는 마찰저항을 줄이기 위해 평평한 판석을 깔아 완만한 경사가 되도록 하였다. 파르테논 신전 공사의 경우, 프로젝트를 비용−효과적으로 수행하기 위한 공사기간 단축, 안전사고 예방, 그리고 공학기술까지 동원하여 작업효율향상을 위해 노력하였음을 알 수 있다.

ⅲ) 중국 만리장성

BC 259~210년, 중국의 대표적인 성벽 만리장성(The Great Wall)은 세계에서 가장 거대한 규모의 전략적 목적을 가진 통합된 군사시설물로서 진시황제(BC 221~206년)가 북방 흉노족의 침입을 방어하기 위하여 이미 기원전 3세기 또는 그 이전 시대에 구축된 여러 성벽들과 연결하여 증축하였다. 그 이후 명나라 시대(1368~1644년)까지도 성벽축조 공사를 지속하여 5,650km의 거대한 성벽이 되었는데 실제 완성된 시기는 명확하지 않다.

가) 프로젝트관리 측면

역사 자료들에 의하면, 그 당시 방대한 공사를 추진하는 데 필요한 수많은 작업인력을 공급하기 위해 병사, 일반 백성 및 죄수들까지 동원한 것으로 되어 있다. 프로젝트관리의 측면에서 보면, 몇몇 왕조들이 공사를 이어가면서 지속적으로 엄청난 작업인력을 동원하였고, 공사 중에 사상자도 상당히 발생된 것으로 유추된다. 그럼에도 불구하고 군사적 목적의 건축물로서 외부로부터의 공격을 방어하고, 침략자들의 관습으로부터 중국인의 문화를 보존하기 위해 끈질긴 노력으로 장기적 프로젝트 목표를 달성한 것으로 생각된다.

ⅳ) 한국 수원화성

경기도 수원시 팔달구에 있는 수원화성은 조선 왕조 제22대 영조대왕이 정치, 경제 및 효심을 실현하기 위해 1794년 1월에 착공하여 1796년 9월에 완공한 성곽으로서 경기도 수원시 중심에 위치하고 있다(<그림 1-3>). 그 당시 수원화성의 성곽은 군사적

출처: 수원시 홈페이지

그림 1-3 수원화성의 장안문과 그 주변 성곽

방어기능인 수도 남쪽의 국방요새로 활용하면서 다른 한편으로는 상업적 기능도 갖추었다.

가) 프로젝트관리 측면

<그림 1–4>와 같이 프로젝트를 효율적으로 수행하기 위한 신기술 도입과 더불어 성곽을 쌓는 데 석재 이동용 거중기, 활차(pulley) 및 녹로를 개발 · 사용함으로써 작업자들의 건설안전확보와 작업효율향상을 할 수 있게 되었고, 결국 공사기간 단축에 기여한 것으로 볼 수 있다.

그림 1–4 거중기

또한 성곽프로젝트의 기획과 실행에 따른 설계도, 작업진척기록 등 관련 문서로서 1,334쪽에 달하는 성곽축조 관련 상세한 내용을 화성성역 의궤에 보관함으로써 향후 유사한 프로젝트를 기획할 때 유용한 자료로 활용할 수 있게 하였다.

(2) 신기술의 빛과 그림자

역사적인 변혁의 시기에 혁명적 신기술개발을 위한 프로젝트의 선정은 어떻게 했을까? 그 빛과 그림자를 조명해 본다. 그 대표적인 사례 중 하나가 맨해튼 프로젝트일 것이다.

i) 미국 맨해튼 프로젝트

제2차 세계대전에 크게 관심을 보이지 않았던 미국은 뜻밖에 1941년 12월 7일 일본

해군으로부터 진주만 해군기지를 공격당하자, 독일보다 먼저 강력한 핵무기를 개발하여야 한다는 절박한 상황에서 영국과 캐나다의 협력을 얻어 극비리에 핵무기개발 프로젝트에 앞장섰다. 1945년 7월 16일 미국 뉴멕시코주(the US state of New Mexico), 알라모고도(Alamogordo)에서 실시한 최초 원자폭탄 실험에 성공함으로써 일단 맨해튼 프로젝트는 끝나게 된다. 하지만 뒤이어 실전에 적용하기 위해 1945년 8월 9일 일본 나가사키(Nagasaki) 상공에서 원자폭탄을 투하한 결과 <그림 1–5>와 같은 버섯형태의 구름이 형성되면서 전체 시 면적의 약 44%가 파괴되었다. 프로젝트에서 긍정적인 측면과 부정적인 측면이 공존하기에 리더십의 의사결정은 중요하다.

그림 1–5 나가사키 상공 버섯구름

가) 긍정적인 측면

5년(1942~1946년) 동안 핵무기 연구개발 프로그램에 과학자들을 포함하여 수많은 인력(1944년 6월에는 건설노동자, 공장운전자, 병력 등 최대 12만 9천 명)이 동원되었고, 그 당시 미화 20억 불(2023년 달러 가치로는 270억 불에 해당)이 소요되는 대규모 프로젝트로서 미국 · 영국 · 캐나다 간의 전략적 삼각공조체제하에 기밀유지를 위해 상당한 노력이 필요했다. 결국, 프로젝트의 목표달성(핵무기 개발)에 성공하였고, 실전에 적용하기 위해 원자폭탄을 1945년 8월 6일 일본 히로시마(Hiroshima)에 그리고 8월 9일 나가사키에 각각 연이어 투하함으로써 1945년 8월 15일 제2차 세계대전을 종식시키는 데 기여했다.

나) 부정적인 측면

맨해튼 프로젝트에 참여했던 일부 과학자들은 히로시마의 원폭피해상황(7만여 명이 사망하고, 10만여 명이 화상과 질병으로 서서히 죽어가는)을 보면서 지구상의 인류가 멸망할 수도 있다는 두려움과 죄책감에 시달렸다고 한다. 과학자들이 개발한 원자폭탄은 이미 그들의 통제를 벗어났다. 프로젝트 선정 시 윤리적 리더십도 동시에 고려할 필요가 있다.

1.2 프로젝트관리기법 발전

18세기 중엽 영국에서 시작된 섬유산업 중심의 제1차 산업혁명은 가내 수공업에서 공장생산 중심의 산업사회(industrial society)로 변모시켰고, 19세기 초반 이후 점차 유럽 전역으로 공장생산이 확산되면서 기술혁신에 따른 프로젝트 업무수행의 점검과 통제하는 역할의 중요성이 부각되었다.

(1) 프로젝트관리기법 필요성

유럽을 중심으로 제1차 산업혁명이 확산되면서 프로젝트엔지니어(project engineer)라는 명칭을 실제 사용했다는 구체적인 기록까지는 없지만 그 당시 프로젝트에 관련된 엔지니어의 역할이 필요하였고, 프로젝트관리가 공학기술(engineering technology)이라기보다 오히려 실용적 관리기법(practical management technique)의 활용에 가까웠다. 그러한 프로젝트관리기법을 다룰 수 있는 직무는 공학기술의 혁신과 더불어 기계화된 공장시스템으로의 전환에 따른 사회 · 경제적 큰 변화를 겪으면서 전망이 좋은 전문직업이 되었다.

ⅰ) 기술혁신과 프로젝트관리기법

제2차 산업혁명은 19세기 후반에 미국과 독일이 중심이 되어 화학, 철강, 자동차, 전기 등 중화학공업으로 전환하는 기술혁신을 주도함으로써 기업경영의 새로운 바람을 일으켰다. 특히 미국 필라델피아 출신 프레데릭 테일러(Frederick W. Taylor, 1856~1915)는 작업현장의 노동생산성 향상을 위해 과학적 관리방법을 창안하기도 하였다.

1, 2차 세계대전을 경험한 이후 동서냉전 분위기가 점차 완화되면서 20세기 후반 전 세계는 컴퓨터, 인터넷 및 정보통신기술을 기반으로 하는 제3차 산업혁명으로 이어졌다. 산업발전을 견인해 온 기술혁신은 여기서 끝나지 않고 빅데이터(big data), 인공지능

(artificial intelligence, AI), 사물인터넷(internet of things, IoT), 로봇기술(robotic technology) 등 디지털전환(digital transformation) 시대로 알려진 제4차 산업혁명에 접어들었는데 이러한 격동기 변화와 혁신의 바탕에는 다양한 프로젝트관리기법의 발전이 있었기에 가능했을 것이다.

(2) 프로젝트관리기법 연구

1차부터 4차에 이르기까지 진화되어온 각 산업혁명의 원천은 기술혁신이었고, 그 기술혁신과 더불어 환경, 사회 및 경제구조에 대변혁이 수반되었으며, 그러한 행위들을 체계적으로 수행하기 위해 간트차트(Gantt chart), 주경로방법(critical path method, CPM), 프로그램평가검토기법(program evaluation review technique, PERT), 작업분할구조(work breakdown structure, WBS), 프로젝트자원조직관리기획기법(project resource organization management planning technique, PROMPT), 획득가치관리(earned value management, EVM), 주사슬프로젝트관리(critical chain project management, CCPM) 등 다양한 프로젝트관리기법들이 고안 및 사용되었다.

i) 간트차트

1910~1915년 과학적 관리의 발전에 기여한 업적으로 잘 알려진 미국인 기계기술자이면서 경영컨설턴트로 활동했던 핸리 간트(Henry L. Gantt)에 의해 간트차트가 고안되었으며 그의 성을 따서 간트차트라 명명하게 되었다. 특히, 미국 남서부 콜로라도 강유역에 설치된 후버 댐(Hoover dam), 주와 주를 연결하는 고속도로 시스템(interstate highway system) 같은 대규모 공공기반시설 프로젝트 등에서 유용한 도구로 간트차트가 사용되었다. 간트차트는 프로젝트 작업의 개별 활동에 대한 시작일과 종료일을 가로방향으로 긋고, 각 활동의 진도에 따라 실적을 표기하는 막대도표(bar chart)의 한 유형으로서 활동별 추진 상항을 쉽게 파악할 수 있게 되어 있으며, 프로젝트와 프로그램의 일정관리 도구로서 오늘날까지 널리 사용되고 있다.

ii) 주경로방법

주경로방법(CPM)은 프로젝트 활동들에 대한 경로를 수학적으로 분석하는 것으로써 1957년 미국 화학회사 듀폰(Du Pont)의 모건 워크(Morgan R. Walker)와 미국 사무기기 제조회사 레밍턴 랜드 유니백(Remington Rand UNIVAC)의 제임스 켈리 2세(James E. Kelley Jr.)에 의해 고안되었다. 실제 듀폰의 공장설비를 정비하기 위해 CPM을 적용한 결과, 설비가동을 중단했다가 재가동하는 데 따른 비용을 경감할 수 있었다.

ⅲ) 프로그램평가검토기법

1957년 미국해군 특별프로젝트사무소(U.S. Navy Special Projects Office)에서 미국해군 폴라리스 핵잠수함프로젝트(U.S. Navy's Polaris nuclear submarine project)를 지원할 목적으로 프로그램평가검토기법(PERT)을 개발했다.[1] 최초에는 PERT가 프로그램평가연구과제(program evaluation research task)의 약어로 사용되었으나 1959년에 프로그램평가검토기법으로 개명되었다. PERT는 주로 불확실성이 크고 복잡한 프로그램 또는 프로젝트의 계획수립과 일정을 단순화하기 위해 개발된 통계적 도구로서 산업전반에 걸쳐 적용되고 있다.

ⅳ) 작업분할구조

미국국방성(United States Department of Defense)이 PERT와 함께 작업분할구조(WBS) 개념을 수립하였으며, 1962년 6월 미국의 국방성(DOD)과 항공우주국(NASA)이 시간네트워킹(time networking)과 관리보고(management reporting)에 필요한 기본적인 WBS 개념을 포함하여 DOD/NASA PERT/COST Guide을 발간하였다.[2] WBS는 프로그램, 프로젝트 및 계약사항에서 요구하는 목표에 따른 전체 작업노력을 단계(phases), 인도물(deliverables) 또는 작업패키지(work packages)로서 계층적 분할을 한 것이며, 일반적으로 나무구조(tree structure) 형태를 띤다.

ⅴ) 프로젝트자원조직관리기획기법

1975년, 영국정부의 요청에 따라 심팩트시스템사(Simpact System Ltd.)가 프로젝트자원조직관리기획기법(PROMPT)을 개발했다. 그 당시 PROMPT는 정보기술시스템을 개발 및 지원하는 하나의 프로젝트관리 프레임워크로서 주로 정보기술에 관련된 프로젝트관리 관점에서의 전략기획시스템개발, 운영과 유지, 품질보증 및 지원 도구에 초점이 맞추어졌었다.

ⅵ) 획득가치관리

획득가치관리(EVM)는 20세기 전환기에 시간과 동작연구의 선구자, 프랭크 길브레스(Frank B. Gilbreth)와 릴리언 길브레스(Lillian E. M. Gilbreth)에 의해 주로 산업제조

---

1) Malcolm, D.G., Roseboom, J. H., Clark, C. E., & Fazar, W., "Application of a Technique for Research and Development Program Evaluation," *OPERATIONS RESEARCH*, Vol. 7, No. 5, September-October, pp. 646-669. 1959.

2) Office of the Secretary Of Defense, National Aeronautics and Space Administration, *DOD and NASA Guide: PERT COST Systems Design*, Washington, June 1962.

부문에 보급된 획득시간(earned time)의 원리에서 유래된 것으로 알려져 있다. 그 획득시간의 원리와 EVM의 개념은 1960년대 미국국방성에서 PERT/COST 시스템과 더불어 정착되었다. EVM은 프로젝트의 범위, 시간 및 원가에 대한 측정을 조합하여 프로젝트관리의 성과와 진행상황을 파악할 수 있게 해준다.

1979년 미국 국영기업의 프로젝트관리자로 근무했던 데이비드 브스테인(David Burstein)이 공공사업잡지(Public Works Magazine)에 '건축과 엔지니어링산업의 EVM'을 처음 소개하였으나 EVM이 실제 프로젝트관리기법으로 등장한 것은 1980년대 후반에서 1990년대 초인 것으로 알려져 있다.

vii) 주사슬프로젝트관리

주사슬프로젝트관리(CCPM)는 기본적으로 이스라엘 물리학자 엘리야후 골드랫(Eliyahu M. Goldratt)의 제약이론(theory of constraints, TOC)에 기반된 것이다. 그는 1997년 9월에 출간한 자신의 저서 주사슬(Critical Chain)에서 제약이론과 CCPM 간의 접목 개념을 소개하였다.

CCPM의 개념에 의하면, 프로젝트 활동의 순서와 고정된 일정에 역점을 두는 전통적 CPM 및/또는 PERT 해법과는 달리, 프로젝트 활동의 수행에 필요한 자원(사람, 장비 및 물리적 공간)을 평준화하여, 그 자원의 투입시간을 유연하게 함으로써 전체 프로젝트일정을 단축할 수 있다.

1.3 효과적인 프로젝트관리

조직은 조직의 중장기 비전과 목표를 달성하기 위해 비즈니스전략을 수립하고, 그 비즈니스전략에 따라 새로운 시장의 개척, 진출, 고객 요구사항 충족과 같은 외부로부터의 비즈니스기회를 포착하거나 법률과 규제의 강화위협에 선제적으로 대응하기 위해 프로젝트를 수행한다. 조직이 선정한 프로젝트를 계획된 기간과 예산범위 내에서 효과적으로 추진하려면, 프로젝트관리에 필요한 학문적 지식과 실무적 지식의 통합적 접근이 필요하다.

(1) 프로젝트관리와 학문적 지식

조직에서 추진하는 프로젝트의 관리에 직접적으로 관련되는 것은 비즈니스 관련 경영학이고, 그 외에 경제, 경영과학, 재무관리, 회계, 조직이론, 인적자원관리, 통계, 정보기술, 품질관리 등에 대한 실무적 지식뿐만 아니라 추진하고자 하는 프로젝트의 특성에 따라서는 건축공학, 토목공학, 기계공학, 로봇공학, 화학공학, 생명공학, 컴퓨터공학과 같은 공학적 전문지식이 필요한 경우도 있다. 다음 <그림 1-6>은 프로젝트를 효과적으로 수행하기 위해 필요한 경영지식을 나타낸다.3)

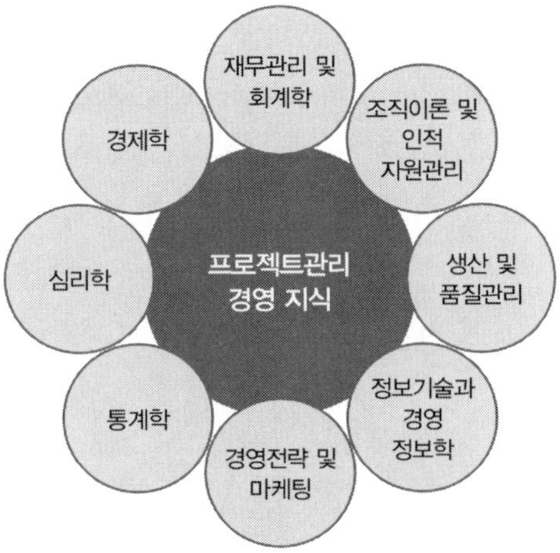

그림 1-6 프로젝트관리에 필요한 경영지식분야

(2) 프로젝트관리와 실무적 지식

산업의 발전, 시장의 글로벌화, 사회 · 환경의 변화 등에 따른 조직의 대응전략으로서 프로젝트를 추진해야 할 기회는 많아졌고, 프로젝트 수행에 필요한 지식, 방법론, 기법 등의 니즈(needs)가 부각되었다. 이러한 상황을 이해하면서 산업을 선도해온 일부 선진국들 중심 관련 단체들(협회, 연구기관)이 프로젝트관리에 필요한 지식과 기법을 보급하고 있다.

ⅰ) 국제프로젝트관리협회(IPMA, 1965)

1964년부터 유럽에서 프로젝트관리 전문가들의 경험과 정보를 네트워크로 공유하면서 시작된 민간단체이며, 공식적으로는 1965년 스위스에서 창설되었다. 1965년 이래 국제프로젝트관리협회(International Project Management Association, IPMA)는 프로젝트관리 관련 교육, 평가 및 인증 업무를 통하여 전문성 발전에 힘쓰고 있다.

3) 강창욱, 심창생, 김진호, 김형도, 민택기, 백동현, 송창용, 이상협, 정인재, 정은주, 최광호, 황인극, '경쟁우위 확보를 위한 프로젝트관리학', 도서출판 북파일, 2011.

ii) 프로젝트관리연구원(PMI, 1969)

1969년에 미국 비영리단체, 프로젝트관리연구원(Project Management Institute, PMI)이 창립되었다. PMI는 프로젝트관리에 대한 관행, 학문 및 전문성 발전에 초점을 맞추어 연구하는 단체로서 전 세계적으로 널리 알려져 있다. 1996년, PMI는 프로젝트관리 관련 지식, 도구 및 기법의 적용경험을 정리한 프로젝트관리지식체계에 대한 지침(A Guide to the Project Management Body of Knowledge, PMBOK Guide)을 발간하였다. PMI 출판 PMBOK Guide에서는 <그림 1-7>과 같이 프로젝트관리에 필요한 9가지 실무적 지식분야를 다루고 있다.

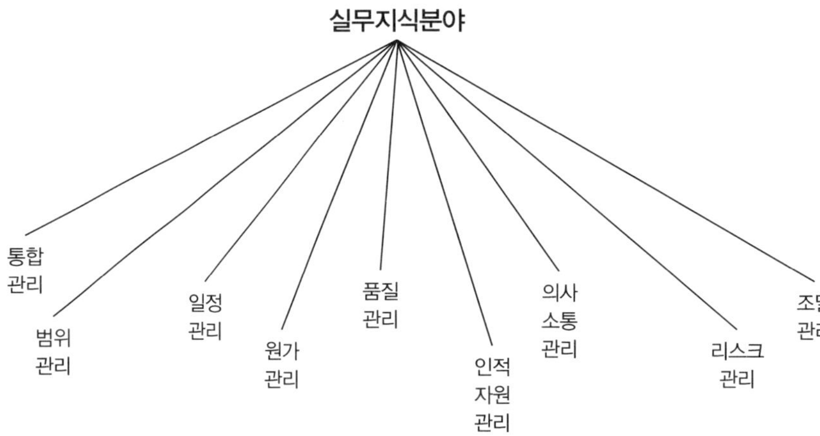

그림 1-7 프로젝트관리 실무적 지식분야

iii) 프린스(PRINCE, 1989)

영국의 정부기관인 중앙컴퓨터통신기술기관(Central Computer and Telecommunications Agency)에서 정보통신기술분야 프로젝트를 관리하기 위한 표준으로 프린스(projects in controlled environments, PRINCE)를 개발하였다. PRINCE는 정보통신기술분야뿐만 아니라 점차 공공부문과 민간부문의 다른 산업분야 프로젝트에도 널리 적용되고 있다.

iv) 프로젝트관리 가이던스(ISO 21502, 2020)

스위스 제네바에 중앙본부를 두고 있는 국제표준화기구(international organization for standardization, ISO)는 2020년에 프로젝트, 프로그램 및 포트폴리오관리-프로젝트관리 가이던스(Project, programme and portfolio management-Guidance on project management ISO 21502:2020)를 발행하였다. 이 국제표준은 프로젝트관리에 대한 가이드라인(guidelines)을 정리한 것이며 1장 적용범위, 2장 인용표준, 3장 용어와 정의, 4장 프로젝트관리개념, 5장 프로젝트관리를 공식화하기 위한 전제조건, 6장 통합된 프로젝트관리 관행, 7장 프로젝트관리 관행, 그리고 기타 부속서로 구성되어 있다.

연습문제

01 고대 그리스 수도, 아테네의 아크로폴리스(Acropolis)에 건축된 파르테논(Parthenon) 신전은 아테네 동쪽 펜텔리산(Mount Penteli)에서 채취한 7,500개 이상의 대리석 블록들로 만들어졌다. 파르테논 신전 공사의 경우, 프로젝트를 비용-효과적으로 수행하기 위해 어떤 노력을 하였는가?

02 경기도 수원시 중앙에 위치한 수원화성은 조선 왕조 제22대 영조대왕 때 건설된 도시 성곽이며, 세계문화유산에 등재되어 있다. 그 당시 수원화성 건설을 위해 모든 동원 가능한 자원과 기술역량이 적용된 것으로 알려져 있다. 프로젝트관리의 관점에서 의미를 부여한다면, 어떤 것들이 있는가?

03 간트차트(Gantt chart)는 과학적 관리의 발전에 기여한 업적으로 잘 알려진 미국인 기계기술자이면서 경영컨설턴트로 활동했던 핸리 간트(Henry L. Gantt)에 의해 고안되었다. 프로젝트의 일정을 관리하는 데 사용되는 간트차트의 장점과 개선점은 어떤 것인가?

04 프로젝트일정 수립 시에 도움을 줄 수 있는 주경로방법(CPM)과 주사슬프로젝트관리(CCPM)간의 차이점을 비교하여 설명하시오.

05 프로젝트관리연구원(PMI)은 프로젝트관리에 대한 관행, 학문 및 전문성 발전에 초점을 맞추어 연구하는 단체로서 전 세계적으로 널리 알려져 있다. PMI가 출판하는 PMBOK Guide에서 다루는 9가지 프로젝트관리 실무적 지식분야를 열거하시오.

06 미국은 1941년 12월 7일 일본해군으로부터 진주만 해군기지를 공격당하자, 맨해튼 프로젝트로 알려져 있는 핵무기 개발을 서둘렀다. 핵무기개발을 위한 맨해튼 프로젝트의 긍정적인 측면과 부정적인 측면을 기술하시오.

제2장

체계적인 프로젝트관리

조직에서 일상적으로 수행하는 업무와 프로젝트 업무가 어떻게 구분되며, 프로젝트 생애주기(project life cycle, PLC)의 단계 설정, 단계 간의 상호작용, 그리고 프로젝트를 효율적으로 관리하기 위해 필요한 지식, 방법, 기법 등을 이해할 필요가 있다. 2장에서는 프로젝트관리의 체계적 접근을 위해 프로젝트의 특성, 프로젝트생애주기 단계와 프로세스, 프로젝트관리 프레임워크(framework) 및 제약(constraints)에 대한 개념을 정리한다.

2.1 프로젝트와 프로젝트관리

조직이 부문별로 설정한 목표를 달성하기 위해 일상적인 업무를 유지 및 관리하는 것은 조직의 직무관리 측면에서 루틴(routine)이며, 1차적인 책임이다. 하지만 조직은 업무를 수행하는 기존의 방식에서 탈피하여 항상 좀 더 나은 것을 모색하고, 지속적인 개선과 혁신을 위해 업무능률 극대화 같은 과제를 다루어야 한다. 이러한 경우, 일상적인 루틴업무와 달리 별도의 시간과 노력이 요구되는 프로젝트 수행이 필요하다.

(1) 프로젝트의 의미

15세기 중엽에 제작된 알렉산더의 전쟁이란 기록물에서 이미 프로젝트란 용어를 사용한 것을 보면, 그 당시에도 전쟁에 관련된 전략적 목표를 정하고, 그 목표를 실현하기 위해 전쟁에 필요한 인력, 장비, 자재 등을 동원하여 설정한 기간까지 과업을 수행하였을 것이다. 현 시점에서는 프로젝트를 어떻게 정의하고 있는지 프로젝트관리연구원(PMI), 한국산업표준(KS) 등에서 논의된 프로젝트의 의미를 찾아본다.

ⅰ) 프로젝트관리연구원

프로젝트관리연구원(PMI)이 발행한 프로젝트관리지식체계에 대한 지침(PMBOK)에서는 '프로젝트란 유일한 제품, 서비스 또는 결과물을 창출하기 위하여 수행된 한시적인 노력'이다.[1] 라고 간략하게 정의했다.

ⅱ) 한국산업표준

프로젝트는 '프로젝트의 목표달성을 위하여 수행되는 시작일과 종료일이 정해진 조정되고 통제되는 활동으로 이루어진 유일한 프로세스의 집합'으로 구성된다고 KS A ISO 21500:2013 프로젝트관리지침에 기술되어 있다.[2]

위에서 언급된 프로젝트의 의미를 분석해 보면, 프로젝트의 유형에 따라 상당히 유사한 부분이 있다고 할지라도 프로젝트는 유일한 것이고 한시적인 활동임을 알 수 있다. 이와 같이 프로젝트는 반복적으로 수행하는 일상적인 업무와 다른 특성을 갖는다.

(2) 프로젝트 업무의 특성

조직이 수행하는 일상적인 업무와 구별되는 프로젝트 업무의 4가지 주요 특성들에 대해 다음과 같이 요약할 수 있다.

ⅰ) 한시적인 활동

프로젝트는 수행기간이 길든 짧든 관계없이 그 프로젝트가 시작되는 시점과 끝나는 시점이 분명하게 정해지기 때문에 한시적인 활동이다. 예를 들어, 회사원이 휴가철을 이용하여 떠나는 1주일 이내의 단기간 여행 프로젝트가 있는가 하면 호주 시드니 오페라하우스(Sydney Opera House) 건립의 경우, 1957년 덴마크 건축가 요른 웃손(Jørn Utzon)이 제안한 디자인이 선정된 시점부터 1973년 10월 개관에 이르기까지 무려 16년 동안 진행된 장기 프로젝트도 있다.

ⅱ) 유일한 인도물 창출

기획한 프로젝트를 계획된 일정에 맞추어 추진함으로써 제품, 서비스 또는 결과에 해당하는 산출물(outputs)이 나온다. 이 산출물을 프로젝트에서는 인도물(deliverables)이라고 명명한다. 인도물은 프로젝트에 관련된 이해관계자들(stakeholders)의 요구사

---

1) Project Management Institute, *A Guide to the Project Management Body of Knowledge(PMBOK Guide), 4th ed.*, pp. 5, 2008.
2) 국가기술표준원, *프로젝트관리 지침* KS A ISO 21500:2013.

항들이 반영된 유일한 것이다. 예를 들어, 호주 시드니 오페라하우스 프로젝트의 최종 인도물은 오페라하우스 건축물이고 유일하다.

ⅲ) 활동들 간의 논리적 상호의존

프로젝트범위 내 활동들 간에는 기본적으로 3가지 논리적 연관성이 성립된다. 즉 프로젝트 수행 시 프로젝트 네트워크흐름 내 활동과 활동 사이에 선행과 후행을 결정하는 3가지 상호 연관관계로서 의무적 의존성(mandatory dependencies), 임의적 의존성(discretionary dependencies) 및 외부적 의존성(external dependencies)이 고려된다.

ⅳ) 점진적 구체화

프로젝트의 초기 착수단계에서는 관련 자료들이 불충분하거나 제한된 정보에 기초하여 간략하게 프로젝트헌장(project charter)을 개발하고, 기획단계에서 프로젝트관리계획(project management plan)을 수립하기 때문에 프로젝트의 범위, 일정, 예산, 품질, 제약, 리스크(risk) 등에 관련된 정보들이 정교하지 않을 수 있으나 실행단계에서 프로젝트가 진행되면서 수정과 보완을 거듭하여 점차 구체화되어간다.

다음 <표 2-1>은 프로젝트와 일상적인 운영활동 사이에 상이한 특성들을 좀 더 세분화하여 상호 비교한 것이다.[3)]

표 2-1 프로젝트와 일상적인 운영활동 간의 특성 비교

프로젝트	운영활동
• 구체적인 새로운 인도물을 산출한다. • 정의된 시작과 끝 • 여러 분야의 전문가들로 이루어진 팀 • 한시적인 팀 • 프로젝트의 유일함 • 정의된 원가 내에서 계획된 작업 • 목표가 충족될 수 없을 경우 취소됨 • 예측하고 관리하기 위해 좀 더 도전적인 종료일과 원가	• 어떤 제품을 인도한다. • 계속되는 • 전문화된 기술 • 안정적인 조직 • 반복적이고 잘 이해된 • 연간 예산 내에서 작업 • 거의 보장된 연속적 존재 • 과거 경험에 기반하여 계산된 연간지출

3) Kliem, R. L., Ludin, I. S., & Robertson, K. L., *Project management methodology: a practical guide for the next millennium,* New York: Marcel Dekker, 1997.

(3) 프로젝트관리와 생애주기

프로젝트를 연구하는 사람들과 실무에 적용하는 사람들 간에 프로젝트관리에 대한 많은 시도와 논쟁이 있어 왔다. 그 논쟁을 간단히 요약하면, '프로젝트관리는 시간, 원가 및 품질의 제약 내에서 유일하고, 복합적인, 일회성 과업의 완성을 목표로 하여 다양한 자원들의 사용을 지휘하기 위한 도구들과 기법들(CPM과 매트릭스 조직 같은)의 집합된 적용이다. 또한 과업마다 그 과업의 환경과 생애주기(개념에서부터 완료에 이르기까지)에 맞추어 구성된 도구들과 기법들의 특정한 혼합을 요구한다'.[4] <그림 2-1> 에서와 같이 프로젝트관리는 프로젝트의 요구사항을 충족하기 위해 삼중 제약(triple constraints)에 해당하는 범위, 일정(시간) 및 원가를 중심으로 조직, 의사소통, 품질, 조달 및 리스크 등을 관리하는 것이다.

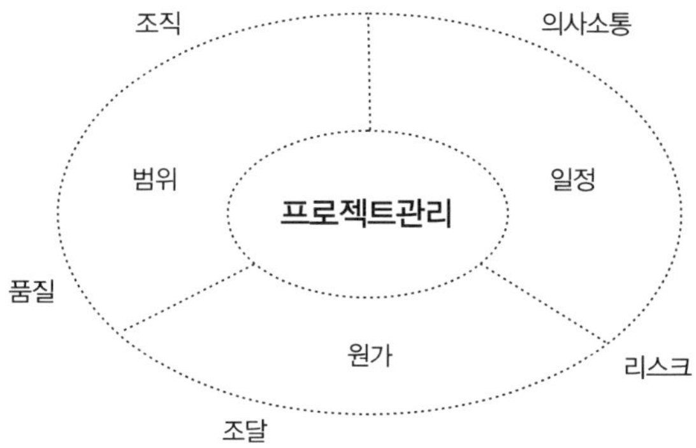

그림 2-1 프로젝트관리 개념

소비자가 사용하는 제품에 수명주기(life cycle)가 있듯이, 조직이 수행하는 프로젝트에도 수명주기, 즉 프로젝트생애주기가 있다. 프로젝트생애주기는 프로젝트의 초입에 해당하는 착수시점에서 마지막 종료에 이르기까지 일련의 단계와 순서로 이어진다.

i) 프로젝트생애주기 단계와 경계

프로젝트생애주기 단계의 개수와 단계 간의 경계(boundary)는 추진하고자 하는 프로젝트의 규모, 유형, 조직 내부와 외부의 환경적 영향, 기술적 특성, 조직의 리더십 및 기타 관련 이해관계자들에 의해 결정된다. 실제 프로젝트생애주기의 단계와 단계 사이를 구분하는 경계가 모호하거나 겹치는 경우가 발생할 수 있어 적절한 통제가 필요하

---

4) Olsen, R. P., "Can project management be defined?" *Project Management Quarterly*, 2(1), pp. 12-14, 1971.

다. 비록 프로젝트마다 명확한 시작과 종료가 있다고 하지만, 프로젝트의 구체적인 목표, 인도물 및 활동은 아주 다양하다.

일반적으로 조직의 리더십이 비즈니스 니즈에 따라 프로젝트를 승인(프로젝트헌장)하면, 프로젝트관리자(project manager, PM)는 프로젝트 팀을 구성하고, 제한된 정보에 기반된 프로젝트관리 계획을 수립하여, 계획대로 실행에 옮긴다. 실행과정에서 모니터링과 통제(control)를 통해 최초에 수립한 계획을 수정 또는 보완하면서 프로젝트를 마무리하는 것으로 단계를 이어간다.

ii) 프로젝트생애주기 기본 4단계

기본적으로 프로젝트생애주기는 4단계, 즉 <그림 2–2>와 같이 프로젝트의 착수단계(initiating phase), 기획단계(planning phase), 실행단계(implementing phase), 종료단계(closing phase)로 구분된다.

그림 2–2 프로젝트생애주기 기본 4단계

가) 착수단계

조직이 추구하는 비즈니스 측면(신제품, 서비스 또는 결과 같은)에서의 프로젝트 선택 배경과 무엇이 이루어져야 되는지에 대한 내용을 문서로 작성하여 승인권한을 가진 리더십으로부터 승인받는 과정이다. 즉, 선정된 프로젝트관리자가 현재 시점에서 수집할 수 있는 프로젝트 관련 모든 자료 또는 정보를 기초로 하여 프로젝트헌장을 개발한다.

프로젝트헌장에는 추진하고자 하는 프로젝트의 목적, 목표, 성과기준, 예산, 기간, 조건, 리스크, 제약, 승인권자의 이름과 권한, 기타 중요한 이해관계자 등이 포함될 수 있다.

나) 기획단계

프로젝트관리 계획을 수립하는 기획단계에서는 프로젝트를 수행하기 위해 요구되는 작업의 범위, 원가, 납기, 품질 및 제약 등을 고려하여 각각에 대한 기준선(baseline) 설정, 프로젝트 성공전략, 그리고 프로젝트 목표달성 방법을 명확하게 기술한다. 조직이 추진하는 프로젝트의 특성과 규모에 따라 정도의 차이는 있을 수 있으나 기본적으로 프로젝트의 범위, 일정, 원가, 품질, 인적자원, 조달, 리스크 및 의사소통에 대한 종속적 세부계획을 프로젝트관리 계획에 포함한다. 각 세부계획은 프로젝트가 진척되면서 필요에 따라 수정 또는 보완되면서 점차 정교해진다.

다) 실행단계

제한된 자료 또는 정보에 의해 기획단계에서 규정된 결정사항과 작업들이 계획에 따라 실행에 옮겨지면서 시의 적절하게 모니터링 및 통제도 동시에 이루어진다. <그림 2−3>에서와 같이 계획된 프로젝트 작업범위 내 모든 활동들이 수행되기 때문에 프로젝트 예산의 대부분이 실행단계에서 투입된다. 프로젝트의 진척상황을 고려하면서 필요한 경우 활동기간 변경, 소요되는 인적 및/또는 물적 자원을 통합 또는 조정할 수 있다. 특히, 프로젝트관리자는 프로젝트의 진행현황과 성과를 주기적으로 모니터링(monitoring)하여 스폰서(sponsor)와 관련 이해관계자들에게 상황을 보고한다. 프로젝트의 시작단계(착수)에서부터 원가절감 노력을 할 필요가 있다.

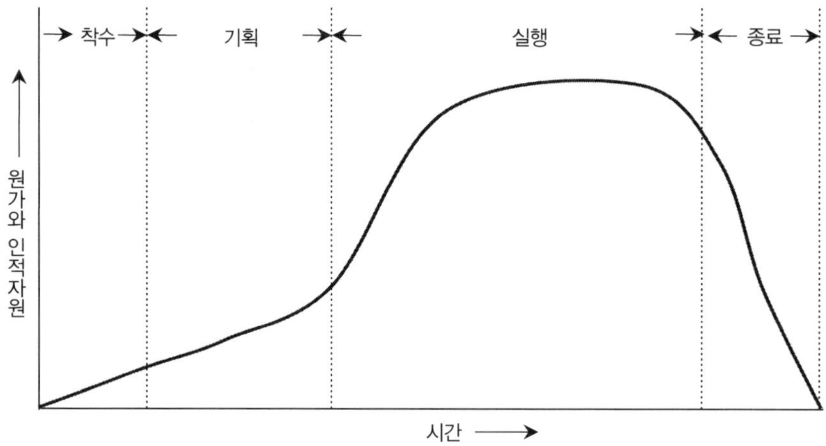

그림 2−3 PLC 단계별 원가와 인적자원의 소요곡선

예를 들어 <그림 2−4>는 신제품개발 프로젝트의 프로젝트생애주기 전반에 걸친 원가절감 잠재력과 변경에 따른 원가부담을 나타내는 곡선이다.[5)]

---

5) Hassan, A. and Yahya, M., "Cost optimization for public school building projects during design stage using value engineering," *The 3rd International Conference on Buildings, Construction and Environmental Engineering*, 2017.

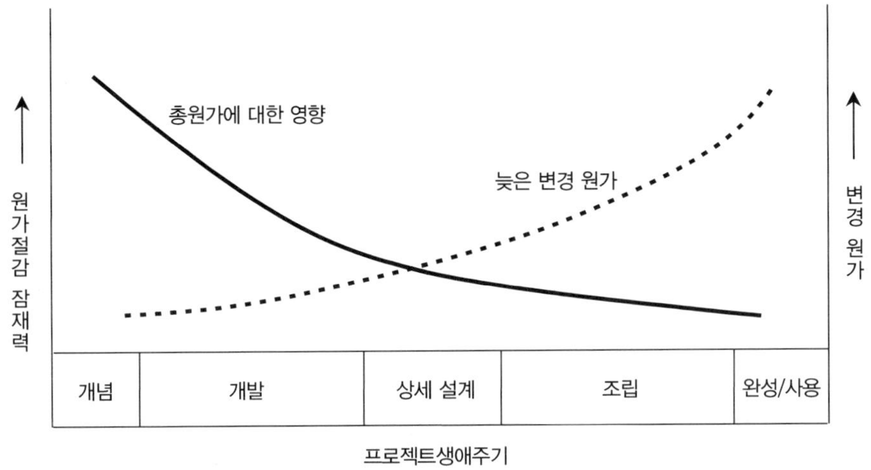

그림 2-4 PLC 전반에 걸친 원가절감 잠재력 곡선

원가절감 잠재력 곡선에서 보듯이, 프로젝트생애주기 시작(개념)단계에서 프로젝트 발주자와 전문가들의 자문에 의한 의사결정 등이 총원가에 미치는 영향은 상당히 크다. 프로젝트가 점점 진행되면서 원가절감 잠재력(실선 곡선)은 줄어들고 반대로 변경에 따른 원가(점선 곡선)부담은 늘어난다.

라) 종료단계

프로젝트생애주기의 마지막 단계로서 공식적으로 프로젝트업무를 마무리하는 과정이다. 종료 단계에서는 프로젝트를 진행하는 과정에서 경험한 교훈뿐만 아니라 프로젝트에 관련된 업무로부터 발생된 모든 문서와 자료들을 수집 및 정리하여 보관한다. 프로젝트관리자는 진행 중인 프로젝트 업무를 공식적으로 종료하기 위하여 프로젝트 종료보고서를 작성한다. 종료보고서에는 프로젝트관리 계획과 실행결과에 관한 요약, 목표의 달성여부, 계획 대비 실적과의 차이, 차이 발생요인, 이슈 대응 및 향후 과제 등이 포함된다. 프로젝트업무의 종료와 더불어 결과에 대한 내부평가도 이루어진다.

전통적인 기본 4단계 프로젝트생애주기에서는 제품, 서비스 또는 결과와 같은 프로젝트의 최종 인도물이 프로젝트계약에 따라 발주자 또는 사용자에게 넘겨지는 순간 그 프로젝트의 생애주기는 종료된다. 하지만, 프로젝트 계약 당시에 발주자의 요구로 프로젝트 범위가 실제 비즈니스의 편익이나 수익성까지 포함된 경우, <그림 2-5>에서와 같이 최종 인도물의 생애주기가 연장될 수 있다. 즉, 발주자의 실용적 비즈니스 측면에서는 프로젝트의 최종 인도물을 상당한 기간 동안 실제 현장에서 운영하면서 발생하는 편익을 검증하기 위해 확장된 프로젝트생애주기(extended project life cycle, EPLC)를 적용할 필요가 있다.

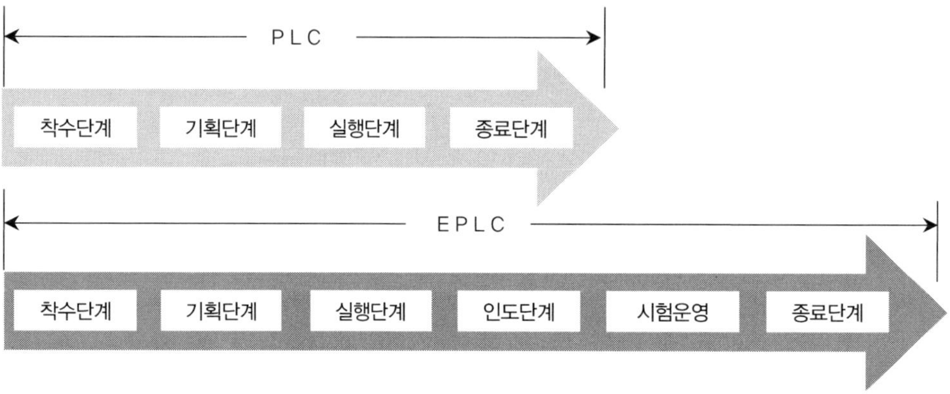

그림 2-5 EPLC 개념도

2.2 프로젝트관리 계획

프로젝트의 목적, 목표, 성과기준, 예산, 기간, 조건, 리스크, 제약 및 주요 이해관계자들이 포함된 프로젝트헌장의 승인이 나면, 곧장 프로젝트관리 계획수립에 들어간다. 프로젝트관리 계획은 작업의 범위, 일정 및 원가와 같은 기본 3요소뿐만 아니라 조직, 의사소통, 품질, 조달 및 리스크에 이르기까지 각 세부계획을 포함한다.

(1) 프로젝트관리 프레임워크

프로젝트관리 프레임워크는 조직의 비즈니스전략에서부터 프로젝트관리 프로세스의 인도물을 실제 운영하여 얻어지는 편익에 이르기까지 비즈니스 사이클 개념과 프로젝트관리 간의 상호 관련성을 보여준다. 비즈니스 관련 프로젝트를 체계적으로 관리하려면 설정한 프로젝트생애주기 각 단계마다 필요한 지식, 도구 및 기법을 적절히 적용하여 편익을 제공할 수 있는 최종 인도물(제품, 서비스 또는 결과)이 생성되도록 한다. <그림 2-6>은 ISO 21500:2012 프로젝트관리에 대한 지침(Guidance on project management)의 프로젝트관리 개념도를 참고하여 작성한 것이다.

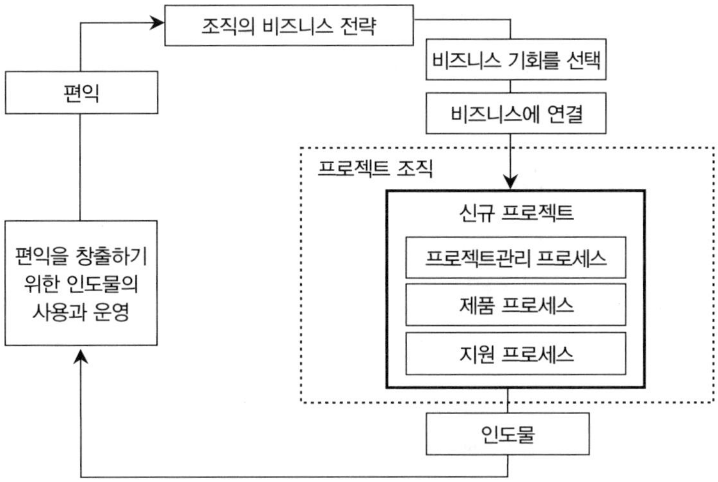

그림 2–6 프로젝트관리 프레임워크

(2) 프로젝트관리 프로세스

프로젝트의 생애주기 단계에 이어 프로젝트관리는 프로세스에 대한 기본개념을 적용한다. 즉, '프로세스란 의도된 결과(산출물, 제품 또는 서비스와 같은)를 인도하기 위해 투입물(다른 프로세스의 산출물)을 사용하는 상호 관련된 일련의 활동들'이라 할 수 있다.[6)]

i) 프로세스의 개념과 접근

조직이 추진하려는 프로젝트의 특성, 복잡성, 규모 등을 고려하여 프로젝트 전체를 하나의 통합된 프로세스로 정의하고, 프로젝트생애주기 각 단계를 프로세스로, 그리고 프로젝트생애주기 각 단계에서 요구되는 인도물을 고려하여 하나 이상의 프로세스로 세분하여 접근할 수 있다. 즉, <그림 2–7>에서와 같은 프로세스 개념이다.

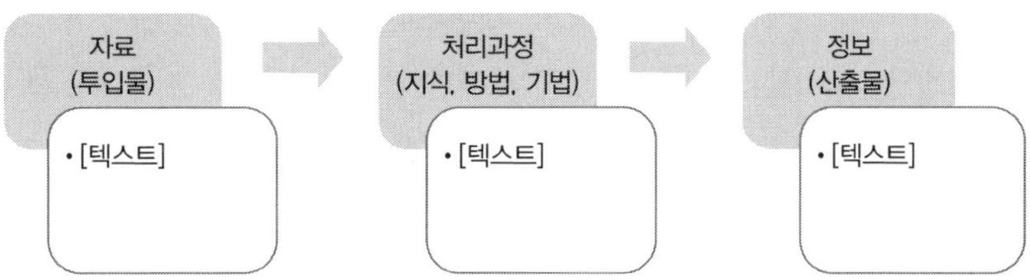

그림 2–7 프로세스 개념도

6) ISO, ISO 9000:2015 *Quality management systems —Fundamentals and vocabulary.*

프로젝트생애주기 각 단계 프로세스에서 산출물(outputs)을 얻기 위한 투입물(inputs)에 해당하는 자료들이 입력되고, 그 자료들의 처리과정(processing)에서 필요하거나 적합한 지식, 방법 및 기법들이 지원된다.

ii) 프로젝트관리 지식과 기법

조직에서 선정한 프로젝트의 규모나 특성에 따라 필요한 지식과 기법은 다양할 수 있다. 프로젝트를 효과적으로 관리하기 위해서는 필요에 따라 조직의 여러 분야 또는 기능들, 심지어 특정 기술이나 경험을 가진 다른 국가들의 전문가들까지 동원되기도 한다. 이러한 현상은 산업사회의 급속한 발전으로 정치, 문화, 과학, 금융, 마케팅, 영업, 유통 등 다채로운 프로젝트분야에 적절한 실용적 경험과 지식들이 요구되기 때문에 프로젝트 관리지식 외에 프로젝트의 기술적 특성에 따라서는 전문적인 공학기술이 추가되기도 한다. 따라서 프로젝트생애주기 각 단계의 세분된 프로세스에서 필요한 지식, 방법 및 기법을 적절히 사용한다.

iii) 프로젝트생애주기 단계 간의 상호작용

조직은 프로젝트생애주기 각 단계에서 인도물이 성공적으로 완성되도록 프로젝트 관리 프로세스에 통제(모니터링 포함)를 추가하여 순차적으로 진행한다. 프로젝트의 환경에 따라서는 2개 이상의 프로세스가 동시에 진행되거나 겹치는 경우도 있다. <그림 2-8>은 전형적인 프로젝트생애주기 각 단계에서의 상호작용을 나타낸다.

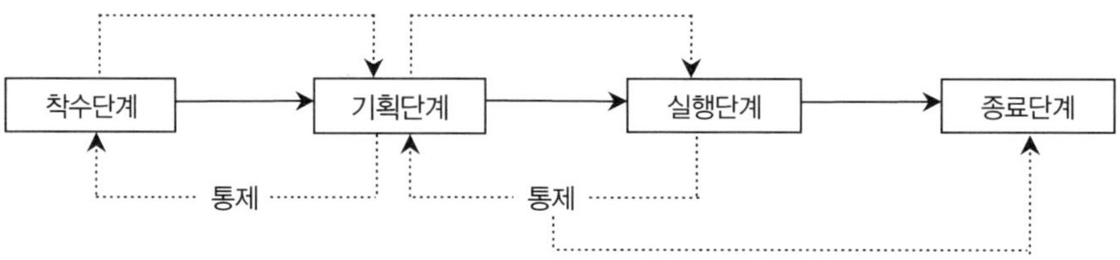

그림 2-8 PLC 각 단계의 상호작용

조직은 프로젝트를 추진할 때 프로젝트에 관련된 비즈니스 환경, 통제 필요성 등을 고려하여 프로젝트생애주기 단계의 수 또는 명칭을 결정하게 된다. 프로젝트관리자는 프로젝트생애주기 단계와 그 단계 내에서의 프로세스 구분을 처음부터 분명히 하여 진행과정에서 혼선이 일어나지 않도록 한다.

(3) 프로젝트관리 제약

조직은 가능한 한 프로젝트를 계획된 기간과 승인된 예산범위 내에서 효율적으로 수행하고자 한다. 하지만 프로젝트를 효율적으로 수행하는 데 있어 고려할 3가지 제약이 존재한다. 프로젝트의 범위, 시간 및 원가는 프로젝트관리에서 가장 중요하게 다루어야 할 기본요소이고, 삼중제약(triple constraints)으로 알려져 있다.

i) 삼중제약

삼중제약에서 시간제약(time constraint)은 프로젝트를 완료하기 위해 사용할 수 있는 가용시간을 의미하고, 원가제약(cost constraint)은 프로젝트에 대해 어느 정도까지 반영된 예산을 사용할 수 있는가 하는 것이다. 특히 범위제약(scope constraint)은 그 프로젝트의 최종 제품 또는 결과물을 만들어 내기 위해 어떤 작업이 수행되어야 하는지를 구체적으로 언급한 것이다. 삼중제약을 그림으로 표현하면, <그림 2-9>와 같다.

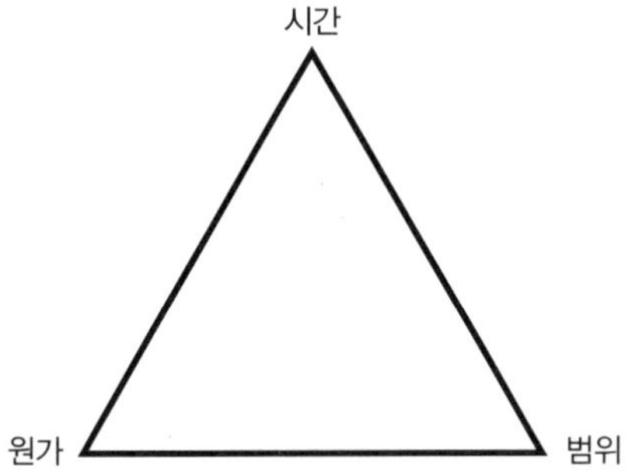

그림 2-9 삼중제약 개념도

개념도에서 보듯이 제약들 간에 강력한 상호의존적 관계를 나타내는 기하학적 삼각배분으로 구성되어 있다. 제약들 중 어느 하나를 변경하고자 하는 필요성 또는 요구가 있을 경우, 나머지 두 제약 중 적어도 어느 하나는 조정되어야 한다. 예를 들어, 프로젝트의 일정을 단축하려면 그 프로젝트에 반영된 예산을 늘리거나 범위를 축소하여야 할 것이다.

가) 철의 삼각모형

<그림 2-9>에서와 같이 삼중제약 개념도는 시간, 원가 및 범위에 초점을 맞추고 있다. 하지만 범위에 대한 제약 대신에 품질제약(quality constraint)을 선택하는 경우도 있다. 다음 <그림 2-10>은 프로젝트관리의 성공을 측정하는 요인과 연결된 철의 삼각모형(iron triangle model)으로 불린다.[7] 철의 삼각모형의 경우, 프로젝트에서 일정(시

---

7) Atkinson, R., "Project management: cost, time and quality, two best guesses and a phenomenon, it's time to accept other success criteria," *International Journal of Project Management*, Vol. 17, No. 6, pp. 337-342, 1999.

간)이나 범위를 조정하지 않고, 예산(원가)만 삭감하게 되면, 결국 그 프로젝트 인도물의 품질이 희생될 수 있음을 의미한다.

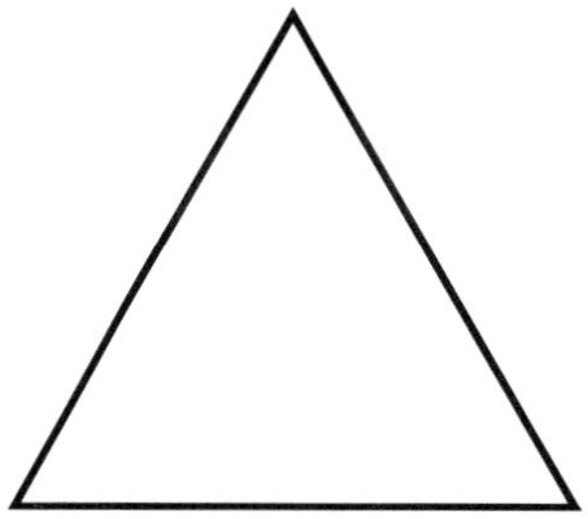

그림 2-10 철의 삼각모형

나) 다이아몬드 모형

<그림 2-9> 삼중제약 개념도와 <그림 2-10> 철의 삼각모형을 동시에 고려하면, <그림 2-11>과 같은 튼튼한 다이아몬드 모형(diamond model)이 될 수 있다.

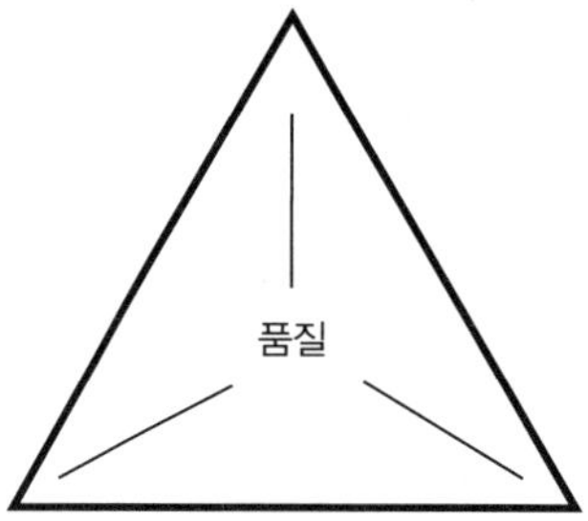

그림 2-11 다이아몬드 모형

실제 프로젝트를 성공적으로 관리하기 위해서는 그 프로젝트의 범위, 시간 및 원가에 기초한 전통적 삼중제약뿐만 아니라 각 제약에 대한 품질확보도 중요하다.

2.3 프로젝트 요구사항

프로젝트의 성공여부는 그 프로젝트의 인도물을 실제 운영함으로써 창출되는 편익 또는 가치에 관한 프로젝트 팀원들의 인식과 관련 이해관계자들의 요구사항에 대한 적극적인 반영에 크게 연관되어 있다. 프로젝트에 직 · 간접적으로 관련된 이해관계자들로부터의 요구사항은 정성적으로 또는 정량적으로 측정될 수 있고, 기록으로 남아 있어야 한다. 추진하려는 프로젝트에 관하여 수집된 기대나 요구사항은 프로젝트에 대한 작업범위, 일정, 원가, 품질, 조달, 리스크 등의 관리에 필요한 기초자료로 사용된다.

(1) 이해관계자

조직에서 이해관계자란 조직의 목표 달성에 영향을 미칠 수 있거나 영향을 받을 수 있는 집단 또는 개인이다.[8] 이해관계자의 정의를 프로젝트에 적용하면, 프로젝트에 관련되는 이해관계자는 조직의 경계를 고려하여 프로젝트를 추진하는 조직 내부이해관계자(internal stakeholders)와 그 조직의 통제를 벗어난 조직 외부이해관계자(external stakeholders)로 구분될 수 있다.

ⅰ) 이해관계자 범위

프로젝트 관련 이해관계자의 범위를 설정할 때 추진하는 프로젝트의 내 · 외부환경, 특성 및 규모 등을 충분히 고려하여야 한다. 예를 들어, 언론매체는 프로젝트를 직접 수행하는 조직과 직접적인 상호 이해관계가 없다. 하지만 건설 중인 아파트에 대해 인근 주민들이 건설공사로 인한 소음 또는 분진 발생 문제로 관할 행정기관에 민원을 제기하고, 그러한 사실을 신문이나 방송에서 사회적 갈등이슈로 크게 다룬다면, 아파트건설 프로젝트를 추진하는 조직에게 상당한 부담으로 작용할 것이다.

가) 조직 내부이해관계자

경영층 또는 프로젝트스폰서, 운영위원회, 프로젝트관리오피스(project management office, PMO), 사업부, 프로젝트관리자, 프로젝트 팀원, 기능 부서장 및 부서원 등이다.

나) 조직 외부이해관계자

프로젝트의 특성이나 규모에 따라 다를 수는 있으나 프로젝트 발주자뿐만 아니라 공급자 또는 계약자, 중앙정부 및 지방정부의 관련 부처, 외부전문인력, 언론매체, 시민단체, 지역사회 등에 이르기까지 상당히 광범위하다.

---

8) Freeman, R. E., *Strategic Management: a Stakeholder Approach*, Boston MA, Pitman Publishing, 1984.

(2) 이해관계자 등록대장

프로젝트에 의해 영향을 미칠 수 있거나 영향을 받을 수 있는 개인 또는 집단에 관한 정보를 기록한 문서로서 이해관계자 등록대장(stakeholder register)은 프로젝트의 요구사항에 관련된 상세한 정보를 제공할 수 있는 이해관계자를 파악하는 데 도움을 준다.

i) 이해관계자 등록대장 준비

프로젝트관리에서 관련 이해관계자들의 요구사항 충족은 프로젝트를 성공적으로 완료하기 위한 필수조건이고, 그들의 요구사항을 수집 및 관리하기 위해서는 이해관계자 등록대장 서식이 필요하다. <표 2-2>에서와 같은 이해관계자 등록대장 서식을 개발해서 사용할 수 있다.

표 2-2 이해관계자 등록대장(예시)

이해관계자 등록대장									
프로젝트 명칭:			작성자 성명:			1차 개정 연월일:			
프로젝트 코드번호:			작성 연월일:			2차 개정 연월일:			
코드	이해관계자 명	구분	직책	역할	요구사항 또는 기대사항	이해관계	영향력	연락처	
		내부/외부							

이해관계자들의 참여를 보장하기 위해 프로젝트생애주기 초기(착수단계), 즉 리더십(스폰서)으로부터 프로젝트헌장의 승인이 나면 바로 이해관계자 등록대장 준비에 들어간다. 이때 투입물 자료로서 프로젝트헌장, 계약서 및 이전 프로젝트에서의 학습경험 등은 이해관계자 등록대장을 작성하는 데 도움을 줄 수 있다.

가) 이해관계자 등록대장 작성

<표 2-2> 서식의 항목에서 직책은 조직 내 · 외부 이해관계자의 직무상 위치(position)를 나타내고, 역할은 프로젝트에 관련하여 이해관계자가 기여하는 구체적인 기능 또는 일을 의미한다. 요구사항 또는 기대사항에는 이해관계자가 프로젝트로부터 무엇(예: 인도물 또는 정보)을 요구하는지를 입력한다. 이해관계(interest)는 이해관계자가 프로젝트에 의해 긍정적으로 또는 부정적으로 영향을 받는 정도(높음, 보통, 낮음)를

말한다. 영향력(influence)은 이해관계자가 프로젝트에 대해 미칠 수 있는 영향의 수준(높음, 보통, 낮음)을 규명하는 것이다.

(3) 이해관계자 요구사항 수집

프로젝트 관련 이해관계자들의 기대 또는 요구사항을 수집하는 데 도움을 줄 수 있는 방법 또는 기법에는 인터뷰(interviews), 포커스 그룹(focus group), 브레인스토밍(brainstorming), 명목집단기법(nominal group technique, NGT), 델파이방법(Delphi method), 설문조사, 관찰, 프로토타입(prototypes) 등이 있다. 프로젝트관리자는 이용 가능한 시간, 공간, 비용과 같은 조건, 효과성과 효율성 등을 고려하여 적절한 것을 선택하여 사용한다.

i) 인터뷰

인터뷰는 대개 인터뷰진행자(interviewer)와 질문에 대답하는 인터뷰대상자(interviewee) 간에 1대1의 직접대화 형식으로 진행되지만, 필요에 따라서는 2인 이상의 인터뷰 진행자들 및/또는 2인 이상의 인터뷰 대상자들이 가담되는 경우도 있다. 과거에 유사한 경험을 했던 프로젝트참여자, 이해관계자 및 전문가들이 인터뷰를 통해서 프로젝트 인도물의 형상(features)과 기능을 규명하는 데 도움을 줄 수 있다.

ii) 포커스 그룹

포커스 그룹은 의사소통 연구, 교육, 정치과학, 공중보건과 같은 분야에서 주로 사회학자, 심리학자 및 연구자들이 사용하는 방법이다.[9] 포커스 그룹은 10명 내 · 외의 다양한 사람들로 구성된 소규모집단이고, 주로 큰 규모의 모집단으로부터 기대될 수 있는 반응(reactions)을 결정하기 위해 제한된 규모의 시장조사(market research) 또는 신제품에 관한 공개토론 같은 형태로 진행된다.

포커스 그룹은 사전에 평가 또는 심사를 마친 이해관계자와 논의하게 될 주제 관련 전문가들이 함께 프로젝트의 최종 인도물인 제품, 서비스 또는 결과에 대해 자신들의 기대, 인식, 의견 및 태도에 관하여 상호 학습하게 한다. 이때 토론중재자(moderator)는 1대 1의 인터뷰라기보다 자연스러운 대화분위기의 상호토론 형태로 그룹을 이끌어 간다. 포커스 그룹의 장점은 다른 조사방식에 비해 상대적으로 신속한 결과를 얻을 수 있어 비용이 적게 든다. 하지만, 실험적 통제(experimental control)를 거의 제공할 수 없고, 수집된 자료에 대한 분석이 어려운 한계도 있다.

---

9) Morgan, D. L., "Focus Groups," *Annual Review of Sociology*, Vol. 22, pp. 129-152, 1996.

iii) 브레인스토밍

브레인스토밍은 회의에 참여한 사람들이 제지당하거나 억압받지 않고, 주제에 관련된 관심사항에 대하여 자신들의 생각과 해결방안을 자유롭게 제시하게 하는 창의적인 접근방법이다. 회의에서 도출된 모든 아이디어들은 기록된 후 다시 재평가된다.

가) 브레인스토밍의 유래

오스본(Osborn, A.F.)은 1942년 출간한 저서, 'How to Think Up'에서 브레인스토밍 용어를 처음 사용하였고, 그 이후 6년이 지난 1948년에 그의 저서 'Your Creative Power' 제33장 how to organize a squad to create ideas에서 브레인스토밍 방법에 대한 개념을 소개하였다.[10] 브레인스토밍 회의를 위해 지켜야 할 2가지 원칙과 4가지 규칙이 있다.

나) 브레인스토밍의 원칙과 규칙

브레인스토밍에는 2가지 원칙에 기반하여 회의에 참여한 사람들 간에 사회적 억제/금기를 줄이고, 아이디어 발상을 자극하며, 집단적으로 전반적 창의성을 끌어올리기 위한 4가지 규칙이 있다.

원칙 1. 비판(평가)을 뒤로 미룬다.
원칙 2. 수량을 위해 노력한다.

규칙 1. 수량을 목표로 한다: 제시된 아이디어의 수량이 많을수록 효과적인 해결방안을 찾을 가능성이 크다.
규칙 2. 비판을 중단한다: 아이디어에 대한 판정을 보류함으로써 참여자들이 이례적이거나 별난 아이디어를 자유롭게 연상할 수 있다.
규칙 3. 다루기 힘들거나 무모한 아이디어도 환영한다: 새로운 사고방식이 더 좋은 해결방안을 제공할 수도 있다.
규칙 4. 아이디어를 결합하고 개선한다: 연합 과정에 의해 아이디어의 확장을 자극할 수 있다.

위 2가지 원칙과 4가지 규칙을 고려하여 회의분위기를 잘 유도할 경우, 구체적으로 정의된 간단한 질문 또는 주제를 다루는 데 효과적이다. 하지만 복잡한 문제를 다루는 경우, 회의 참여자들 간에 의견이 갈라질 수 있어 회의의 진행에 어려움이 있을 수 있다.

---

10) Lehrer, J. "GROUPTHINK," *The New Yorker*, Jan. 30, 2012.

iv) 명목집단기법

명목집단기법(NGT)은 이슈 또는 주제에 대한 문제점을 파악하고, 해결방안을 연상하면서 의사결정에 참여하도록 하는 프로세스로서 가장 큰 집단의 의견에 편승하는 것이 아니라 모든 참여자들의 의견을 고려하여 투표로 결정한다.

가) 명목집단기법 개발

명목집단기법(NGT)은 앙드레 델베크(Andre L. Delbecq)와 안드레 밴드벤(Andrew H. Van de Ven)에 의해 개발되었다.[11)]

나) 명목집단기법 5단계

회의 촉진자(meeting facilitator)는 다음과 같은 명목집단기법(NGT) 5단계 프로세스에 따라 회의를 진행한다.

단계 1. 개요 및 설명: 참여자들에게 회의의 목적과 절차를 설명한다.

단계 2. 침묵의 아이디어 연상: 다루어질 질문내용과 함께 메모지를 각 참여자들에게 제공하고, 그 질문내용을 고려하여 연상되는 자신의 아이디어를 가능한 한 10분 내에 쓰도록 요구한다. 이때 다른 참여자에게 의견을 물어보거나 자신의 아이디어를 논의하지 않도록 한다.

단계 3. 아이디어 공유: 각 참여자가 제출한 모든 아이디어를 플립차트(flip chart)에 기록하여 모든 참여자들과 공유한다. 제출된 아이디어 항목에 대한 논쟁은 피하고 다른 참여자들의 아이디어를 보면서 연상될 수 있는 새로운 아이디어를 추가한다.

단계 4. 집단 논의: 참여자들에게 제시된 아이디어들에 대해 보충하거나 좀 더 상세하게 설명할 수 있는 기회를 제공한다. 논의 과정에서 가능한 한 비평을 자제하고 중립의 위치에서 유사한 아이디어 항목들을 범주별로 결합할 수도 있다.

단계 5. 투표 및 순위: 질문내용 관련 아이디어들에 대한 투표와 우선순위화 프로세스를 진행한다.

명목집단기법(NGT)은 집단 상호작용에 의해 야기되는 2가지 문제점을 회피할 수 있는 장점이 있다. 첫 번째, 일부 참여자들은 비난받을 것에 대한 염려 또는 표현에 대한 삼가 및 수줍음 때문에 아이디어 제시를 꺼린다. 두 번째, 일부 참여자들은 집단 내 충

---

11) Delbecq, A. L. and Van de Ven, A. H., "A Group Process Model for Problem Identification and Program Planning," *The Journal of Applied Behavioral Science*, Vol. 7, No. 4, pp. 466-492, 1971.

돌 발생을 싫어한다. 명목집단기법(NGT)의 단점은 한번에 한 가지 문제점만 다룰 수 있어, 유연성이 부족하다.

v) 델파이방법

델파이방법은 전문가들로 구성된 패널(panel)에 의존하는 하나의 체계적 상호작용 예측방법(forecasting method)으로 개발된 구조적 의사소통 기술이다.[12] 이 방법은 경험적 지식을 가진 각 개인들(전문가)로 구성된 집단의 예측이 구성되지 않은 집단의 예측보다 더 정확하다는 원리에 기초한 것이다.

가) 델파이방법 개발

제2차 세계대전 이후, 1950년대에 미국의 비영리 글로벌 정책 싱크탱크인 랜드(research and development, RAND)사가 전투에서 기술의 영향을 예측할 목적으로 델파이방법을 개발하였으며, 올라프 헬메르(Olaf Helmer), 노르만 달키(Norman Dalkey) 및 니콜라스 레셔(Nicholas Rescher)가 개발에 참여한 것으로 알려져 있다.

나) 델파이방법 프로세스 단계

회의 촉진자(facilitator)가 다음과 같은 예측(의사결정) 프로세스 5단계에 따라 진행한다.

단계 1. 개요 및 설명: 패널에 참여한 전문가들에게 회의의 목적, 절차 및 기준을 설명한다.

단계 2. 설문지 작성: 전문가들에게 1차 설문지를 배부하고 답변(확률, 빈도, 반대의 정도 등)을 하도록 요구한다.

단계 3. 전문가의 예측 제공: 익명으로 전문가들의 1차 답변과 판단사유를 요약하여 제공한다.

단계 4. 1차 답변내용의 개정: 패널에서 다른 전문가들의 답변과 판단사유를 보면서 1차 답변내용을 개정할 수 있도록 분위기를 유도한다.

단계 5. 답변내용 수렴: 2차 또는 3차에 걸쳐 반복하여 답변내용을 개정할 수 있으며, 답변내용의 정확성, 컨센서스(concensus), 기준 등을 고려하여 최종 마무리한다.

---

12) Dalkey, N. and Helmer, O., "An Experimental Application of the Delphi Method to the Use of Experts," *Management Science*, Vol. 9, No. 3, pp. 458-467, 1963.

델파이방법은 비즈니스예측을 위해 널리 이용되어 왔으며, 구조화된 예측접근인, 예측시장(prediction markets)에도 적용 가능하다.[13] 하지만 미래에 전개될 사항들이 전문가들의 컨센서스와 같이 항상 정확하게 예측되는 것은 아니다.

(4) 이해관계자 요구사항 문서화

프로젝트에 관련된 이해관계자들의 요구사항은 측정 및 추적될 수 있고, 완전하며 또한 주요 이해관계자들에 의해 받아들일 수 있어야 한다. 이해관계자들의 요구사항을 수집하는 데 도움이 될 수 있는 적절한 방법이나 기법을 선택 및 활용하여 수집된 요구사항들을 문서화한다.

ⅰ) 요구사항 문서화 내용

다음과 같은 이해관계자 요구사항들이 문서화에 포함될 수 있다.

a. 왜 프로젝트가 수행되어야 하는지에 대한 비즈니스 니즈
b. 추적 가능한 프로젝트 목표
c. 비즈니스 프로세스, 정보 및 제품과의 상호작용을 기술하는 기능적 요구사항
d. 품질요구사항과 수용기준
e. 다른 조직 분야(기술, 생산, 영업 등)에 미치는 영향
f. 가정과 제약사항에 대한 요구사항
g. 지원 및 교육훈련 요구사항
h. 환경과 안전사고 등

13) Green, K. C., Armstrong, J. S. & Graefe, A., "Methods to Elicit Forecasts from Groups: Delphi and Prediction Markets Compared," *Foresight: The International Journal of Applied Forecasting*, 2007.

연습문제

01 프로젝트는 조직이 수행하는 일상업무(daily work)와 다른 점이 몇 가지 있다. 프로젝트의 특성을 고려하여 프로젝트와 일상업무 간의 차이점을 기술하시오.

02 프로젝트의 규모, 유형 및 기술적 특성을 고려하여 프로젝트생애주기 단계의 개수와 단계 간의 경계를 결정한다. 신제품개발 프로젝트의 경우, 프로젝트생애주기 단계의 개수를 어떻게 설정할 것인지 예를 들어 설명하시오.

03 글로벌 시장에서 경쟁우위를 확보하기 위해 많은 기업들이 내 · 외부 환경을 고려하여 프로젝트를 추진한다. 조직의 내 · 외부 비즈니스 환경을 고려하는 프로젝트관리에 대한 전체적인 개념도를 작성하시오.

04 프로젝트관리의 기본요소일 뿐만 아니라 삼중제약(triple constraints)이기도 한 요소에는 어떤 것들이 있는가?

05 4번 연습문제와 연관된 것으로서 철의 삼각모형(iron triangle model)이 있다. 철의 삼각모형에서 왜 품질이 포함되었는가?

06 전형적인 프로젝트생애주기는 기본 4단계 즉 착수단계, 기획단계, 실행단계 및 종료단계로 구분된다. 각 단계에서의 상호작용을 기술하시오.

07 프로젝트에 관련된 이해관계자들의 니즈(needs)를 파악하기 위해 브레인스토밍(brainstorming)방법을 사용하고자 한다. 브레인스토밍의 4가지 규칙, 장점과 단점에 대하여 각각 설명하시오.

2부

프로젝트 조직과 의사소통

제3장 프로젝트 조직
제4장 프로젝트 의사소통

제3장

프로젝트 조직

조직이 추구하는 가치, 비전 및 목표 달성에 필요한 비즈니스 전략과 프로그램 또는 프로젝트는 일관성 있게 상호 연계되어 있으며, 대내외 비즈니스 또는 시장의 환경변화에 시의 적절하게 대응하기 위한 수단으로 다양한 프로그램이나 프로젝트를 추진하게 된다.

조직은 프로그램이나 프로젝트를 체계적으로 추진하기 위해 조직의 특성과 규모에 적합한 유형의 거버넌스(governance)체계를 구축하고, 추진 팀을 구성한다. 특히, 프로젝트 수행에 필요한 역량 있는 인적자원의 확보, 교육 · 훈련, 팀워크, 책임과 역할, 인적자원의 배치와 보상 등에 대하여 세심하게 관리할 필요가 있다.

3.1 프로젝트 조직 거버넌스

조직의 상위 수준에서 지시하고 통제하기 위해 필요한 하나의 의사결정구조와 프로세스로서 거버넌스는 추진하는 프로그램이나 프로젝트를 수행할 때에도 중요하게 다루어진다.

(1) 조직의 환경과 거버넌스

조직은 내 · 외부 비즈니스 환경의 변화에 유연하게 대응하기 위해 제품, 서비스, 자산, 임무 및 목표 등의 정보에 기초하는 비즈니스 포트폴리오(business portfolio)에 따라 프로그램 및/또는 프로젝트를 추진하기 때문에 효율적인 거버넌스 프레임워크를 갖추어야 한다.

ⅰ) 비즈니스 환경과 거버넌스

조직 전체를 아우르는 최상위수준의 거버넌스는 <그림 3-1>에서와 같이 조직이 직면한 대내외 환경과 수행하는 비즈니스 포트폴리오, 프로그램 및 프로젝트 간의 상호 연관성을 갖는다.[1)]

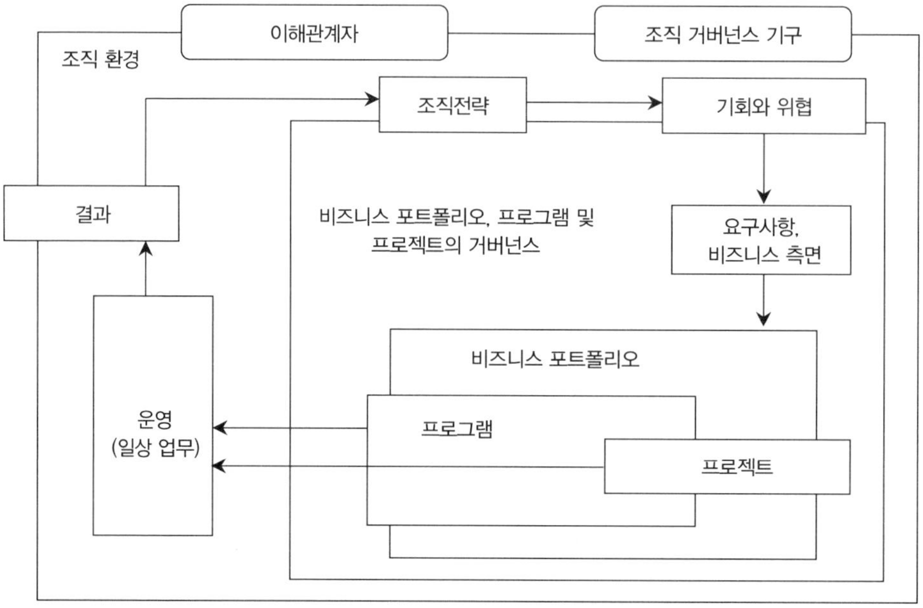

그림 3-1 비즈니스 환경과 거버넌스 간의 관계

조직에서 거버넌스는 영구적이거나 한시적인 의사결정구조와 프로세스로서 비즈니스 포트폴리오, 프로그램 및 프로젝트와 상호 유기적으로 연관되어 있고, 조직의 비즈니스 목표, 역량, 내 · 외부 환경변화, 관련 이해관계자들의 니즈 또는 요구사항에 의해 영향을 받는다. 또한 프로그램 및/또는 프로젝트 인도물의 운영 결과, 즉 성과나 편익은 다시 조직의 전략수립에 필요한 정보로서 사용된다.

ⅱ) 조직의 전략

조직은 중장기 비전과 목표를 어떻게 달성할 것인지를 정의하기 위해 비즈니스 전략을 개발한다. 조직전략(organizational strategy)은 비즈니스 환경변화(시장의 움직임, 고객의 요구사항, 경쟁자의 출현, 정부의 규제, 전염병의 대유행 등)에 따라 수정 또는

---

1) ISO, *Project, programme and portfolio management-Guidance on governance(ISO 21505:2017)*

변경될 수 있다. 조직은 대개 SWOT(strengths, weaknesses, opportunities, and threats) 분석에서 파악된 조직의 강점과 핵심역량을 고려하여 기회요소 중심으로 자원을 배분하고, 외부로부터의 위협에 해당하는 리스크 영향을 최소화하는 전략을 구사한다.

가) 조직전략 방향

조직은 SWOT 분석으로부터 도출된 기회요소와 위협요소를 고려하여, 제한된 자원을 효과적으로 배분하기 위해 순서는 바뀔 수 있으나 대개 4가지 기본전략방향을 정한다.

전략 1: 비즈니스 기회(opportunities)를 활용한다.
전략 2: 위협(threats)에 대한 영향을 최소화한다.
전략 3: 시장의 변화에 적극적으로 대응한다.
전략 4: 조직 내부 경영혁신에 집중한다.

나) 전략지능 활용

전략지능(strategic intelligence)은 데이터, 정보 및 지식을 수집, 처리, 의사결정자와 소통하기 위한 구조화된 프로세스의 결과물로, 지속적으로 적용되거나 시작될 특정 프로젝트에 적용될 수 있다.[2] 지식을 기반으로 하여 의사결정을 촉진하고, 기회와 위협(리스크)에 초점을 맞춤으로써 불확실성 관리를 지원하며, 경영혁신 활동에 도움을 줄 수 있다.

ⅲ) 비즈니스 포트폴리오 구조

<그림 3-2>에서와 같이 계층구조 형태로 비즈니스 포트폴리오에 프로그램이나 프로젝트가 상호 연계되어 있고, 프로그램이나 프로젝트는 조직의 운영(일상 업무)목표 달성에 긍정적인 영향을 미쳐, 결국 편익 실현에 기여하게 된다. 예를 들어, 프로그램 및/또는 프로젝트의 인도물 운영(일상 업무)이 제조 및 판매를 하는 기업조직의 경우, 그 조직 내 연구개발, 생산, 품질, 영업, 마케팅, 구매, 인사, 노무, 물류, 정비, 전산, 수출 등 각 관련 기능부서에서 수행하는 활동과 연계되어 있다.

---

2) ISO, *Innovation management—Tools and methods for strategic intelligence management—Guidance(ISO 56006:2021)*

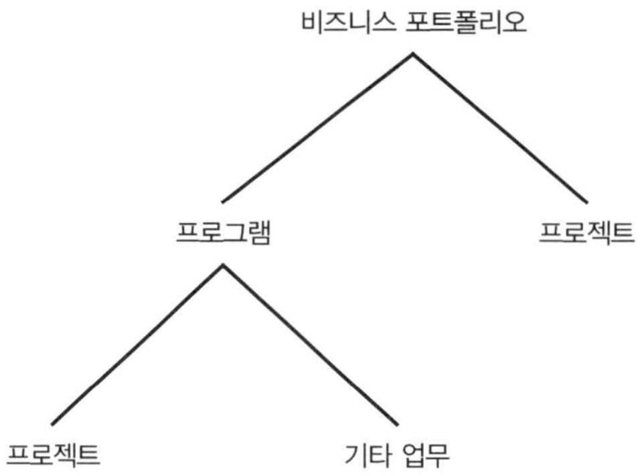

그림 3-2 비즈니스 포트폴리오, 프로그램 및 프로젝트 간의 연관도

(2) 조직 거버넌스

조직은 미래 지향적인 비전과 가치에 기반하여 상위 수준에서의 이사회 또는 운영위원회와 같은 거버넌스 기구(governance body)를 구성하고, 거버넌스 기구를 합리적으로 운영하기 위해 필요한 권한과 책임을 부여한다. 거버넌스 기구는 조직 내 비즈니스 관련 사안의 의사결정과 관련 프로세스에 대해 책임을 지는 개인 또는 집단이어서 필요에 따라 여러 형태가 있을 수 있다.

ⅰ) 조직 거버넌스 기구 구성

조직이 스스로 정한 우선순위에 기반하여 적합한 거버넌스 기구를 구성할 때는 다양한 관련 이해관계자들과의 이해관계 상충이 발생할 수 있어, 광범위한 지배환경으로부터의 영향을 고려한다.

가) 조직 거버넌스 기구 구조

조직이 비즈니스 포트폴리오, 프로그램 및 프로젝트를 다루는 거버넌스 구조를 설계할 때 다음과 같은 사항을 고려한다.

a. 조직의 비즈니스 환경과 거버넌스 간의 연관성(<그림 3-1> 참고)을 이해한다.
b. 조직이 결정한 원칙, 가치 및 전략 목표를 지원한다.
c. 비즈니스 포트폴리오, 프로그램 및 프로젝트에 자원을 투입함으로써 창출되는 편익을 최적화한다.

나) 조직 거버넌스 기구 책임

비즈니스 포트폴리오, 프로그램 및 프로젝트의 니즈에 따라 조직 내에 하나 이상의 거버넌스 기구들이 있을 수 있으며, 각 거버넌스 기구에게 반영될 책임은 다음과 같다.

a. 조직 전반을 포괄하는 상위수준에서의 거버넌스 기구가 설정한 목표, 가치 및 원칙을 준수한다.
b. 조직의 요구사항뿐만 아니라 법적 요구사항도 준수한다.
c. 통제하에 있는 산하 조직이 이행하여야 할 목표설정과 업무방향을 제시한다.
d. 관련 이해관계자들의 요구사항을 다룬다.
e. 대두되는 주요한 이슈에 대해 의사결정을 한다.
f. 필요한 경우, 시정조치에 대한 권한과 책임을 해당 관리자에게 위임하고 지원한다. 이때 결과에 대한 책임은 거버넌스 기구에 있다.

ii) 프로젝트 거버넌스 기구

프로젝트 거버넌스는 상위수준(비즈니스 포트폴리오, 프로그램)의 거버넌스와 정렬되어 일관성이 유지되어야 한다. 프로젝트 거버넌스 기구는 프로젝트의 규모와 특성에 따라 다양한 형태일 수 있다. 예를 들어 대형 프로젝트의 경우, 프로젝트 운영위원회를 구성하여 운영할 수 있으나 대개 중 · 소형 프로젝트에서는 조직의 임원급 스폰서가 프로젝트 거버넌스 기구 역할을 한다.

가) 프로젝트 거버넌스 기구 책임

프로젝트 거버넌스 기구의 주요 책임은 다음과 같다.

a. 조직 거버넌스(상위수준)와 프로젝트 거버넌스 간에 상호 일관성을 유지한다.
b. 프로젝트 활동에 영향을 미치는 관할 구역 내 법적인 의무를 충족하는지 확인한다.
c. 프로젝트에 대한 지원사항, 임무 및 목표를 제시한다.
d. 프로젝트 거버넌스 기구의 역할, 책임(설명책임 포함) 및 권한을 명확하게 제시한다.
e. 프로젝트, 조직 및 영향을 받는 이해관계자를 지원하기 위해 필요한 자원과 능력을 재가한다.
f. 프로젝트 예산에 시의 적절하게 접근할 수 있게 한다.
g. 프로젝트를 승인하고, 운영하는 데 있어 필요한 방침, 절차 및 표준의 타당성을 검증한다.
h. 프로젝트의 타당성 및 목표가 조직의 전략방향 또는 니즈에 일치하는지 확인한다.
i. 프로젝트의 진척도 심사, 검토 및 각종 보고서에 대해 피드백을 한다.

3.2 프로젝트 조직 운영

조직의 문화, 유형 및 구조는 프로그램이나 프로젝트의 수행에 영향을 미친다. 즉, 조직이 추구하는 비전, 전략, 가치, 규범, 방침, 안전, 환경 및 업무절차 등에 의해 영향을 받을 수 있어, 가능한 한 내 · 외부 환경의 변화 또는 시장의 니즈에 따라 지속적으로 경쟁적 우위를 확보 및 유지하기 위해 조직을 효율적이면서 혁신적으로 운영한다. 프로젝트의 특성이나 규모를 고려하여 상이한 조직 유형을 선택할 수 있다.

(1) 조직문화

조직에서 프로젝트 업무가 많아질수록 조직문화(organizational culture)뿐만 아니라 팀워크도 중요해진다. 조직문화는 조직 내 모든 구성원들의 행동을 안내하고 알려주는 가치, 기대 및 관행의 집합체이다. 조직문화에 대한 정의는 많이 존재하지만 일반적으로는 규범(norms), 조직 내에서 생성되는 가공물(artifacts), 그리고 행동패턴에서 관찰된 것을 통해서 의사소통 되는 조직의 가치를 말한다.[3] 특히, 가공물은 조직 구성원들 간에 공유된 문화의 가시적 측면의 것을 말한다.

ⅰ) 조직문화 영향

조직은 7가지 가치범주(value categories)로 구별되는 조직문화 프로파일(organizational culture profile, OCP)을 사용해서 조직문화가 어떻게 조직의 성과에 영향을 미치는가를 측정할 수 있다. 7가지 가치범주는 혁신, 안정성(stability), 인간존중, 결과지향(outcome orientation), 세심한 관심, 팀 지향(team orientation) 및 적극성(aggressiveness)을 포함한다.

조직문화는 조직의 공식적인 통제시스템, 절차 및 권한을 초월하여 조직 구성원들의 행동에 강력하게 영향을 미친다.[4] 조직에서 문화는 밀어붙이는 억압이나 방침에 의해서가 아니라 일관되고 신뢰할 수 있는 행동으로부터 생성된다. 따라서 조직 구성원 전체가 비즈니스 포트폴리오에 대한 필요성을 이해하고 동참하겠다는 의지표명을 하여야 한다. 또한, 비즈니스 포트폴리오에 의한 변화를 수용하고 실행에 옮길 수 있는 조직 구성원들의 역량도 중요하다.

---

3) Homburg, C., & Pflesser, C., "A Multiple-Layer Model of Market-Oriented Organizational Culture: Measurement Issues and Performance Outcomes," *Journal of Marketing Research,* Vol. 37, No. 4, pp.449-462, 2000.

4) O'Reily Ⅲ, C. A., Chatman, J. A., & Caldwell, D. F., "People and Organizational Culture: A Profile Comparison Approach to Assessing Person - Organization Fit," *The Academy of Management Journal*, Vol. 34, No. 3, pp. 487-516, 1991.

ii) 조직문화 모형

<그림 3-3> 조직문화 모형은 조직의 4가지 문화적 특성(임무, 일관성, 적응능력 및 관여)에 기반하여 조직문화의 강점과 약점을 찾고 그 조직의 효과성에 영향을 미칠 수 있는 방법을 제시하는 진단 프로세스의 일부로 사용된다.[5]

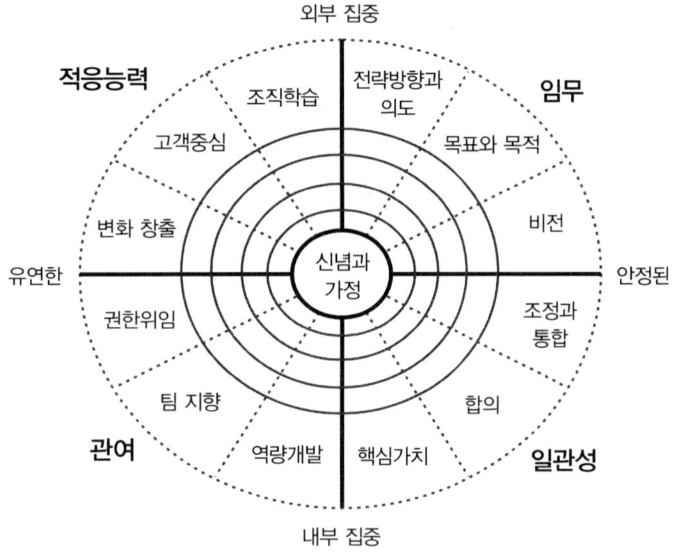

그림 3-3 조직문화 모형

가) 문화적 특성

각 문화적 특성(임무, 일관성, 적응능력, 관여)은 3가지 서브-차원(sub-dimension)을 포함하여 12개 차원으로 세분화된다.

a. 임무(mission): 성공하는 조직은 조직의 목적과 전략적 목표(strategic objectives)를 정하고 조직의 미래 비전을 표현하는 목적과 방향에 대해 명확한 감각을 갖는다.
b. 일관성(consistency): 일관성이 높은 조직의 행동은 핵심가치에 근간을 두고 리더와 추종자가 견해의 다양성에도 불구하고 합의 도달에 숙련되어 있다.
c. 적응능력(adaptability): 내부통합(internal integration)과 외부적응(external adaptation)은 흔히 상충될 수 있다. 하지만 적응력이 있는 조직은 고객에 의해 이끌리고, 리스크를 받아들이며, 실수로부터 배우게 되어, 변화를 창출하는 능력과 경험을 갖는다.

5) Denison, D.R., Haaland, S., & Goelzer, P., "Corporate Culture and Organizational Effectiveness: Is Asia Different From the Rest of the World?," *Organizational Dynamics*, Vol. 33, No. 1, pp. 98-109, 2004.

d. 관여(involvement): 효과적인 조직은 구성원들에게 권한을 위임하고, 팀 중심으로 조직을 만들어 모든 수준에서 인간의 능력을 개발한다. 모든 수준에서의 구성원들은 자신들의 일에 영향을 미칠 수 있는 의사결정에 적어도 입력(input)을 하고, 자신들의 일이 조직의 목표에 직접 연관되어 있다고 느낀다.

조직이 높은 결과(outcome)를 내기 위해서는 신뢰(trust), 팀워크(team work), 정렬(alignment), 성과(performance), 탄력성(resilience), 혁신(innovation), 인정과 감사(recognition and appreciation), 심리적 안전(psychological safety), 성실성(integrity) 등을 강화하기 위한 노력이 필요하다. 여기서 정렬은 조직의 목표와 조직 구성원들의 동기유발이 같은 방향으로 조율이 이루어진 상태를 의미하고, 탄력성은 잦은 업무환경의 변화에 유연하게 대응해 나가는 것을 말한다.

(2) 조직구조

조직구조(organizational structure)는 업무의 배분, 조정 및 감독과 같은 활동들이 조직의 목표를 향해 어떻게 지휘되는지에 대해 정의한 것이다. 조직이 목표로 하는 비즈니스 또는 업무의 규모와 특성에 따라 관료조직(bureaucratic organization), 기능조직(functional organization), 사업부조직(divisional organization), 매트릭스조직(matrix organization), 프로젝트전담조직(projectized organization), 애자일조직(agile organization), 네트워크조직(network organization), 가상조직(virtual organization) 등 다양한 유형을 선택할 수 있다.

ⅰ) 관료조직

전통적으로 관료조직은 고위간부에서부터 말단부서장에 이르기까지 여러 계층단계로 조직화되어 있어 의사결정을 하려면 수평적 구조보다 상대적으로 더 많은 단계를 통과하여야 한다.

가) 관료조직의 구조

<그림 3-4>는 조직의 상부에서 지시를 받아 하부로 전달하는 피라미드(pyramid) 형태의 관료조직 구조를 나타낸다. 권한수준은 하부로 내려갈수록 줄어든다.

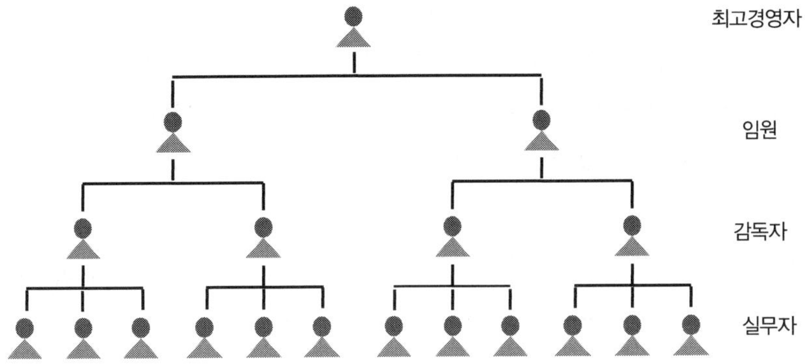

그림 3-4 관료조직 구조

나) 관료조직의 특성

업무에 대한 역할과 책임이 분명한 계층적 구조로서 경직되어 있고, 엄격한 방침을 준수하며, 조직의 운영에 필요한 절차, 제약 등이 표준화되어 있다. 관료조직은 업무를 시작한 이래 오랜 기간 동안 조직의 방침과 절차에 따라 업무를 수행해 왔기 때문에 수용이나 변화에 대한 거부감이 강하다.

관료조직의 의사결정 권한은 조직의 상부에 있고, 업무 관련 정보 또는 지시는 상부에서 하부로 전달된다. 이러한 수직적 구조는 명령과 통제중심의 관리자에게 잘 적용되고, 복잡하거나 큰 규모의 조직운영에 적합하다.

다) 관료조직의 장단점

조직의 상부관리자가 조직 전반에 걸쳐 의사결정에 대한 강력한 통제력을 가질 수 있는 장점이 있다. 하지만 조직 내에서 창의와 혁신을 저하시킬 수 있고, 외부로부터의 환경변화에 대한 수용을 어렵게 하는 단점도 있다.

ii) 기능조직

기능조직은 기능별로 사람을 조직하는 하나의 전통적인 방식이며 업무의 조정, 감독 및 배치 활동으로 구성된다. 조직 내에서 사람들이 어떻게 분류되어 있고, 누구에게 보고를 하는지를 명확하게 한다. 예를 들어, 제품을 생산 및 판매하는 기업에서는 조직 내에 전문분야별로 기획, 인사, 노무, 생산, 기술, 연구개발, 품질, 공무, 원동, 영선, 구매, 수출, 마케팅, 영업, 재무와 같은 기능들을 모아 비즈니스를 할 수 있도록 조직화한다.

가) 기능조직의 구조

기능조직 구조는 표준화된 기술분야에서 불확실성이 낮고 복잡하지 않아 자체 전문성을 기반으로 단기간에 끝낼 수 있는 간단한 소규모 프로젝트를 수행할 수 있다. <그림 3-5>는 기능조직 구조를 나타낸다.

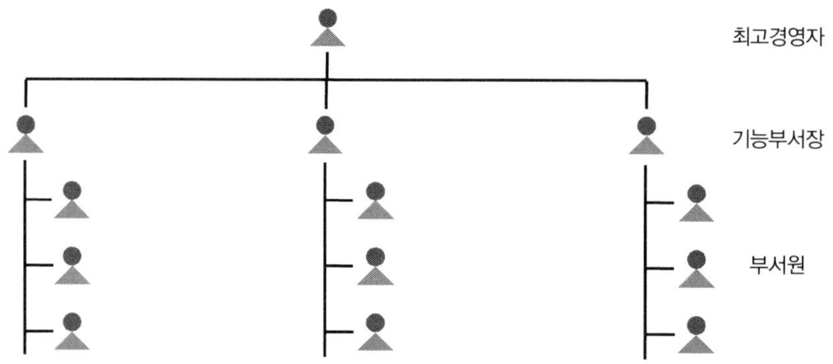

그림 3-5 기능조직 구조

기능조직에서 프로젝트를 추진할 경우, 프로젝트관리자와 프로젝트팀원들이 모두 기능부서장의 지시를 받아 시간제(part-time) 형태로 프로젝트업무에 참여하며 프로젝트에 관련된 예산도 기능부서장에 의해 통제된다.

나) 기능조직의 특성

자신이 속하는 전문분야에서 전문가로서의 역량을 최대한 발휘하게 하여 운영상의 효율을 향상하도록 한다. 기능별 전문성을 너무 강조하면 오히려 조직 내에서 기능 간의 의사소통이 경직되어 조직의 움직임이 느리고 유연성이 떨어질 수 있어, 기능 간의 수평적 의사소통이 아주 중요하다. 업무 관련 정보는 조직 내에서 수직적으로뿐만 아니라 수평적으로도 소통되어야 한다. 기능조직은 표준화된 제품과 서비스를 낮은 원가에서 대량으로 생산하는 조직에 가장 적합하다.

다) 기능조직의 장단점

업무의 조정과 전문성이 기능구조에 집중되어 있어 제품이나 서비스의 제한된 수량을 효율적이고 예측 가능하게 생산할 수 있게 한다. 업무의 효율향상은 기능조직들 간의 업무를 수직으로 통합하여 제품을 낮은 원가에서 판매하고 신속하게 유통되게 한다. 하지만, 비록 기능단위들이 가끔 높은 수준의 효율에서 업무를 수행한다 할지라도 상호협력 수준이 타협하는 선에서 끝나거나, 전문화된 집단의 자기영역 보호관점에서 다른 기능들과 협력을 싫어하여 기능들 간에 업무를 잘 수행하기 어려워질 수 있는 단점도 있다. 예를 들어, 기능 단위들 간의 내분이 발생할 경우, 업무의 지연을 야기, 경쟁적 이해관계로 제한된 의지표현, 시간낭비, 프로젝트 일정의 지연 등으로 이어질 수 있다.

ⅲ) 사업부조직

기업에서 사업부조직은 조직 스스로 분할한 사업부문들로 구성되고, 사업부문은 제품을 생산하는 기능들의 집합체이다.

가) 사업부조직의 구조

<그림 3-6>은 제품중심 사업부조직(product-focused divisional organization) 구조를 나타낸다.

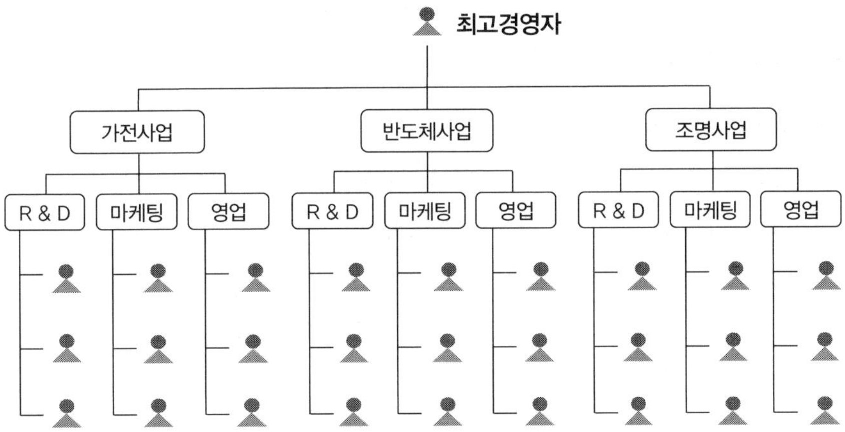

그림 3-6 제품중심 사업부조직 구조

나) 사업부조직의 특성

사업부조직은 비즈니스 전략에 따라 시장, 서비스 또는 제품에 대해 책임을 지는 사람들이 자신들의 유연성을 높일 수 있도록 사업부문에 소속된다. 예를 들어, 글로벌 시장을 중심으로 사업부문을 구분하는 기업에서는 북미사업부문, 남미사업부문, 유럽사업부문, 아세아태평양사업부문, 중동사업부문 등으로 분류될 수 있을 것이고, 제품군을 중심으로 구분하면 가전사업부문, 반도체사업부문, 조명사업부문 등으로 나누어질 수 있다. 또한, 서비스유형에 따라 분할하게 될 경우, 운송사업부문, 금융사업부문, 정보서비스사업부문 등으로 분류될 수 있다. 각 사업부 자체적으로 연구개발, 마케팅, 영업, 기술, 교육훈련지원 같은 기능을 가질 수 있다.

다) 사업부조직의 장단점

사업부 자체의 성과를 직접 측정할 수 있도록 위임받은 권한을 사용할 수 있어, 소속된 관리자들의 업무에 대한 성과 향상과 사기가 높아진다. 또한 다른 사업부문들과 업무를 조정하는 데 있어 더 효율적이고, 시장의 변화에 유연하게 대응할 수 있다. 하지만, 사업부문들 간에 건전하지 못한 경쟁의식을 부추길 수 있고, 각 사업부문별로 좀 더 능력 있는 전문관리자들을 요구함으로써 원가를 증가시킬 수 있다. 기업의 전체 목표보다 단위사업부 목표를 강조함으로써 지원인력, 서비스 및 시설 같은 자원과 노력이 중복되는 결과를 초래할 수도 있다.

iv) 매트릭스조직

매트릭스조직은 업무 수행 시 기능조직과 분권화된 조직의 강점을 취하면서 약점을 보완하기 위해 부서원들로 구성된 팀을 활용하는 구조이다. 매트릭스조직에는 기능매트릭스(functional matrix), 균형매트릭스(balanced matrix) 및 프로젝트매트릭스(project matrix) 등의 형태가 있을 수 있다.

가) 매트릭스조직의 구조

<그림 3-7>은 기능조직의 부서원들이 자신들의 고유업무를 수행하면서 사업부에서 추진하는 업무도 지원하는 형태의 매트릭스조직 구조를 나타낸다.

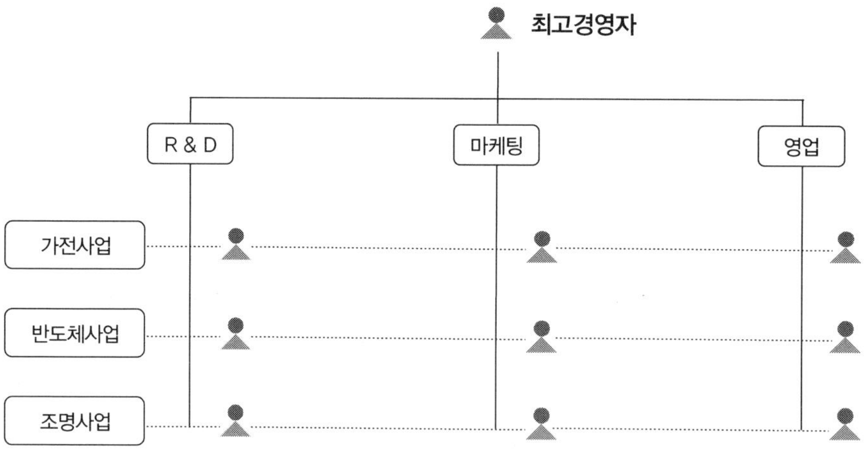

그림 3-7 매트릭스조직 구조

나) 매트릭스조직의 유형과 특성

프로젝트의 규모와 특성에 따라 프로젝트-집중 매트릭스조직(project-focused matrix organization), 균형기능 매트릭스조직(balanced functional matrix organization), 약한기능 매트릭스조직(weak functional matrix organization) 형태로 구분 적용된다.

a. 프로젝트-집중 매트릭스조직:

프로젝트관리자는 전일제(full-time) 근무자로서 프로젝트에 대해 1차적 책임이 있고, 프로젝트 예산을 통제하는 상당한 권한을 가지며 전일제 팀원들을 사용할 수 있다. 이때 기능조직의 부서장은 기술적인 지원을 하고 필요에 따라 자원도 배정한다. <그림 3-8>은 프로젝트-집중 매트릭스조직 구조이며, 시장의 니즈에 따라 차별화된 기술의 제품을 시의 적절하게 출시해야 하는 상황에서 불확실성이 높은 프로젝트 추진에 적합하다.

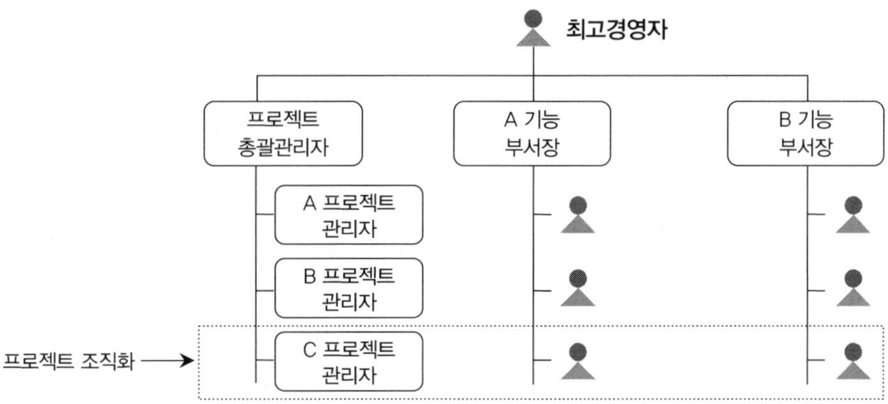

그림 3-8 프로젝트-집중 매트릭스조직 구조

b. 균형기능 매트릭스조직:

프로젝트관리자는 A 기능에 소속되어 있으면서 다른 기능들의 부서원들을 프로젝트 팀원으로 활용한다. 프로젝트관리자는 전일제 근무이며, 프로젝트를 지휘 및 감독할 책임이 있고, 팀원들을 시간제 형태로 참여하도록 한다. 단, 프로젝트의 예산을 통제하고, 자원을 사용하는 권한은 프로젝트관리자와 기능부서장 간에 동등하게 공유된다. 이러한 구조가 아주 이상적인 구조로 보이지만 실제 권한의 공유는 민감한 사안이기 때문에 상호 지속적으로 유지되기는 어렵다.

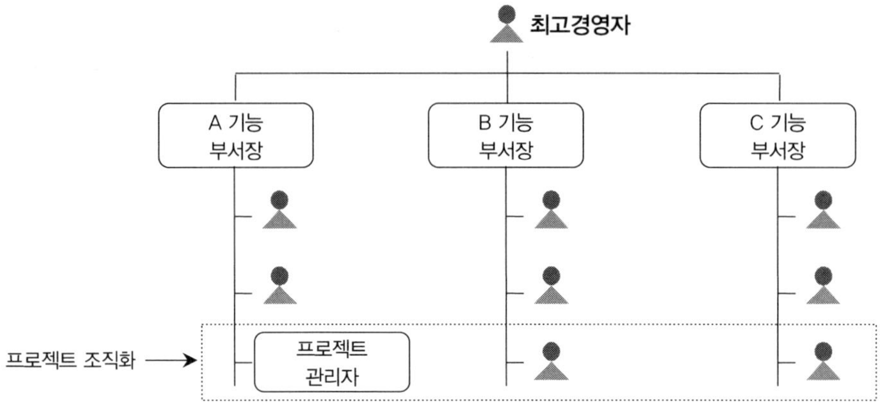

그림 3-9 균형기능 매트릭스조직 구조

<그림 3-9>는 균형기능 매트릭스조직 구조로서 불확실성이 높지 않고, 복잡하지 않으며 각 기능에 공통적으로 적용할 수 있거나 적용해야 하는 기술 또는 업무 프로세스 혁신 프로젝트에 적합하다.

c. 약한기능 매트릭스조직:

프로젝트관리자의 역할을 맡은 프로젝트조정자(project coordinator) 또는 프로젝트촉진자(project expeditor)가 프로젝트에 대한 교차기능측면(cross-functional aspects)에서 감독에 필요한 제한된 권한만 갖는다. 따라서 기능부서장이 프로젝트의 예산 통제권한을 가지며, 자신(기능부서)의 자원과 프로젝트 관련 부분을 관리한다. <그림 3-10>은 약한기능 매트릭스조직 구조로서 프로젝트관리자와 팀원들 모두 시간제로 프로젝트에 참여한다. 약한기능 매트릭스조직은 불확실성이 낮고 단순하여 표준화된 기술 또는 기준을 적용하는 조직 내 단기간의 개선활동 프로젝트 등에 적합하다.

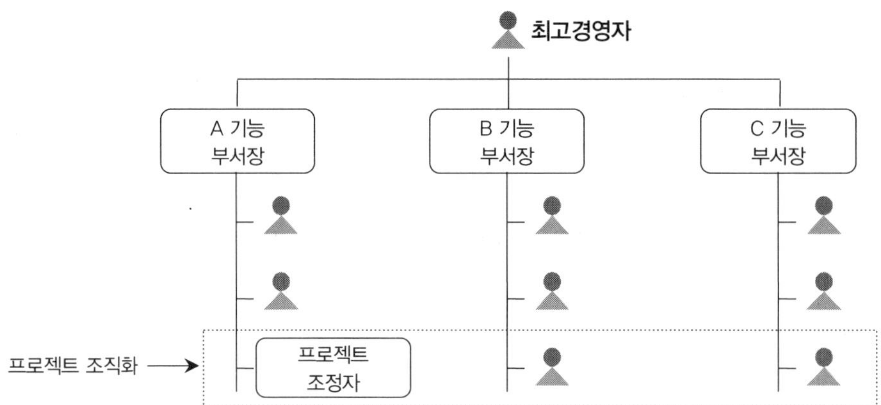

그림 3-10 약한기능 매트릭스조직 구조

다) 매트릭스조직의 장단점

기능조직의 수직적 구조를 허물고, 고정된 전문적 업무의 범위를 벗어나 업무정보의 확산을 빠르게 하는 수평적 구조를 형성함으로써 조직의 인적자원 또는 전문지식의 활용도를 높일 수 있다. 하지만 지휘체계의 복잡성으로 인하여 기능조직의 관리자와 프로젝트관리자 간의 분권 문제가 있을 수 있다.

매트릭스조직 내 구성원 개개인에 대해 실제 책임을 져야 할 사람(기능부사장 또는 프로젝트관리자)을 설정하는 데 있어 혼란이 있을 수 있다. 구성원 개개인에 대한 업무평가(evaluation)를 누가 하든 관계없이 적절한 평가를 보장하기 위해 기능부서장과 프로젝트관리자 간의 유연한 의사소통이 필요하다.[6]

v) 프로젝트전담조직

프로젝트전담조직은 신기술분야에서 불확실성이 높고, 복잡하여 장기적으로 단계적 연구개발이 필요한 큰 규모의 프로젝트에 적합하다.

가) 프로젝트전담조직의 구조

조직 구성원들이 동일한 근무장소에서 대부분 프로젝트 업무에 전일제로 참여한다. <그림 3-11>은 프로젝트전담조직 구조를 나타낸다.

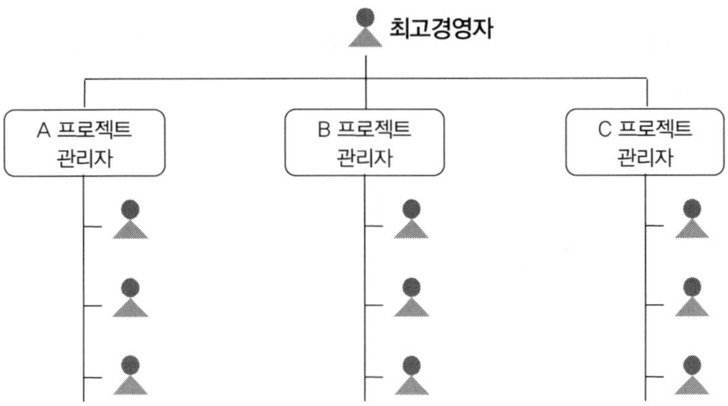

그림 3-11 프로젝트전담조직 구조

6) Appelbaum, S. H., Nadeau, D., & Cyr, M.," Performance evaluation in a matrix organization: a case study (Part One)," *Industrial and Commercial Training*, Vol. 40, No. 5, pp. 236-241, 2008.

나) 프로젝트전담조직의 특성

프로젝트관리자는 독립적이고 거의 모든 자원을 사용할 수 있는 상당한 권한을 가지며, 프로젝트 예산을 통제한다. 프로젝트 팀원들은 자신이 소속된 프로젝트 팀의 프로젝트 업무에 참여하고, 프로젝트관리자에게 직접 업무보고를 하거나 다른 여러 프로젝트를 지원하는 서비스를 한다.

다) 프로젝트전담조직의 장단점

프로젝트에 대한 구성원들의 충성도가 높고, 상호 의사소통과 보고체계가 단순하여, 프로젝트 업무의 의사결정과 집행이 빠르다. 하지만 각 프로젝트마다 전담조직형태로 운영될 경우, 제한된 자원의 효율적 사용 관점에서 자원의 낭비가 초래될 수 있다.

vi) 애자일조직

애자일조직은 1990년대 경량 소프트웨어 개발 방법(lightweight software development method)에서 시작되었으며, 경쟁자의 출현, 급속한 기술의 발전, 시장환경의 갑작스런 변화 등에 민첩하게 대응하기 위해 조직 내 기능들 간의 경계를 허물고, 필요에 따라 유연하게 협업할 수 있는 작은 단위의 자율적 팀이다.

가) 애자일조직의 구조

프로젝트관리자를 별도로 두는 것이 아니고, 구성원들 중 한 사람이 촉진자(facilitator)가 되어 조직활동을 도와준다. <그림 3-12>는 자기조직화(self-organization)에 기초한 애자일조직 구조를 나타낸다.

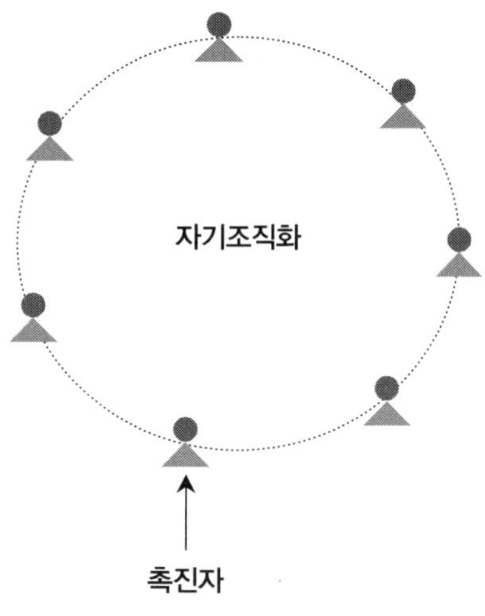

그림 3-12 애자일조직 구조

a. 대형 애자일조직 구조:

촉진자들 중 한 사람을 선정하거나 별도의 조정자(coordinator)를 두어 소통, 취합 및 조율한다.

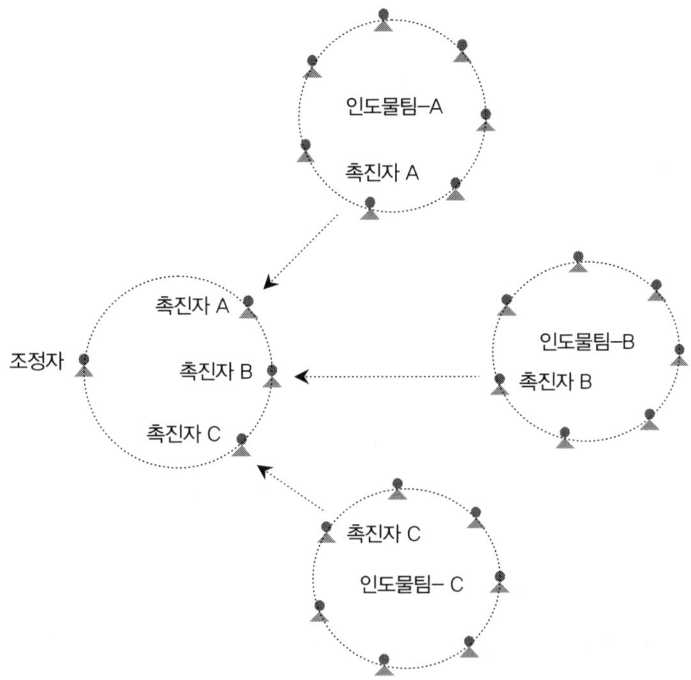

그림 3–13 대형 애자일조직 구조

<그림 3–13>과 같이 서브팀(sub-team) 형태의 애자일조직인 각 인도물팀(deliverable team)의 촉진자 중심으로 프로젝트 전체를 아우르는 대형 애자일조직 구조를 갖출 수 있다.

나) 애자일조직의 특성

구조적으로 복잡하고 불확실하며 심각하게 시간제약을 받는 프로젝트의 경우, 전통적인 프로젝트관리방법은 적절할 수 없고, 잠재적으로 불리할 수 있다.[7] 애자일조직의 특성을 이해하기 위해 소프트웨어 개발 프로젝트생애주기 단계를 <그림 3–14>와 같이 범위, 설계, 조립, 시험 및 배치로 나누어 복잡성(complexity)과 불확실성(uncertainty)에 기반하여 5가지 프로젝트관리 전략측면에서 상호 비교해 볼 수 있다.

---

7) Williams, T., "Assessing and Moving on From the Dominant Project Management Discourse in the Light of Project Overruns." *IEEE Transactions on Engineering Management*, Vol. 52, No. 4 November 2005.

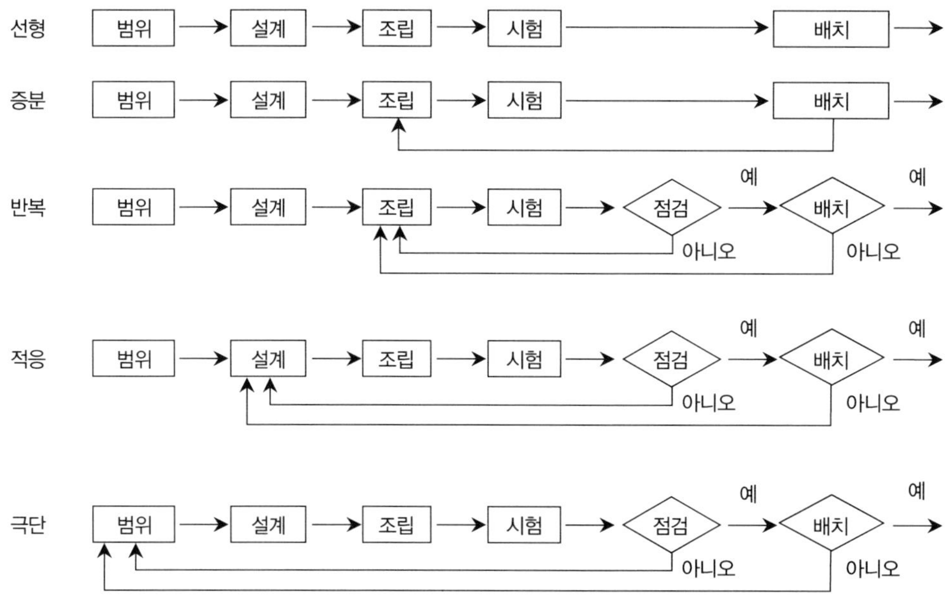

그림 3-14 복잡성과 불확실성에 기반된 프로젝트관리 전략[8)]

위 프로젝트생애주기 단계에서 점검이 없는 선형전략(linear strategy)과 증분전략(incremental strategy)은 전통적인 프로젝트관리 접근방법이고, 점검이 요구되는 반복전략(iterative strategy), 적응전략(adaptive strategy) 및 극단전략(extreme strategy)은 애자일조직 형태가 유리한 프로젝트관리 접근방법이라 할 수 있다. 예를 들어, 극단전략을 선택할 경우, 점검단계 및/또는 배치단계에서의 반복전인 피드백을 통해 수행 중인 프로젝트의 범위까지도 조정할 수 있게 된다.

다) 애자일조직의 장점

제품개발 프로젝트의 착수단계에서 타당성 분석을 철저히 하고, 계획수립을 충실히 하는 전통적 방법으로는 수시로 변화하는 불확실한 동적 비즈니스 환경에 시의 적절하게 대응하는 데 한계가 있기 때문에 애자일조직 구조로 변형하여 사전 타당성분석(feasibility analysis)이나 계획수립에 필요한 시간과 노력을 대폭 줄이고, 시제품에 대한 이해관계자들의 평가와 피드백을 반복적으로 즉각 반영함으로써 오류 리스크를 최소화한다.

예를 들어, 소프트웨어 개발에서 사전 계획수립과 설계 관련 작업량을 최소화하

8) Wysocki, R. K., *Effective Software Project Management*, Wiley Publishing Inc., 2006.

기 위해 대개 짧게는 1주에서부터 길게는 4주 내에 마무리할 수 있을 정도의 작은 작업량의 기능들로 분할한다. 분할된 각 기능별로 반복 주기(1~4주) 내에 그 기능에 대한 계획수립, 요구사항에 대한 분석, 설계, 코드화 작업(구현), 단위 테스트, 수용 테스트와 같은 프로세스들을 모두 거친다. 하나의 기능이 끝나는 시점마다 이해관계자들에게 시제품을 시연하고 평가를 받는다. 이러한 프로세스들을 반복하면서 점진적으로 기능을 하나씩 추가해 나간다. 이렇게 함으로써 제품개발 작업 전반에 걸쳐 리스크를 최소화하고, 고객의 니즈 또는 시장 환경변화에 적응할 수 있는 제품을 제때에 출시할 수 있게 된다. 소프트웨어개발 경험을 통해 얻은 애자일조직의 가치를 <표 3-1>과 같이 정리할 수 있다.

표 3-1 애자일조직의 가치

애자일조직의 가치	해설
개개인과 상호작용	프로세스와 도구에 의존하기보다 역량 있는 사람들이 함께 일하는 것(대면 의사소통)이 더 효과적이다.
소프트웨어 시제품	개발의 핵심은 문서화에 있는 것이 아니라 실제 소프트웨어를 창조하는 것이다.
고객과의 협업	계약에 의존하기보다 고객 또는 최종사용자의 니즈를 파악하기 위해 그들과 가까운 곳에서 작업하는 것이 더 중요하다.
변화에 대응	기술환경의 변화, 이해관계자의 우선순위, 문제점에 대한 사람들의 이해와 그 문제점을 수용하는 것이다.

애자일조직이 초기에는 글로벌 정보기술 비즈니스 중심으로 적용되었으나 점차 비즈니스 유형에 관계없이 다양한 영역으로 확산되고 있다.

vii) 네트워크조직

기업에서 사업부문 산하 각 기능 조직의 역할을 수행하면서 특정한 목표를 달성하기 위해 구성된 유 · 무형의 상호협력적인 네트워크 형태의 조직이다.

가) 네트워크조직의 구조

<그림 3-15>는 네트워크조직 구조를 나타낸다.

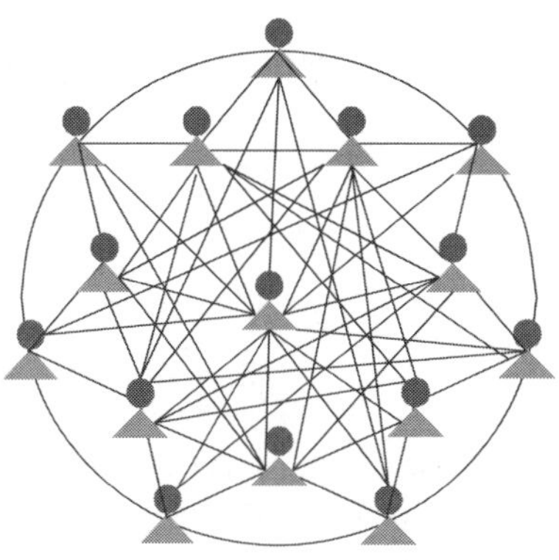

그림 3-15 네트워크조직 구조

나) 네트워크조직의 특성

네트워크조직은 기능 간의 장벽을 제거하거나 최소화시키기 위해 역할을 맡은 당사자들 중심으로 좀 더 자율적이고 수평적인 커뮤니케이션이 일어나도록 한다. 예를 들어, 조직이 제품을 생산하거나 서비스를 제공하기 위해 외부의 다른 조직과 동반자 관계(partnership)를 구축하고 외주(outsourcing)처리할 때 네트워크조직 구조 형태로 접근할 수 있다.

다) 네트워크조직의 장단점

네트워크조직을 통해 새로운 지식의 발굴이나 가치창출이 가능하고 시장의 환경 변화에 유연하게 대응할 수 있다. 하지만 업무활동을 직접 통제하기가 어렵고, 다른 조직과의 갈등이 발생할 경우 해결하는 데 많은 시간과 노력이 소요된다.

ⅷ) 가상조직

인터넷과 월드와이드웹(world wide web, WWW), 전자데이터교환(electronic data interchange, EDI), 텔레커뮤니케이션(telecommunication), 이메일(e-mail), 그룹웨어(groupware), 화상회의(video conference) 등과 같은 가상조직은 실제 물리적으로 존재하지 않지만 소프트웨어를 통해 존재하는 것처럼 나타나도록 만들어진 조직이다.

가) 가상조직의 특성

전자공학적 기술지원 하에 '공동의 목표를 달성하기 위해 자원, 능력 및 정보를 공동 출자하여 지리적으로 분산된 개인, 집단, 단위조직 또는 전체조직을 한시적으로 또는 영구적으로 연합'9) 한다. 가상조직은 물리적으로, 지리적으로 또는 구조적으로 제약을 받지 않고 적용할 수 있는 전략적 특성을 갖는다.

나) 가상조직의 장단점

가상조직은 조직운영에 따른 간접원가를 상당히 줄일 수 있고, 스트레스를 덜 받으면서 원거리에서 보고할 수 있다. 하지만, 상호대면(face-to-face) 상태에서 다중의사소통(multiple communication)을 할 수 없어 팀워크 부족이 발생할 수 있다.

---

9) Dimitrakos, T., Towards a Trust and Contact Management Framework for Dynamic Virtual Organizations, *In Proceeding of the e-Challenges 2004*, Vienna, Austria, October 2004.

3.3 프로젝트 인적자원

조직은 프로젝트를 효율적으로 추진하기 위해 역량 있는 인적자원을 확보하여 프로젝트 수행에 필요한 프로젝트 팀을 구성한다. 구성된 프로젝트 팀은 공동의 목표를 향해 함께 일을 하고 그 결과 또는 성과에 대해 책임을 공유하는 팀원들 간의 상호의존적 집합체이다. 하지만 조직의 효율적 인적자원관리를 위해 진행 중에 있는 프로젝트가 완료되면 프로젝트 팀은 해체된다. 이와 같이 프로젝트 팀은 필요에 따라 구성되었다가 활동이 끝나면 바로 해체되는 특성이 있어 일반적으로 조직 내에 프로젝트 팀들이 존재하게 된다.

프로젝트 초기 시작단계에서는 프로젝트 팀으로서의 의식이 낮아, 조직 내에서 다소 혼란이 있을 수 있다. 일단 프로젝트 팀원들에 대해 구체적인 역할과 책임이 부여되면, 프로젝트의 계획수립과 의사결정 과정에 팀원들이 모두 참여하여 팀워크를 형성한다. 따라서 프로젝트 인적자원계획, 프로젝트 팀 확보, 프로젝트 팀워크 및 프로젝트 팀 관리가 중요하다.

(1) 프로젝트 인적자원계획

조직에서 프로젝트를 수행하게 될 인적자원의 역량은 선정된 프로젝트의 계획수립뿐만 아니라 실행단계에서 원가, 일정, 품질 및 리스크 관리에 이르기까지 상당한 영향을 미칠 수 있어, 인적자원의 양적 수준뿐만 아니라 질적 수준도 충족하는 프로젝트 인적자원계획이 필요하다. 프로젝트 인적자원계획은 프로젝트 팀의 역할과 책임, 프로젝트에서 요구되는 스킬(skills), 업무보고 관계의 문서화, 팀원들의 채용계획 등을 포함한다.

프로젝트 인적자원계획수립에 도움을 줄 수 있는 자료 또는 서식에는 프로젝트의 작업분할구조, 조직도, 책임배정매트릭스(responsibility assignment matrix, RAM), 직무기술서(position description, PD) 등이 있다.

i) 책임배정매트릭스

책임배정매트릭스는 프로젝트에 관련된 업무를 수행하는 데 필요한 다양한 역할 참여에 대해 기술한 것으로서 라시(responsible, accountable, consult, and inform, RACI) 차트가 널리 사용된다.

가) 라시(RACI) 용어

라시(RACI)의 각 머리글자에 대한 역할과 책임은 다음과 같다.

R(responsible): 실제 활동을 완료하는 개인을 의미하며, 그 개인은 조치와 실행에 대한 책임을 진다. 책임의 정도는 설명할 책임이 있는(accountable) 사람에 의해 결정된다.

A(accountable): 근본적으로 활동이나 결정에 대해 답변할 수 있는 개인을 의미하며, 그 개인은 '예' 또는 '아니오' 라고 할 권한과 거부권(veto power)을 갖는다.

C(consult): 최종결정이나 조치를 하기 전에 자문역할을 하게 될 개인이다. 이것은 양방향 의사소통(two-way communication)을 위해 미리 결정된 필요성에 따라 지정된 위치에서의 입력이 요구된다.

I(inform): 의사결정이나 조치가 취해지기 전에 알고 있어야 할 필요가 있는 개인을 의미한다. 이것은 한 방향 의사소통(one-way communication)이며, 이전 회의 결과에 따라 조치를 취하도록 요구할 수 있다.

나) 라시차트 적용

다음 <표 3−2>는 어느 한 가정에서 애완견을 돌보는 사람을 구하기 위해 적용한 라시(RACI)차트의 사례이다.

표 3–2 애완견 돌보기 라시차트[10)]

역할(활동) \ 사람	어머니	아버지	존	샐리	마크	아이들
애완견 먹이 주기	A	C	R			
애완견과 놀아주기	I	I	A			R
애완견 동물병원 데리고 가기	R	A/R				C
애완견 아침산책	C		A/R	R		
애완견 저녁산책	C		A/R		R	
애완견 씻기기	C		A/R			
애완견 배설물 처리	C	A	R			

ii) 직무기술서

조직에서 직무기술서는 채용되는 인력자원의 교육 · 훈련 이후 주어진 직무에 관한 업무배정을 구조적으로 문서화한 것으로서 직무수행자가 하는 업무에 대해 어떠한 책

---

10) Smith, M. L., & Erwin, J., Role & Responsibility Charting (RACI), *Project Management Forum*, 2005.

임이 있는지, 직무가 어떻게 이루어지는지 그리고 업무단위 내 · 외부의 다른 직무와 어떻게 관련이 있는지를 나타낸다.

가) 직무기술서의 필요성

직무수행자가 담당할 업무의 배정, 직무의 분류, 필요한 교육 · 훈련의 파악, 채용, 업무단위의 조직화와 계획수립, 성과평가 목표와 기준설정 등을 위해 필요하다.

나) 직무기술서 서식

조직의 특성에 따라 직무기술서 서식을 다양하게 구성할 수 있다. 다음 <표 3-3>은 주로 기업조직에서 사용하는 직무기술서 서식이다.

표 3-3 직무기술서

직무기술서			
직무 명칭		작성일자	
보고 받는 사람		기능부서	
재직자(본인)		승인일자	
직무의 목적			
관련 고객	고객의 기대사항		
직무의 범위			
주 업무와 책임			
직무 관련 자원운용	자원운용의 정도(인원, 자산, 예산 등)		
직무수행 자격	학력, 경력, 자격증 등.		
직무수행 스킬	기획력, 조직력, 문서화, 의사소통, 의사결정, 통제, 위기관리, 등.		

ⅲ) 프로젝트 인적자원계획 프로세스

프로젝트 인적자원계획 프로세스에 필요한 투입물에는 인적자원 결정을 위한 활동자원요구사항, 조직의 환경적 요인(조직문화, 인사규정, 경영방침) 및 인력시장 환경 등이 포함될 수 있다. 프로젝트 인적자원계획 프로세스를 통해 생성되는 산출물은 인적자원계획(프로젝트 팀 조직도, 역할, 책임, 스킬, 역량, 인원 수, 근무 기간, 근무지 등 포함)이다.

(2) 프로젝트 팀 확보

프로젝트관리계획에 따라 주어진 프로젝트업무를 효율적으로 수행하는 팀을 구성하기 위해 요구되는 스킬과 기준에 부합하는 인적자원의 이용가능성(availability)을 파악하고 승인한다. 프로젝트 팀은 대개 조직 내 상이한 집단, 기능 등에 속하는 구성원들이 동일한 프로젝트의 업무 또는 활동에 각각 배정되는 하나의 작은 조직체로서 필요한 경우, 프로젝트 팀은 다시 서브-팀(sub-teams)으로 나누어지기도 한다.

i) 인적자원의 선정기준

프로젝트 팀에서 요구하는 인적자원의 선정기준(selection criteria)은 추진하려는 프로젝트의 규모와 특성에 따라 상이할 수 있다. 프로젝트 팀원의 선정기준과 고려사항은 <표 3-4>와 같다.

표 3-4 프로젝트 팀원 선정기준과 고려사항

선정기준	고려사항
이용가능성	• 기대한 것과 같이 즉시 프로젝트에 참여할 수 있는가? • 프로젝트에서 필요한 기간 동안 일을 할 수 있는가? • 상황에 따라 교대근무도 가능한가?
원가	• 창출하는 가치와 원가(급료)가 일치하는가? • 예산에 반영된 원가범위 내에 있는가?
경험과 능력	• 유사한 프로젝트 관련 경험이 있는가? • 프로젝트를 조력하기에 충분할 정도의 역량이 있는가?
스킬	• 프로젝트에서 사용되는 장비, 기법 또는 방법들을 다룰 수 있는가?
국제적인 감각	• 다양한 문화권에 있는 사람들과 함께 일을 할 수 있는가? • 시차(time difference)가 있는 지역의 사람들과 일할 수 있는가? • 상이한 언어 또는 억양을 사용하는 사람들과 소통할 수 있는가?
태도	• 성공하려는 의지가 있는가? • 프로젝트 팀원들과 잘 지내고 조력할 수 있는가? • 하급자는 물론이고 상급자와도 효과적으로 일할 수 있는가? • 서브-프로젝트 팀원들에게 조언(mentoring)을 할 수 있는가?
성실성	• 법과 규정, 행동규범, 팀 기본규칙(ground rules) 등을 잘 준수하는가?

ii) 프로젝트 팀원 수급

프로젝트관리자는 맡은 프로젝트에서 요구되는 합당한 인적자원을 제공받기 위해 조직 내 기능부서장에게 협조를 구하거나 인사부서를 통해 외부로부터 충원을 하여야 하기 때문에 관련 기능들과 적절히 협상을 할 필요가 있다.

가) 프로젝트 팀원 수급 방법

프로젝트 팀원 수급에 도움을 줄 수 있는 방법에는 특수한 전문성을 필요로 하는 인적자원의 선배정(pre-assignment), 조직 내 기능부서장으로부터 팀원을 제공받기 위한 협상스킬(negotiating skills), 조직 내에서 인적자원을 구하는 데 한계가 있을 경우 외부전문가 영입 또는 외주계약(outsourcing contract), 동일근무지 또는 장소에서 팀

활동을 하기 어려운 경우 통신망(network)을 이용하는 가상팀(virtual team) 운용 등이 있다.

ⅲ) 프로젝트 팀 확보 프로세스

프로젝트 팀 확보 프로세스에서의 투입물은 프로젝트 인적자원계획, 조직의 외부 인력충원 방침, 절차서 등이다. 이 프로세스를 통해 생성되는 산출물은 프로젝트 팀원 배정문서와 팀원별로 작업할 수 있는 기간을 설정한 자원 역일표(resource calendar)이다.

가) 자원 역일표

프로젝트관리자가 프로젝트 일정에 따라 자원이 어떻게 사용되는지에 대한 정보를 파악할 수 있도록 개별자원(사람 및/또는 장비)에 대한 작업시간과 비-작업시간(non-working time)을 자원역일표에 명시한다. <표 3-5>는 프로젝트의 인적자원이 어떻게 사용되는지에 대한 자원 역일표를 나타낸다. 자원 역일표에는 인적자원(사람)이 작업할 수 있는 시간(availability), 휴가, 병가(sick leaves), 국경일, 주말 등이 포함된다.

표 3-5 자원 역일표(예시)

시간(주) / 사람	주1						주2						주3					
	월	화	수	목	금		월	화	수	목	금		월	화	수	목	금	
김말순	휴가					주말						주말				국경일		주말
이병길							다른 프로젝트참여											
장철수							병가											
박기선													휴가					

(3) 프로젝트 팀워크

프로젝트 팀워크는 가장 효과적이고 효율적인 방식으로 프로젝트 팀 공동의 목표를 달성하거나 업무를 완료하기 위한 집단적 협업노력(collaborative effort)이며, 업무프로세스에서 단결력을 높이고, 팀원들의 다양한 시각과 피드백을 통해 업무효율과 생산성의 향상, 학습기회 제공 및 시너지를 촉진하는 데 기여한다.

ⅰ) 프로젝트 팀워크 정의

프로젝트 팀워크는 프로젝트 팀원들이 대단한 결과(extraordinary results)를 달성하도록 허용하는 하나의 협력적 프로세스로 정의된다.[11] 프로젝트 팀워크에서는 팀원들의 협력을 유도하기 위한 유연성과 동기부여 등이 중요하다.

가) 유연한 업무 태도

프로젝트 팀원들은 개별화된 경쟁적 목표보다는 오히려 협업(collaboration)과 사회적 상호의존을 통해 공동의 목표가 달성되는 협력적 업무환경을 충분히 수용할 정도로 유연하여야 한다.[12)]

나) 프로젝트 팀워크 강화

프로젝트관리자는 프로젝트 팀의 높은 성과를 달성하기 위해 팀원들에게 동기를 부여하고, 선도하며, 팀워크를 구축할 수 있는 스킬을 갖추어야 한다. 프로젝트 팀워크 강화에 도움을 줄 수 있는 방법에는 팀원들의 역량을 높이는 공식적인 교육(예: 변화관리), 멘토링(mentoring) 또는 코칭(coaching)을 통한 훈련, 근무지를 벗어난 외부장소에서의 워크숍, 대인관계스킬(interpersonal skills) 개선 경험담 같은 팀-빌딩(team-building) 활동, 팀 기본규칙 설정, 프로젝트 성과 평가에 따른 인정과 보상(recognition and rewards) 등이 있다.

ii) 프로젝트 팀-빌딩

다양한 프로젝트 팀-빌딩 활동을 통해 사회적 관계를 강화하고, 팀 내에서의 역할을 정의함으로써 업무집단의 효율과 성과를 개선할 수 있다. 프로젝트 팀-빌딩은 팀 구성원들 간의 팀워크, 문제해결, 의사소통 및 갈등관리 스킬(conflict management skills)을 개선하는 데 도움을 주기 위해 고안되었다.[13)]

가) 프로젝트 팀-빌딩 유도

프로젝트 팀-빌딩은 집단으로 하여금 실제 과업을 실행하도록 하는 것이 아니라 집단 구성원들의 과업과 직접적으로 관련 없는 활동 또는 문제해결에 참여하도록 하여 갈등과 분열을 포함하는 프로세스 이슈들에 관심을 집중하도록 유도한다. 일단 이러한 프로세스이슈들이 집단 내에서 파악되어 개선으로 연결되면, 집단 구성원들은 과업과 구체적인 업무로 배치될 수 있게 된다.

나) 프로젝트 팀-빌딩 기반조성

프로젝트 팀-빌딩은 프로젝트 팀 내 구성원들의 문화, 개인적인 문제 및 행동에

---

11) Scarnati, J. T., On becoming a team player, *Team Performance Management*, Vol. 7, No. 1/2, pp. 5-10, 2001.
12) Luca, J., & Tarricone, P., Does emotional intelligence affect successful teamwork? *In Proceeding of the 18th Annual Conference of the Australasian Society for Computers in Learning in Tertiary Education at the ASCILITE*, pp. 367-376, 2001.
13) Bartlett, A. L., Probber, J., & Mohammed, S., The Effect of Team-Building on Team Process and Performance, *Journal of Hospitality & Tourism Research*, Vol. 23, No. 3, pp. 299-311, 1999.

관련된 복합적 이슈이기 때문에 적어도 신용(trust), 의사소통 및 강력한 리더십은 프로젝트 팀-빌딩의 초석(cornerstones)으로 작용한다. 초석이 없는 프로젝트 팀은 하나의 단위체(unit)로 기능을 할 수도 없고, 요구된 결과를 이루어 낼 수도 없을 것이다. 또한, 이들은 서로 고립되어 있는 것이 아니라 밀접하게 상호 연관되어 있다.[14]

iii) 프로젝트 팀 개발

프로젝트 팀의 개발은 <그림 3-16>에서와 같이 형성단계(forming stage), 격동단계(storming stage), 규범단계(norming stage), 수행단계(performing stage), 휴회단계(adjourning stage) 순으로 이어지는 5단계 프로세스를 통해 이루어진다.

그림 3-16 팀 개발 5단계 프로세스[15]

가) 형성단계

프로젝트 팀원들은 어느 정도의 기대와 의지를 가지고 모인다. 프로젝트 팀에 선정되었다는 것으로 인해 팀원들의 동기부여는 높으나 아직 상호 간에 확신까지 갖지는 못한다. 팀원들은 다른 사람들에게 어떻게 받아들여질지 그리고 자신들의 능력과 스킬은 어떻게 비교되는지에 대해 걱정스러워한다. 프로젝트관리자는 팀 목표와 프로젝트 목표를 분명하게 밝히고, 프로젝트에 대한 방향을 명확하게 제시한다.

나) 격동단계

프로젝트 팀원들은 다른 사람들의 견해에 이의를 제기하고 의견불일치 부분에 대해 자신들의 의견을 표현한다. 팀의 동기부여와 효과에 대한 실패요인으로 될 수도 있다. 이 단계에서 의견차이는 흔히 있는 일이고, 팀은 효과적으로 함께 업무를 수행하는 방법, 규칙 및 의견차이의 해결방법을 결정하려고 한다. 프로젝트관리자는 팀의 움직임이 계속 올바른 방향으로 옮겨가도록 팀 회합에서 대화를 촉진한다.

다) 규범단계

프로젝트 팀원들은 어떻게 팀을 형성하여, 효과적으로 함께 업무를 수행하고, 업무를 수행하기 위해 필요한 규칙과 집단규범을 정하는 방법을 알기 시작한다. 팀원들

14) Gharaibeh, H., Project Team Building: Case Study Investigation in the Construction Industry in Jordan, *International Journal of Engineering and Management Research,* Vol. 9, No. 4, pp. 61-68, 2019.

15) Tuckman, B. W., & Jensen, M. A., Stages in small group development revisited, *Group and Organization Studies,* Vol. 2, pp. 419-427, 1977.

은 자신들의 의견차이를 해결하는 방법에 대해 배웠고, 업무를 끝내기 위해서 서로 신뢰하고 훨씬 더 편안해진다. 프로젝트관리자는 팀원들이 함께 업무를 잘 수행하고 있고, 업무분야에 대해 책임감을 갖기 때문에 팀의 의사결정과 문제해결에 덜 가담해야 한다.

라) 수행단계

프로젝트 팀원들은 서로 확고한 관계(strong relationships)와 신용을 구축하게 되어 동기부여와 효과의 높은 단계에 도달하게 된다.[16] 팀원들은 팀으로서의 프로젝트 목표도달에 초점을 맞춘다. 개인은 존재하지 않고, 팀원들은 상호의존 관계에 있다. 프로젝트관리자는 의사결정이 높은 수준에서 이루어질 필요가 있을 때 의사결정이 이루어지도록 도움을 주는 프로젝트 팀과 이해관계자 사이의 관문역할을 한다.

마) 휴회단계

프로젝트 팀이 프로젝트를 수행할 때 다른 프로젝트로 이동하게 되면 손실이라는 느낌이 든다. 팀원들은 효과적으로 함께 작업하는 방법을 배웠고, 상호작용을 그리워하게 된다. 프로젝트관리자는 프로젝트의 성공을 축하하고, 교훈을 포착하며, 미래 프로젝트를 위한 모범사례를 공유한다.

iv) 프로젝트 팀워크 프로세스

프로젝트 팀워크 프로세스의 투입물에는 프로젝트 팀원 배정문서, 프로젝트 인적자원계획, 자원 역일표 등이 포함된다. 프로젝트 팀워크 프로세스의 산출물은 프로젝트 팀워크 성과평가 지표(예: 스킬 개선, 역량 개선, 팀원 이직률 감소, 팀의 결집력 향상)에 기초한 팀워크 효과성에 대한 성과평가 결과이다.

(4) 프로젝트 팀 관리

프로젝트관리자는 프로젝트 팀원들의 성과평가결과에 대해 피드백을 하고, 프로젝트 수행 중에 발생하는 각종 이슈 또는 문제점에 대한 해결방안을 제시하며, 필요한 경우 변화를 시도한다. 즉, 프로젝트 팀의 성공요인을 파악하고 적절한 기법을 사용하여 효과적으로 대응한다.

---

16) Bubshait, A. A., & Farooq, G., Team Building and Project Success, *Cost Engineering*, Vol. 41, No. 7, pp. 34-38, 1999.

ⅰ) 프로젝트 팀의 성공요인

프로젝트의 원가, 일정 및 운용관점에서 프로젝트 팀의 성공요인을 조직적 맥락(organizational context), 팀 설계, 팀 리더십 및 팀 프로세스 범주로 분류하고 다시 각 범주별로 세분화하면, <그림 3-17> 프로젝트 성공 프레임워크에서와 같이 13가지 성공요인으로 정리된다.

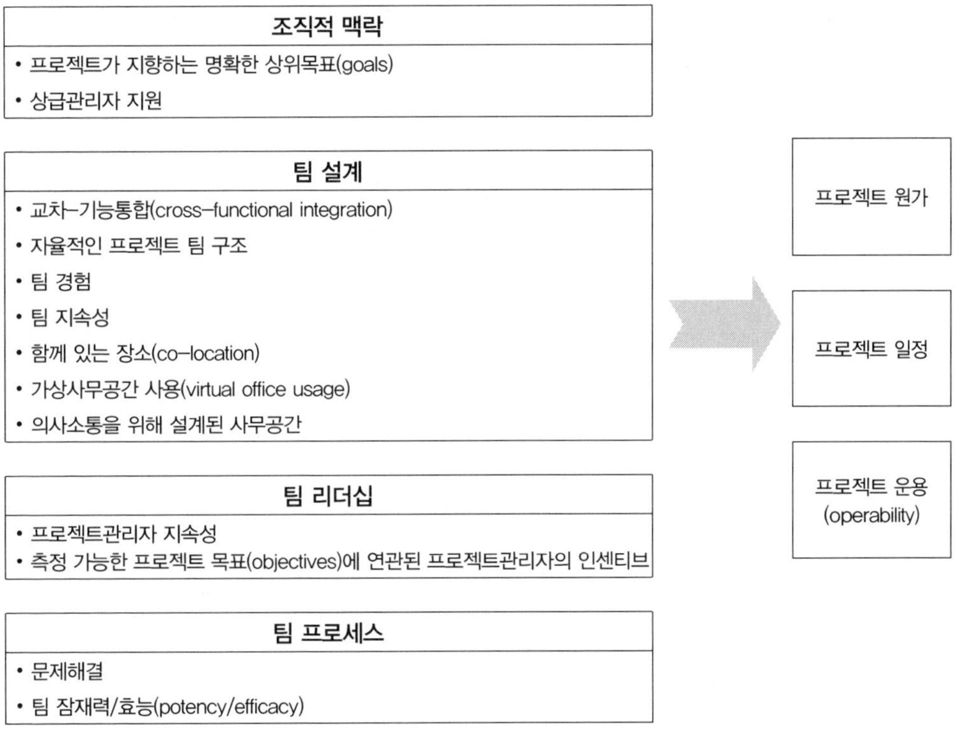

그림 3-17 프로젝트의 원가, 일정 및 운영에 영향을 미치는 팀 관련요인에 대한 모형[17]

ⅱ) 프로젝트 팀 관리기법

프로젝트 팀 관리에 도움을 줄 수 있는 방법에는 프로젝트 팀원들에 대한 관찰과 대화, 프로젝트 성과 평가, 갈등관리. 대인관계 스킬(예: 리더십, 설득력, 의사결정력) 활용 등이 있다.

---

17) Scott-Young, C., & Samson, D., Process success and project team management: Evidence from capital projects in the process industries, *Journal of Operations Management*, Vol. 26, pp. 749-766, 2008.

가) 갈등관리

갈등관리(conflict management)는 프로젝트 팀을 안정화함으로써 프로젝트 업무에 대한 학습, 효과 또는 성과를 포함하는 강화된 집단적 결과를 얻는 데 목적이 있으며, 갈등의 긍정적인 측면이 상승할 때 갈등의 부정적인 측면을 제한하는 프로세스이다. 갈등관리에서 얻을 수 있는 갈등효능(conflict efficacy)은 팀 구성원이 성과로 이어지는 행위를 이행하기 위해 자신의 능력을 사용할 수 있는 믿음을 의미한다.[18] 따라서 갈등은 조직집단에 대해 중심의 위치에 있기 때문에 갈등효능이 프로젝트 팀의 전반적인 성과에 상당히 기여할 수 있다.[19]

나) 토마스-킬만 도구

팀의 갈등상황에서 개인의 행동을 측정하는 토마스-킬만 도구(Thomas- Kilmann Instrument, TKI)에 의하면, 개인의 행동을 2차원(자기주장과 협력)으로 설명할 수 있다. 다음 <그림 3-18>은 갈등처리행동에 대한 2차원모형이다.

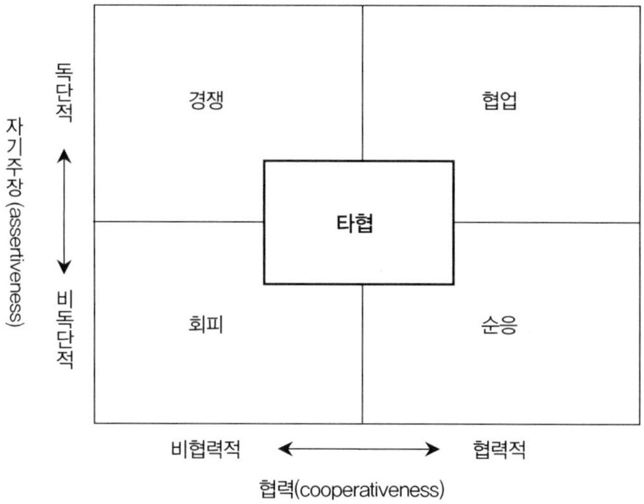

그림 3-18 갈등처리 행동의 2차원모형[20]

---

18) Lee, C., & Bobko, P., Self-efficacy beliefs: Comparison of five measures, *Journal of Applied Psychology*, Vol. 79, No. 3, pp. 364-369, 1994.

19) Alper, S., Tjosvold, D., & Law, K. S., Conflict management, Efficacy, and Performance in Organizational Teams, Personnel Psychology, Vol. 53, No. 3, pp. 625-642, 2000.

20) Kilman, R. H., & Thomas, K. W., Developing a forced-choice measure of conflict-handling behavior: The "mode" Instrument, *Educational and Psychological Measurement*, Vol. 37, No. 2, pp. 309-325, 1977.

개인행동의 2차원(자기주장과 협력)에 기반하여 갈등상황에 대응하기 위해 5가지(회피, 순응, 타협, 경쟁, 협업) 상이한 양상으로 분류한다.

회피(avoiding): 비독단적(unassertive)이고 비협력적(uncooperative)이다. 자기자신의 관심사를 추구하는 것도 아니고 다른 개인의 관심사를 추구하는 것도 아니다. 이슈로부터 거리감을 두거나, 좋은 시기가 올 때까지 이슈의 처리를 미루거나, 위협적 상황으로부터 물러나는 모양새를 취한다.

순응(accommodating): 비독단적이고 협력적이다. 다른 사람의 관심사를 만족시켜 주기 위해 자기 자신의 관심사는 무시해버린다. 선호하지 않을 때 다른 사람의 지시를 따르거나, 다른 사람의 견해를 따르는, 자신을 희생하거나 자선적 형태를 취한다.

타협(compromising): 자기주장과 협력의 중간지대, 즉 중도적이다. 이슈를 신속하게 처리하기 위해 양쪽 당사자를 부분적으로 만족시키는 상호 수용 가능한 해법을 선택하게 된다. 서로 경쟁은 포기하지만 순응하는 것은 아니다. 언젠가는 상황에 따라 양쪽 위치 간에 틈이 발생하여 분열될 수 있음을 의미한다.

경쟁(competing): 독단적이고 비협력적이다. 개인이 다른 사람을 훼손시키면서 자기 자신의 관심사를 추구하는 것이다. 논쟁이나 지위 등에서 힘(power)에 의해 자신의 위치를 확보하는 것이 적절하게 보이면 어떻게 하든 그 힘을 사용하려는 힘-지향(power-oriented) 양상이다.

협업(collaborating): 독단적이면서 협력적이다. 양측의 관심사를 충분히 만족하는 해법을 찾기 위해 함께 작업하려는 시도이다. 두 사람 간의 협업은 대인관계 이슈에 대해 창의적 해법을 찾으려는 시도에서 나타난 상호 의견차이를 탐색하는 형태를 취하는 것이다.

다) 리더십

처음부터 타고난 리더십이든 어느 한 개인이 다른 사람들 또는 집단을 이끌어갈 수 있는 재능과 특성의 조합으로 이루어진 리더십이든 리더십은 보는 관점에 따라 프로세스, 성격특성(personality trait) 및 행동중심으로 다양하게 정의되고 있다.

프로세스 관점: 리더십은 개인이 공동의 목표를 달성하기 위해 개인들의 집단에게 영향력을 미치는 프로세스이다.[21] 다시 말하면, 리더십은 리더와 그 리더를 따르는 추종자들 간에 상호이익적 사건을 만들어가는 프로세스로 정의될 수 있다.

---

21) Northhouse, P. G., *Leadership: Theory and Practice*, 3rd Edition, Sage Publications Ltd., London, 2004.

포괄적 관점: 리더십은 다른 개인, 팀 또는 전 조직(entire organization)을 이끄는, 안내하는 또는 이러한 것들에게 영향을 미칠 수 있는 개인이나 집단의 능력을 포함하는 포괄적 개념이다.

리더십 유형과 효과: 리더십이 하나의 집합적인 현상, 집합체의 성과와 생존을 위한 자원으로 보여질 때 그것은 리더십의 결과 즉 조직적 효과(organizational effectiveness)이다.[22]

작은 조직들을 대상으로 리더십유형과 효과 간의 관계를 조사한 결과, 지원적 리더십(supportive leadership)과 참여적 리더십(participative leadership)은 효과에 긍정적인 영향을, 제도적 리더십(instrumental leadership)은 효과에 부정적인 영향을 미치는 것으로 나타났다.[23] 지원적 리더십은 하위직원들과 좋은 관계를 유지하면서 쉽게 가까이할 수 있고, 그들의 안녕과 니즈(needs)를 만족시키는 것에 초점을 맞추는 유형이다. 참여적 리더십은 의사결정 프로세스에 하위직원들이 참여할 수 있게 할 뿐만 아니라 일상적인 작업활동에 대해서도 상당한 자율성을 제공하는 유형이다. 반면에 제도적 리더십은 작업에 대한 구체적 지침을 제공할 뿐만 아니라 관련된 작업일정과 규칙까지 수립하는 유형이다.

ⅲ) 프로젝트 팀 관리 프로세스

프로젝트 팀 관리 프로세스의 투입물은 프로젝트 팀원 배정문서, 프로젝트 인적자원계획, 프로젝트 팀원들에 대한 성과평가 자료 및 프로젝트 성과보고서(일정통제, 원가통제, 품질통제 및 범위검증 내용) 등을 포함한다. 프로젝트 팀 관리 프로세스에서 생성되는 산출물은 갱신된 프로젝트관리계획 그리고 필요한 경우 팀원 변경요청이다.

---

22) Ali, A., Leadership and its Influence in Organizations- A Review of Intellections, *International Journal of Learning & Development*, Vol. 2, No. 6, pp. 73-85, 2012.

23) Liliana, P. R., Emilio, R. P., & Juan, R. P., Leadership Styles and Effectiveness: A Study of Small Firms in Chile, *Interciencia*, Vol. 31, No. 7, pp. 500-504, 2006.

연습문제

01 조직이 직면한 내 · 외부 비즈니스 환경변화, 의사결정을 하는 거버넌스(governance), 비즈니스 포트폴리오(portfolio), 프로그램 및 프로젝트 간에 상호연관성을 나타내는 프레임워크(framework)를 작성하시오.

02 조직에서 거버넌스는 영구적이거나 한시적인 의사결정구조로서 비즈니스 포트폴리오, 프로그램 및 프로젝트와 상호 유기적으로 연관되어 있다. 조직이 거버넌스 구조를 설계할 때 고려하여야 할 사항을 간략하게 설명하시오.

03 프로젝트 거버넌스 기구는 프로젝트의 규모와 특성에 따라 다양한 형태일 수 있다. 프로젝트 거버넌스 기구의 주요 책임에는 어떤 것들이 포함될 수 있는가?

04 조직의 문화, 유형 및 구조는 프로그램이나 프로젝트의 수행에 영향을 미친다. 조직문화의 측면에서 프로그램이나 프로젝트의 성과에 영향을 미칠 수 있는 7가지 가치범주를 열거하시오.

05 기능조직은 기능별로 사람을 조직하는 전통적인 방식이며 업무의 조정, 감독 및 배치와 같은 활동들로 구성된다. 조직 내 자신의 전문분야에서 역량을 최대한 발휘하게 하여 운영상의 효율을 향상하도록 한다. 기능조직의 장점과 단점에 관하여 설명하시오.

06 매트릭스조직은 기능조직과 분권화된 조직을 결합함으로써 강점은 취하고 약점을 보완하여 제한된 인적자원을 효율적으로 활용하는 구조이다. 매트릭스조직의 장점과 단점에 대하여 각각 기술하시오.

07 프로젝트 팀워크는 효과적이면서 효율적인 방식으로 프로젝트 팀 공동의 목표를 달성하기 위한 집단적 협업노력(collaborative effort)이다. 프로젝트 팀워크 향상에 도움을 줄 수 있는 방법을 열거하시오.

08 프로젝트 팀원들 간의 갈등을 안정화함으로써 프로젝트 활동 관련 교육과 성과에 대해 강화된 집단적 결과를 얻을 수 있다. 프로젝트 팀원들 간의 갈등상황에서 개인의 행동을 측정하는 토마스-킬만 도구(Thomas-Kilmann Instrument)의 갈등처리 행동 2차원 모형을 그리시오.

제4장

프로젝트 의사소통

프로젝트를 수행하는 프로젝트관리자와 프로젝트 팀원들은 조직 내부 및 외부로부터의 이해관계자 또는 그 집단과 프로젝트에 관련된 정보의 발생, 수집, 배포, 저장, 검색 및 처리에 이르기까지 지속적으로 의사소통을 한다. 프로젝트 팀 내에서뿐만 아니라 조직 전반에 걸쳐 명확하게 그리고 효과적으로 소통할 수 있는 의사소통 역량이 중요하다. 4장에서는 프로젝트 관련 의사소통계획, 이해관계자 관리, 윤리 등을 다룬다.

4.1 프로젝트 의사소통계획

프로젝트에 관련된 이해관계자들이 어떤 정보를 필요로 하는지, 그리고 그 정보가 언제 필요한지를 파악해서 그들의 요구사항을 충족할 수 있도록 효과적이고, 효율적인 의사소통 수단을 정한다. 프로젝트 의사소통계획에서는 의사소통에 관한 기본개념을 이해하고, 프로젝트 의사소통계획수립에 도움을 줄 수 있는 의사소통 요구사항분석과 의사소통방법에 대해 기술한다.

(1) 의사소통 개념

의사소통(communication)은 일반적으로 정보의 전달로 정의되고 있지만, 좀 더 세심하게 들어가면, 의도하지 않거나 실패한 전달도 포함되는지, 그리고 의미를 전달할 뿐만 아니라 그것을 만들어 내는 것까지 포함할 것인지에 대한 논란이 있을 수 있다. 의사소통을 간략하게 정리하면, 개인 또는 집단이 의도하거나 의미하는 것을 발신자(sender)와 수신자(receiver) 양측이 서로 이해할 수 있는 표시, 상징(symbols), 기호학적 규칙 등을 사용해서 다른 개인 또는 집단에게 정보를 전달하는 프로세스이다.

i) 의사소통 프로세스

의사소통은 광범위하고 운용적이며 행동적인 관점에서 어떤 자극에 대한 유기적 조직체의 차별적 대응(discriminatory response)이다.[1] 다음 <그림 4−1>은 의사소통 프로세스에 관련된 요소들을 도식화한 것이다.

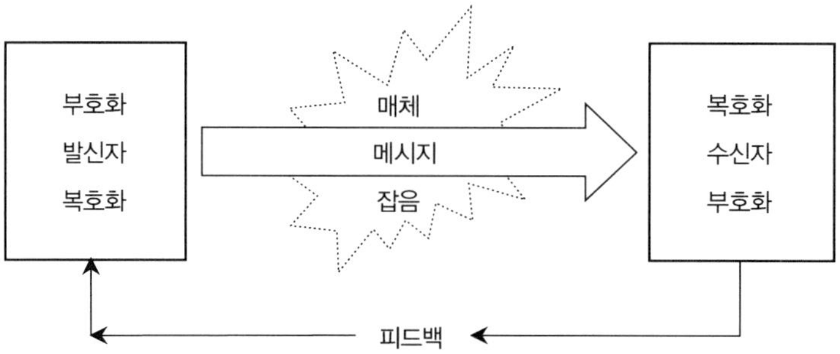

그림 4−1 의사소통 프로세스[2]

가) 메시지 구성과 전달

수신자에게 자신의 생각이나 의견을 전달하려는 발신자는 메시지(message)를 구성하기 위해 필요한 단어, 상징 또는 몸짓을 선정하여 자신의 생각 또는 의견을 부호화(encoding)하게 된다. 메시지는 언어(verbal), 비언어(nonverbal) 또는 문자언어(written language)의 형식을 취하여 부화화한 것이며, 대면(face-to-face)대화, 전화, 이메일 및 서면보고와 같은 매체(medium)나 채널(channel)을 통해 수신자에게 전달된다. 수신자는 받은 메시지를 의미 있는 정보로 복호화(decoding)한다. 하지만 메시지가 전달되는 프로세스에서 중단, 방해, 언어장벽, 감정개입 등의 잡음(noise) 때문에 원래의 의미가 왜곡될 수도 있다. 아무튼, 수신자가 발신자의 메시지에 대해 대응을 함으로써 비로소 피드백이 일어나며, 이러한 피드백을 통해서 그 메시지가 수신자에게 전달되어 이해되었는지 알 수 있게 된다. 만약 수신자로부터 피드백이 없다면 그것은 강연을 하는 것과 같은 일방적 의사소통(one-way communication)에 불과하다. 효과적인 의사소통은 발신자와 수신자 양측의 노력과 스킬을 요구하는 양방향 프로세스(two-way process)이다.[3]

---

1) Stevens, S. S., Introduction: A Definition of the Communication, *The Journal of the Acoustical Society of America*, Vol. 22, No. 6, pp. 689, 1950.

2) Cheney, G., *Organizational communication in an age of globalization: Issues, reflections, practices*, Long Grove, IL, Waveland Press, 2011.

3) Lunenburg, F. C., Communication: The Process, Barriers, and Improving Effectiveness, *Schooling*, Vol. 1, pp. 1-11, 2010.

ii) 의사소통 능력

복잡하면서도 빠르게 변화하는 비즈니스 환경에 따라 프로젝트 팀원들의 근무지가 서로 멀리 떨어져 있거나 시차가 있는 다문화 팀원들일 수도 있어, 의사소통 스킬이 비즈니스 성공을 위한 핵심역량으로 부상하고 있다.

가) 의사소통 스킬

프로젝트 팀 내에서의 효과적인 의사소통은 프로젝트 팀원들 간 공동의 목적의식을 확고히 하여 목표를 달성하는 데 상당한 영향을 미친다. 프로젝트 팀 활동을 주도하는 프로젝트관리자는 효과적인 의사소통을 위해 <표 4-1>에서 기술한 기본적인 의사소통 스킬을 갖출 필요가 있다.

표 4-1 리더의 의사소통 스킬

스킬	설명
1. 간단하면서 명료하게	전달하고자 하는 메시지에서 주의를 분산시킬 수 있는 불필요한 단어와 미사여구를 회피한다.
2. 미리 대응 준비하기	질문이나 비판에 어떻게 대응할지를 생각해서 수용 가능한 범위와 잠재적 타협점을 논의할 준비를 한다.
3. 비언어적 의사소통에 대비	상황에 따라 얼굴표정이나 몸짓이 말보다 더 큰 영향을 미칠 수 있어 비언어적 동작을 이끄는 데 능숙할 필요가 있다.
4. 말투에 주의	긍정적 의미를 지닌 말은 선의와 신뢰를 얻지만, 불분명하거나 부정적 의미를 가진 단어를 잘못 선택하면 오해를 불러올 수 있다.
5. 적극적인 경청하기	상대방이 말하는 단어를 듣는 것이 아니고 전체의 메시지를 경청하는 노력이 필요하다.
6. 감성지능 구축하기	자연스럽게 적극적으로 경청하고, 적절한 말투를 유지하며, 긍정적인 표현을 할 수 있도록 감성지능(emotional intelligence)을 높인다.

(2) 의사소통 요구사항

추진하려는 프로젝트에 관련된 의사소통 요구사항을 파악하기 위해서는 조직도, 프로젝트에 참여하게 될 사람의 수와 장소, 조직 내 관련 기능들 간의 정보 필요성, 외부 매체, 외주 계약자, 이해관계자 등록대장(이해관계자 영향력 분석자료 포함) 등이 사용될 수 있다.

i) 이해관계자 영향력

프로젝트현장, 조달문서 등을 점검함으로써 프로젝트에 관련된 주요 이해관계자들을 식별할 수 있다. 식별된 각 이해관계자별로 프로젝트 업무에 영향을 미칠 수 있거나 또는 그 프로젝트 업무로부터 영향을 받을 수 있는 영향력을 분석한다. 이해관계자별 영향력의 분석결과에 따라 프로젝트의 다양한 상황에 반응 또는 대응하는 수준을 분류한다.

가) 영향력과 이해관계 매트릭스

다음 <그림 4-2>는 프로젝트 자원의 사용에 영향을 미칠 수 있는 영향력(power)과 프로젝트 성과에 관련된 이해관계수준(interest level)을 고려하는 영향력-이해관계 매트릭스이다.

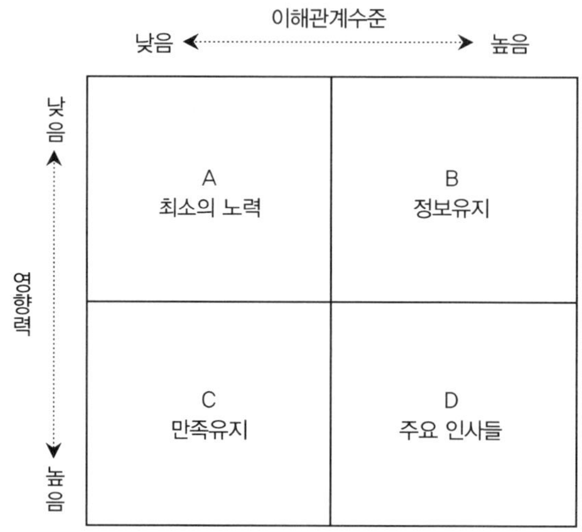

그림 4-2 영향력-이해관계 매트릭스[4],[5]

주요 인사들(key players), 즉 높은 영향력(high power)과 높은 이해관계(high interest)의 위치인 D 범주에는 프로젝트 예산이나 프로젝트 팀원 충원을 위해 도움을 줄 수 있는 프로젝트스폰서 같은 주요 이해관계자가 포함될 수 있다. 이 위치와는 달리 낮은 영향력(low power)과 낮은 이해관계(low interest)에 해당되는 A 범주의 경우, 이해관계자와의 의사소통에 많은 시간을 배정하지 않고 변화추이 확인 정도로 최소의 노력만 기울인다.

나) 영향력과 이해관계 격자

<그림 4-3>과 같은 영향력-이해관계 격자(power-interest grid)를 적용하면 정성적 평가정보(qualitative assessment information)를 체계적으로 취합할 수 있다. 격자 위치별로 점수가 다르게 주어지기 때문에 이해관계자의 수준(높음, 중간, 낮음) 분류 또는 우선순위 결정에 도움이 된다.

---

4) Mendelow, A., *Proceedings of the Second International Conference on Information Systems*, Cambridge, MA, 1991.
5) Johnson, G., Scholes, K., & Whittington, R., *Exploring corporate strategy*, 8th ed., Pearson Education Limited, 2008.

이해관계자 영향력분석자료에는 식별정보로서 이름, 근무부서, 직책, 프로젝트에서의 역할, 연락처뿐만 아니라 평가정보로서 이해관계자의 주요 요구사항과 기대, 잠재적 영향력도 포함될 수 있다. 이러한 이해관계자 영향력분석자료들을 이해관계자 등록대장에 등재하여 이해관계자관리 전략(stakeholder management strategy)수립에 유용하게 활용할 수 있다.

영향력 ↑ \ 이해관계 →	낮음	중간	높음
높음	3	4	5
중간	2	3	4
낮음	1	2	3

그림 4-3 영향력-이해관계 격자

ii) 의사소통 채널

의사소통 채널(communication channels)이 전달하고자 하는 메시지에 적합한지 파악하기 위해 채널의 풍부함을 평가할 필요가 있다.[6] 프로젝트 정보의 적합성 또는 필요성을 파악하려면 먼저 관련 이해관계자들과 적절하게 의사소통할 수 있는 채널의 수부터 결정한다.

가) 의사소통 채널 수

프로젝트 팀에서 의사소통할 필요가 있는 사람이나 이해관계자의 수를 n이라고 할 때 의사소통 채널의 수는 $n(n-1)/2$으로 계산한다. 예를 들어, 프로젝트 팀 내에서 의사소통할 사람의 수가 4명이면, <그림 4-4>에서와 같이 필요한 채널 수는 4×(4−1)/2 = 6이 된다.

---

6) Daft, R. L., Lengel, R. H., & Trevino, L. K., Message equivocality, media selection, and manager performance: Implications for information system, *MIS Quarterly*, Vol. 11, No. 3, pp. 355-366, 1987.

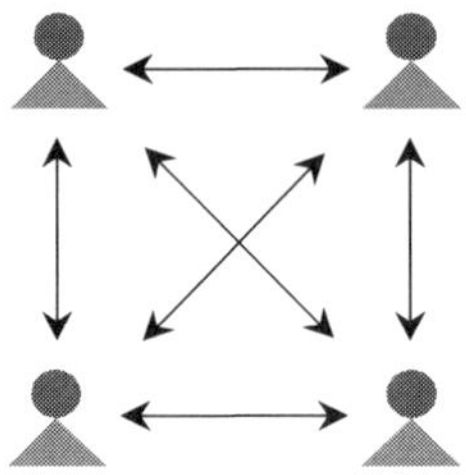

그림 4-4 의사소통 네트워크

(3) 의사소통 방식

의사소통은 프로젝트 조직 내에서 다른 사람들의 관점, 기대 및 관심사에 관하여 배울 수 있도록 이해관계자들의 지식을 공유하고, 프로젝트의 결과물을 구체화하기 위해 그들의 영향력을 촉진하여야 한다.[7] 프로젝트에 관련된 정보를 소통하기 위해 다양한 의사소통방식을 사용할 수 있으나 일반적으로 대화식 의사소통(interactive communication), 전달식 의사소통(push communication), 유인식 의사소통(pull communication)에 의해 프로젝트 이해관계자들과 효과적으로 정보를 주고받을 수 있다

i) 대화식 의사소통

대화식 의사소통은 발신자와 수신자 간의 생각이나 의미를 상호 교환할 수 있는 정보의 역동적 양방향(two-way) 흐름 행위이며, 대면회의(face-to-face meetings), 전화, 화상회의, 워크숍 등에 의하여 실시간으로 상호 공통적 이해를 보장할 수 있는 가장 효율적인 의사소통 방식이다. 과거에는 주로 신문, TV, 문서 등과 같은 한 방향(one-way) 중심의 의사소통에 의존하였으나 인터넷과 모바일 기기 등의 출현으로 양방향 대화식 의사소통 중심으로 옮겨가고 있다. 특히 대화식 의사소통은 어떤 상황에 대해 신속한 대응이 요구될 때, 그리고 민감한 사안이나 오해가 있을 수 있는 경우에 보다 효과적이다.

가) 대화식 의사소통 스킬

- 공개적으로 표출할 수 없는 상대방의 우려사항이나 느낌까지 인지한다.
- 상대방의 아이디어나 요구사항을 적극적으로 경청(listening)하고, 그러한 것들을 충분히 표현할 수 있는 기회를 허용한다.
- 자신의 생각을 상대방에게 말하기 전에 그들이 어떻게 대응할까에 관하여 생각한다.
- 상대방(다른 사람들)의 상이한 견해를 반영하기 위해 각자의 특성에 맞추어

7) Butt, A., Naaranoja, M., & Savolainen, J., Project change stakeholder communication, *International Journal of Project Management,* Vol. 34, pp. 1579-1595, 2016.

대응한다.

– 자신의 생각을 상대방이 얼마나 이해하였는지 적절한 방법으로 점검한다.

나) 경청

누군가의 말을 경청할 때, 우리는 그 사람이 하고 있는 말을 듣고 그 말의 의미를 이해하기 위해 노력을 기울인다. 이와 같이 경청은 아무 생각 없이 단순하게 듣는 것이 아니라 목적을 가지고 적극적으로 집중하는 것이다. 결국, 경청을 하기 위해서는 동기 부여와 노력을 필요로 한다. 경청하는 데 노력을 기울이지 않으면, 본의 아니게 상대방으로부터 오해를 불러 일으켜 갈등이나 분쟁으로 발전할 수 있다.

ii) 전달식 의사소통

전달식 의사소통은 발신자가 수신자들을 대상으로 메모, 서신, 이메일(e-mail), 음성 메시지, 보고서, 팩스, 보도자료 등에 의해 정보를 보내는 일방적 의사소통 행위이다. 작성된 정보가 수신자들에게 전달된 것까지는 식별될 수 있다. 하지만 수신자들이 정보에 대해 제대로 이해를 하였는가에 대한 의문은 남는다. 수신자들이 정보를 필요로 하지만 긴급한 상황이나 민감한 사안이 아닌 경우에 사용될 수 있는 의사소통 방식이다. 일반적으로 통제된 상태에서 방송을 내보내는 것과 같이 발신자가 보내는 정보를 누가, 언제, 그리고 어떻게 수신할 것인지를 결정하여야 한다. 예를 들어 이해관계자들과 프로젝트 관련 설명회를 갖기 위해 그들을 초대하는 이메일을 보내는 경우이다.

iii) 유인식 의사소통

유인식 의사소통은 수신자들이 웹사이트, 지식저장소(knowledge repository), 게시판 등을 통하여 적극적으로 정보에 접근하는 의사소통 방식이며, 공통적인 정보에 집단적으로 접근하는 것이다. 이러한 의사소통 방식은 발신자가 보낸 정보를 수신자들이 접속하지 않아도 프로젝트에 직접적인 영향을 미칠 정도가 아닌 단순정보에 불과할 경우 사용될 수 있다. 예를 들어 어떤 사안에 관하여 더 많은 정보를 얻고자 할 때 웹사이트에서 이용 가능한 관련 정보 기사나 책을 찾는 것과 같다.

이해관계자들과의 성공적인 관계관리를 위해 의사소통 관련 과학과 기술이 효과적이어야 하고, 효과적인 의사소통이 되기 위해서는 수신자들의 니즈뿐만 아니라 프로젝트와 프로젝트 팀의 니즈도 고려된다.[8] 따라서 양호한 의사소통(good communication)은 한 사람이 다른 사람이 생각하는 것을 인지하기 때문에 시간을 절약할 수 있

8) Bourne, L., Beyond reporting-the communication strategy. *PMI® Global Congress*, 2010.

고, 의사소통 스킬과 서로 연관되어 있다.[9]

(4) 프로젝트 의사소통계획 프로세스

프로젝트 의사소통계획 프로세스의 투입물에는 이해관계자 등록대장(식별정보, 분석정보 등을 포함), 조직 환경요인, 조직 프로세스자산 등이 있다. 프로젝트 의사소통계획 프로세스를 통해 생성되는 산출물은 의사소통계획(이해관계자의 의사소통 요구사항, 서식과 내용을 포함하는 의사소통 관련 정보, 의사소통 방식, 의사소통 빈도 및 갱신된 프로젝트문서)이다. <표 4-2>와 같은 프로젝트 의사소통계획 서식을 사용할 수 있다.

표 4-2 프로젝트 의사소통계획(예시)

프로젝트 의사소통계획	
프로젝트 명	
프로젝트관리자	
프로젝트 스폰서	
작성일자	

프로젝트 의사소통계획의 목적: 프로젝트 팀이 프로젝트 이해관계자들의 모든 의사소통 니즈를 체계적으로 파악하고, 그들의 의사소통 니즈를 적절히 충족시키는 데 있다.

1. 이해관계자 목록

구분	이름	직책	책임	연락처
내부				
외부				

2. 이해관계자의 정보 요구사항

이해관계자	정보요구사항

3. 정보의 배포에 대한 요구사항

의사소통 내용	기한	수신자	담당자	배포방법

4. 정보의 수집과 보고에 대한 요구사항

인풋(input) 정보내용	수집 및 보고 담당자	정보 제출 담당자	기한

정보의 보관 및 배포에 대한 지침:
a. 모든 프로젝트 문서는 전자문서 파일링시스템(electronic document filing system)에 보관한다.
b. 정보의 배포 시 이메일, 하드카피(hard-copy), 내부 전산망(intranet)을 사용한다.

---

9) Karlsen, J. T., Græe, K., & Massaoud, M. J., Building trust in project-stakeholder relationships, *Baltic Journal of Management,* Vol. 3, No.1, pp. 7-22, 2008.

ⅰ) 프로젝트 정보수집과 배포

프로젝트 의사소통계획에 포함된 정보는 프로젝트생애주기에 걸쳐 수집 및 저장(서류철, 데이터베이스, 기타 문서 형태)되어 시의 적절하게 프로젝트 이해관계자들에게 배포된다. 프로젝트 정보의 배포에 도움을 줄 수 있는 방법에는 프로젝트 팀 회의(대면, 비대면), 출력된 자료배포, 전자식 데이터베이스 접근, 이메일, 전화, 팩스 등이 있다.

4.2 프로젝트 이해관계자

프로젝트에 관련된 이해관계자들의 기대와 요구사항을 충족하려면 그들과 지속적으로 의사소통하며 발생하는 이슈를 다루어야 한다. 이해관계자들은 프로젝트 팀의 내부 또는 외부, 그리고 프로젝트 범위의 내부 또는 외부에 속한다. 프로젝트관리자를 중심으로 상하좌우의 다양한 이해관계자들 관리는 수행 중인 프로젝트의 성과에 긍정적이든 부정적이든 상당한 영향을 미친다.

이해관계자들은 프로젝트 팀 또는 팀의 활동에서 인지된 이해관계의 결과로서, 기대를 갖게 되어, 가끔은 건설적이거나 파괴적인 유형의 행동에 참여하게 된다.[10] 따라서 프로젝트생애주기 전반에 걸쳐 관련 이해관계자들의 지지 또는 지원을 이끌어 내고 부정적 영향을 최소화하는 전략적 접근이 필요하다.

(1) 이해관계자 관리 전략

프로젝트에 관련된 이해관계자들의 기대와 요구사항을 체계적이면서 효과적으로 관리하기 위해서는 적절한 전략을 수립할 필요가 있으며, 그들이 지향하는 프로젝트의 상위목표(goals)와 측정 가능한 목표(objectives)를 명확하게 이해하는 것이 중요하다.

ⅰ) 이해관계자 관리 전략 수립

프로젝트 관련 이해관계자들을 체계적으로 관리하기 위한 전략수립은 <그림 4-5>에서와 같이 '단계 1. 프로젝트의 비전과 미션(vision and mission)'을 식별하는 것으로부터 시작된다.

---

10) Bourne, L., & Walker, D.H.T., Visualizing stakeholder influence — Two Australian examples, *Project Management Journal*, Vol. 37, No. 1, pp. 5-21, 2006.

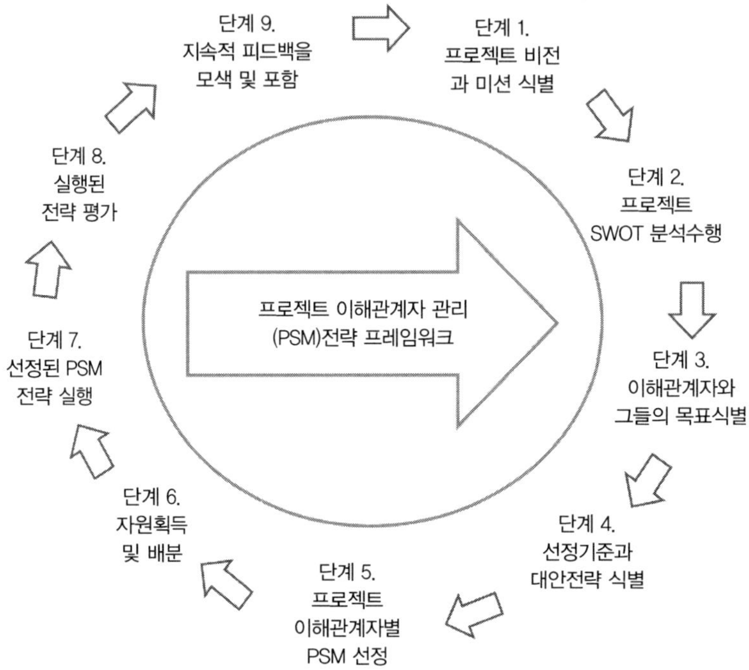

그림 4-5 프로젝트 이해관계자 관리 전략 프레임워크[11)]

프로젝트 이해관계자들과 그들의 기대와 요구사항 및 관심사를 관리하는 데 도움을 줄 수 있는 지속적이고 역동적인 9단계 프로젝트 이해관계자 관리 전략 프레임워크(project stakeholder management strategy framework, PSMSF)에서는 '단계 2. SWOT 분석수행'을 통해 프로젝트를 수행할 프로젝트 팀 조직 내부의 강점과 약점을, 그리고 그 팀 외부로부터의 환경적인 기회와 위협요인을 각각 파악한다.

프로젝트에 대한 이해관계자들의 기대목표와 이해관계는 단계 3에서 식별된다. 단계 4에서 이해관계자들의 목표를 관리하기 위해 구체적인 대안전략과 선정기준을 마련하게 된다. 프로젝트 이해관계자 관리 전략 프레임워크와 효과적인 의사소통방식이 함께 적절히 결합된다면, 프로젝트생애주기 전반에 걸쳐 발생할 수 있는 이슈들의 조정 또는 처리에 도움이 될 것이다.

11) Sutterfields, J. S., Friday-Stroud, S. S., & Shivers-Blackwell, S. L., A Case Study of Project and Stakeholder Management Failures: Lessons Learned, Project Management Journal, Vol. 37, No. 5, pp. 26-35, 2006.

4.3 프로젝트 윤리

조직의 비즈니스 니즈에 따라 프로젝트를 추진할 때 프로젝트의 윤리적 가치를 중요하게 인식하여 프로젝트생애주기 전반에 걸쳐 윤리적 리스크를 차단 또는 완화함으로써 긍정적 프로젝트 성과 달성에 유리할 뿐만 아니라 장기적 관점에서 조직에 대한 윤리적 신뢰를 높일 수 있다. 프로젝트 관련 과제 또는 활동들의 의사결정 프로세스에서 자원, 환경 및 사회에 미칠 수 있는 영향을 고려하는 윤리적 접근이 필요하다.

(1) 프로젝트와 윤리

조직에서 프로젝트를 수행하는 사람은 자신이 맡은 역할이나 활동에 관련된 윤리적 이슈(ethical issues)를 접하게 되면, 조직의 윤리강령이나 윤리지침에 따라 적절히 대응하여야 한다. 프로젝트 활동의 수행에서 윤리적이 된다는 것은 조직이나 개인 모두에게 중요하다.

i) 윤리의 의미

사전적 의미로 윤리(ethics)는 올바른 수행과 그릇된 수행에 대한 개념이며, 우리의 행위기준이 되는 것으로 대다수의 사람들이 무엇이 옳고 무엇이 그르며 또한 왜 어떤 행위가 옳거나 그른가 하는 것에 대해 기초적인 이해를 하고 있다는 측면에서 윤리이념이라 할 수 있다. 다른 한편으로는 우리사회의 집단이나 조직 내에서의 개인행동을 규제하는 제반 규칙이기도 하다.[12] 윤리는 우리의 행동이 도덕적인지, 비도덕적인지를 말해주고, 우리가 다른 사람들에 대해 어떻게 생각하고 행동하는가 그리고 그들이 우리를 어떻게 생각하고 행동해주기를 원하는가 하는 근본적인 인간관계를 다룬다.[13] 특히 조직에서의 윤리는 조직 구성원들의 행동에 대해 보편적인 윤리적 사고를 적용하는 것이어서, 조직이 스스로 옳고 그름에 대한 정의를 내리려고 하지 말아야 한다.

프로젝트관리자와 팀원들이 프로젝트를 윤리적으로 수행함으로써 프로젝트의 성과 향상, 프로젝트 관련 법과 규정의 준수 촉진, 환경과 사회적 리스크 제거 또는 완화 및 팀워크 제고에 기여하게 된다.

---

12) 김성수, *지식경영사회의 기업경영윤리론*, 삼영사, 2003.

13) Lawrence, A. T., & Weber, J., *Business and Society: Stakeholders, Ethics, Public Policy*, 13th ed., McGraw-Hill, Singapore, 2011.

ⅱ) 리더의 윤리적 가치

프로젝트 팀원들이 윤리적으로 행동할 것인지 아니면 비윤리적으로 행동할 것인지에 대한 열쇠는 프로젝트관리자의 윤리적 가치에 달려있다. 프로젝트 스폰서가 중요한 활동 및/또는 사안에 대해 의사결정을 하지만, 실제 프로젝트관리자가 그러한 의사결정에 필요한 실무를 관장하고 있어 프로젝트 팀 내 윤리적 문화를 형성하는 데 중추적 역할을 하게 된다. 따라서 프로젝트관리자에게 주어진 윤리적 가치는 다른 팀이나 프로젝트에서 근무하는 사람들에게도 상당한 영향을 미치게 된다.

ⅲ) 프로젝트 팀 내 이해관계 상충

프로젝트 팀 내에서 흔히 발생할 수 있는 윤리적 이슈는 이해관계의 충돌(conflicts of interest)일 수 있다. 예를 들어, 조달 프로세스에서 어떤 공급자로부터 과도한 선물을 받은 구매자가 그 공급자에게 구매발주서를 발행한다면, 비록 그 공급자가 높은 단가를 제시하지 않는다 할지라도 구매자는 이해관계 상충과 같은 비윤리적인 행동을 한 것으로 비난받을 수 있다. 팀 내 이해관계 상충은 팀 자체는 물론이고, 팀원들 간의 신뢰까지 파괴할 수 있어 이해관계 상충을 예방 또는 회피하도록 노력하여야 한다.

(2) 프로젝트관리자 리더십

프로젝트관리자는 팀을 이끄는 리더로서 프로젝트 관련 이해관계자들과 조율하거나 합의한 목표를 달성하기 위해 팀원들에게 안내, 설명, 방향제시 및 리더십을 제공하게 된다. 따라서 프로젝트관리자의 리더십 스킬(leadership skills)은 중요하다.

ⅰ) 리더십의 유형과 영향

리더십에 대한 정의는 보는 관점이나 시각에 따라 다양하다. 미국 오하이오주립대학교 스토그딜(Stogdill, R. M.) 교수의 리더십 정의에 의하면, '리더십이란 조직 집단으로 하여금 목표를 지향하게 하고, 그 목표 달성을 위해 노력하도록 영향을 미치는 프로세스(행동)이다.'[14] 리더십의 영향 범위를 인간이 살아가는 사회와 지구환경측면으로 확대하면, 리더십은 한 개인이 집단 또는 공동의 윤리적 과제를 달성하는 데 있어 다른 사람들의 도움과 지원을 이끌어 낼 수 있는 사회적 영향력(social influence)의 한 프로세스로 정의될 수 있다. <그림 4–6>은 프로젝트 팀과 사회 · 환경과의 관계, 프로젝트 팀과 프로젝트 팀의 이해관계자, 그리고 이해관계자와 사회 · 환경과의 관계를 나타낸다.

---

14) Stogdill, R. M., 'Leadership, membership, and organization', Psychological Bulletin, Vol. 47, No. 1, pp. 1-14, 1950.

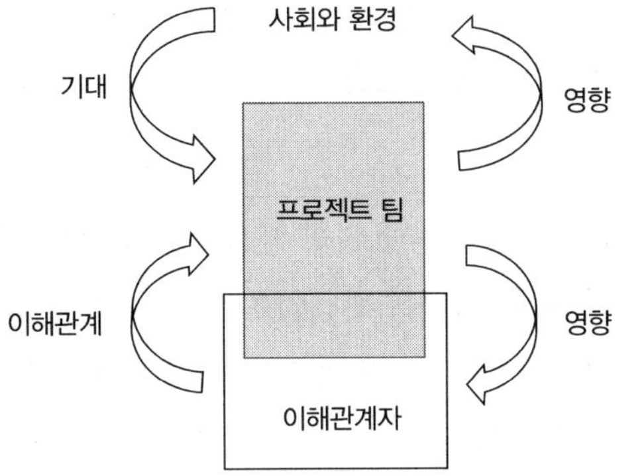

그림 4–6 프로젝트 팀–이해관계자–사회 · 환경 간의 관계

프로젝트 팀과 팀원들은 프로젝트 팀의 의사결정과 활동에 의해 다양한 이해관계와 더불어 영향을 미치거나 받을 수 있다. 프로젝트관리자의 리더십에 의한 프로젝트 팀의 의사결정과 활동이 사회와 환경에 미치는 잠재적 및 실제적 영향은 신중하게 고려되어야 한다.

리더십의 유형(leadership styles)에는 권위적 리더십(authoritative leadership), 참여적 리더십(participative leadership), 위임적 리더십(delegative leadership), 관료적 리더십(bureaucratic leadership), 변혁적 리더십(transformational leadership), 전략적 리더십(strategic leadership), 윤리적 리더십(ethical leadership) 등이 있다. 조직이 처한 상황에 따라 적절한 리더십 유형을 선택적으로 적용할 수 있다.

가) 권위적 리더십

권위 있는 리더는 팀원들에게 주어진 업무에 최선을 다하도록 동기를 부여할 뿐만 아니라 미래의 불확실한 성과에 대해서도 지침을 제공하여 그들이 업무방향을 인지할 수 있게 한다. 권위적 리더십은 강압적 힘을 바탕으로 하는 권위주의적 리더십(authoritarian leadership)과는 다르게 확고한 신뢰를 기반으로 업무를 접근한다. 권위적 리더십은 성과 또는 목표가 불확실한 상황에서 최선을 다하여 업무를 추진하려는 조직 또는 팀에게 적용할 수 있다.

나) 참여적 리더십

조직의 리더가 독단적으로 결정을 내리지 않고, 구성원들이 자유롭게 의견을 제시할 수 있는 분위기를 조성하여 의사결정과정(decision-making process)에 그들을 참여시킨다. 이때 리더는 그들의 의견을 수렴할 수 있게 포용적이고, 의사소통스킬

(communication skill)을 갖추어 권한과 책임을 공유한다. 참여적 리더십은 조직 구성원들의 창의적인 아이디어와 협업을 필요로 할 때 효과적으로 적용할 수 있다.

다) 위임적 리더십

조직 구성원들이 업무수행 역량에 따라 자율적으로 의사결정을 하고 실행하는 주도권(initiative)을 갖는다. 이때 리더는 해당업무에 대한 큰 방향을 제시하고 자원을 지원하며 필요한 경우, 최소한의 피드백 또는 지침만 제공한다. 조직 구성원들이 풍부한 경험과 수행능력을 갖추고 있어 자신들의 업무에 대해 책임감 있게 스스로 문제를 해결하고 높은 성과를 낼 수 있는 상황에서 위임적 리더십을 적용할 수 있다.

라) 관료적 리더십

오랜 역사를 가진 리더십 유형으로서 조직 구성원들은 수립된 규칙, 절차 및 명령체계를 따른다. 업무의 의사결정은 일관성과 순서를 보장하는 명확한 계층구조에 기반하여 이루어진다. 리더는 조직 구성원들이 정해진 규칙과 절차를 따르도록 요구한다. 관료적 리더십은 높은 업무 효율성과 통제가능성을 중요시하며 하위 계층수준에서 상위 계층수준으로 업무를 보고하는 것으로 되어있다. 업무의 특성에서 효율성, 예측 가능성 및 일관성을 중요시할 경우, 관료적 리더십을 적용할 수 있다.

마) 변혁적 리더십

조직의 비전과 목표를 구성원들과 상호 공유하고 구성원들 개개인의 잠재력을 스스로 발휘할 수 있게 깊은 영감을 주면 조직문화를 변화시킬 수 있다. 리더는 조직 구성원들에게 중장기 비전과 목표를 제시하고, 그들의 자발적인 동참과 감명을 유도함으로써 기대 이상의 변화와 혁신을 이룰 수 있게 지원한다. 기존의 업무관행에 대한 변화와 혁신을 위해 변혁적 리더십을 적용할 수 있다.

바) 전략적 리더십

조직은 변화하는 비즈니스 환경에서 경쟁력을 지속적으로 유지하기 위해 중장기적 관점에서 전략적 비전을 수립한다. 전략적 리더십은 조직의 비전개발, 목표와의 일관성 및 변화하는 환경에서의 적응성 등을 포함하고 있어, 리더는 현안의 과제에 즉각적으로 반응하기보다는 시스템, 문화 및 조직구조 등 비즈니스 상황을 이해하고, 미래 비전을 고려하여 전략적 선택을 한다. 비즈니스의 지속가능성을 실현하기 위한 중장기 전략이 필요할 때 전략적 리더십을 적용한다.

사) 윤리적 리더십

윤리적 리더십은 개인의 행동과 대인관계를 통해 규범적으로 적절히 수행하는 것을 보여주고, 양방향 의사소통(two-way communication) 강화 및 의사결정을 통해 추종자들에게 그러한 수행을 촉진하는 것이다.[15] 리더십의 나쁜 행동이나 그릇된 선택은 조직의 이미지에 부정적인 영향을 미칠 수 있어, 리더는 조직 구성원들에게 선한 행동을 기반으로 투명하게 협업할 수 있는 조직문화구축에 힘을 싣는다. 윤리적 리더십은 조직 구성원들에게 올바른 행동을 하도록 영향을 미치는 데 중점을 두고 있어 모든 조직의 리더들에게 적용된다.

ii) 리더의 윤리적 행동

산업의 디지털화와 더불어 빅데이터(big data)와 인공지능(artificial intelligence, AI)을 활용하려는 욕구가 강한 시대로 접어들었기에 급속한 기술발전도 중요하지만 미래에 발생할 수 있는 윤리적 문제도 동시에 고려할 필요가 있다. 프로젝트관리자는 프로젝트 팀원들뿐만 아니라 다른 이해관계자들의 권리도 보호하고, 공동의 선행을 촉진하기 위해 일련의 도덕적 원칙과 가치(moral principle and values)에 기반하여 행동하여야 한다. 즉, 리더의 행동 규범적 오류 또는 나쁜 행동 및 잘못된 판단은 전체 조직의 이미지에 상당한 부정적 영향을 미칠 수 있어, 프로젝트 관련 주요 활동에 대한 의사결정에 앞서 윤리적 이슈까지 성실하게 고려한다.

가) 윤리적 행동

윤리적 행동은 보는 관점과 시각에 따라서 다양하게 접근할 수 있으나 6가지 기본 행동으로 요약될 수 있다.

- 존중(respect): 윤리적인 업무환경에서 다른 사람들의 스킬과 기여도를 경청하고, 의사소통하며, 존중한다.
- 책무(accountability): 자신이 행한 조치에 대해 스스로 책임을 지고, 성실하게 의사결정을 내리며, 업무를 지원한다. 또한 도전과제에 대해 공개적으로 의사소통하고, 부족한 부분에 대해 다른 사람들에게 책임을 전가하지 않는다.
- 정직(honesty): 사안의 심각성 정도에 관계없이 당면한 이슈에 대해 공개적으로 솔직하게 의사소통함으로써 신뢰를 구축 및 유지한다.

15) Brown, M. E., Trevino, L. K. & Harrison, D. A., 'Ethical leadership: A Social Learning Perspective for Construct Development and Testing', Organizational Behaviour and Human Decision Processes, Vol. 97, pp. 117-134, 2005.

- 투명성(transparency): 지속적인 의사소통을 통해 팀원들과 다른 이해관계자들에게 의사결정프로세스 및 관련 정보를 투명하게 공개한다.
- 공정성(fairness): 모든 사람을 공정하게 대우하는 데 초점을 맞추어 상황에 접근하며, 팀원들뿐만 아니라 다른 이해관계자들도 동일한 방식으로 대우한다.
- 공동체(community): 조직이 사회공동체와 함께하기 때문에 상황을 평가하고 의사결정을 할 때 형평성과 포용성 구축 관점에서 관련된 모든 사람들의 영향을 고려한다.

연습문제

01 의사소통은 기본적으로 개인이나 집단이 의도하거나 의미하는 것을 발신자와 수신자 간에 서로 이해할 수 있는 표시, 상징, 기호학적 규칙 등을 사용해서 다른 개인이나 집단에게 정보를 전달하는 프로세스이다. 이러한 의사소통 프로세스 관련 요소들을 도식화하시오.

02 프로젝트관리자는 프로젝트 이해관계자들로부터의 정보 필요성을 파악하기 위해 프로젝트에 관련된 이해관계자들과 적절하게 의사소통할 수 있는 채널 수를 파악하여야 한다. 프로젝트 수행을 위해 의사소통할 이해관계자 수가 5명인 경우, 필요한 채널 수를 계산하고, 이것을 의사소통 네트워크로 표현하시오.

03 대화식 의사소통은 발신자와 수신자 간의 생각이나 의미를 상호 교환할 수 있는 정보의 역동적 양방향흐름 행위이다. 대화식 의사소통을 위한 5가지 스킬(skills)을 열거하시오.

04 프로젝트관리자는 프로젝트생애주기(PLC) 전반에 걸쳐 관련 이해관계자들의 지지 또는 지원을 이끌어 내어 부정적 영향을 최소화하는 전략을 수립할 필요가 있다. 프로젝트 이해관계자들의 니즈 또는 관심사를 관리하는 데 도움을 줄 수 있는 프로젝트 이해관계자 관리 전략 프레임워크(project stakeholder management strategy framework)를 작성하시오.

05 리더십의 유형에는 권위적 리더십, 참여적 리더십, 위임적 리더십, 관료적 리더십, 변혁적 리더십, 전략적 리더십, 윤리적 리더십 등이 있다. 조직은 상황에 따라 적절한 리더십 유형을 선택적으로 적용할 수 있다. 이들 중 윤리적 리더십(ethical leadership)에 필요한 6가지 기본행동(basic behaviors)을 열거하시오.

3부

프로젝트관리 기본 3요소

제5장 프로젝트 범위

제6장 프로젝트 일정

제7장 프로젝트 원가

제5장

프로젝트 범위

프로젝트의 범위(scope of project)는 구체적인 형태와 기능을 갖는 제품, 서비스 또는 결과를 만들어 내기 위해 수행되어야 하는 작업의 양 또는 크기이다. 프로젝트 범위는 프로젝트 전반에 걸쳐 의사결정을 하는 모든 참여자들 또는 이해관계자들에 의해 충분히 이해되어야 한다.[1] 프로젝트 발주자가 만족하는 제품, 서비스 또는 결과를 이루어 내기 위해서는 관련 이해관계자들의 기대와 요구사항을 어떻게 파악해서 그 프로젝트의 작업범위에 반영하느냐가 중요하다. 예를 들어, 프로젝트 범위기술서(project scope statement)를 작성할 때 이해관계자들의 구체적인 요구사항을 식별 및 수집할 수 있게 그들을 회의에 참여시켜, 포함하여야 할 작업의 범위를 명확하게 한다.

5장에서는 프로젝트헌장, 프로젝트의 전체 작업을 계층적으로 세분화하는 작업분할구조, 작업패키지 수준에서 요구되는 자원을 상세히 기술하는 작업분할구조사전(WBS dictionary), 프로젝트 범위에 대한 검증 및 통제 등을 다룬다.

5.1 프로젝트 승인과 범위

프로젝트의 착수 단계에서는 무엇이 이루어져야 되는지에 관한 내용을 간결하게 정리하여 승인권자의 승인을 받을 수 있도록 제한된 정보에 기초한 프로젝트헌장을 작성한다. 작성된 프로젝트헌장에 대한 승인이 나면, 그 프로젝트헌장의 내용을 기반으로 하여 실행에 옮겨야 할 작업범위를 구체화하는 범위기술서 작성으로 이어진다.

1) Ward, J. A., "Project pitfalls," *Information System Management*, Vol. 12, No. 1, pp. 74-76, 1995.

(1) 프로젝트헌장

조직의 비즈니스 환경요인(시장의 수요, 고객의 요구, 기술의 발전, 사회적 요구, 법규 개정 등)을 고려하여 선정한 프로젝트를 공식적으로 승인받기 위해 프로젝트의 목표, 범위, 수행방법, 주요 이해관계자, 예산, 제약 등을 포함하는 상위수준의 기본적인 정보를 간략하게 문서화한다.

i) 프로젝트의 선정과 헌장준비

조직이 추구하는 미래의 비전과 전략적 목표(신기술 개발, 신규시장 진출과 같은)를 달성하는 데 필요한 비즈니스기회를 실현할 수 있는 프로젝트가 선정되면, 그 프로젝트의 추진방향을 설정하고, 비용–편익 분석(cost-benefit analysis, CBA) 같은 타당성 검토(feasibility review)와 더불어 프로젝트관리자 임명 및 프로젝트헌장 준비에 들어간다.

가) 프로젝트관리자의 권한

프로젝트는 특성상 유일하고 한시적인 활동이라 프로젝트관리자의 직무와 권한 역시 제한적이고 한시적이어서 조직의 거버넌스 관점에서 스폰서의 승인이 없이 임의로 프로젝트관리자가 모든 프로젝트 사안들을 결정하거나 통제하는 것은 아니다. 프로젝트의 수행에 따른 관리 및 감독을 하면서 프로젝트를 순조롭게 추진할 수 있도록 프로젝트관리자의 권한을 명확하게 한다.

나) 프로젝트헌장 내용의 구체성

프로젝트헌장은 프로젝트에 관련된 현 시점에서의 기본정보를 기초로 하여 준비하는 문서이고, 스폰서의 책임하에 프로젝트관리자가 작성을 하는데 내용의 상세함에 대해 정해진 기준은 없다. 하지만 승인권자의 바쁜 업무일정을 고려할 때 대개 한두 페이지 정도의 내용이면 적당하다. 복잡하거나 규모가 큰 프로젝트라 할지라도 다섯 페이지 이내로 작성한다. 프로젝트의 특성에 따라 필요한 경우, 이해를 하는 데 도움이 될 수 있는 보다 상세한 전문기술이나 배경설명은 별도로 첨부할 수 있다.

다) 프로젝트헌장 작성 준비

프로젝트헌장을 작성하는 데 필요한 정보자료에는 프로젝트의 작업기술서(statement of work, SOW), 계약서 합의사항, 리스크 등록대장(risk register), 가정(assumptions), 산업표준, 규정과 규범, 절차관행, 서식 또는 템플릿 등이 있다.

ii) 프로젝트헌장 구성과 작성

조직과 프로젝트의 특성에 따라 프로젝트헌장에 포함될 내용이 일부 상이할 수도 있으나 기본적으로 프로젝트헌장은 프로젝트의 목적, 목표, 범위, 인도물, 마일스톤(milestone), 예산, 가정, 제약, 리스크 등으로 구성된다.

가) 프로젝트헌장 구성

조직에서 사용해온 기존의 프로젝트헌장 서식, 템플릿(template)을 사용하거나 <표 5-1>과 같은 항목들을 포함하는 서식(예시)을 개발하여 사용할 수 있다.

표 5-1 프로젝트헌장(예시)

프로젝트헌장	
프로젝트 명칭:	프로젝트 코드번호:
작성 연월일:	개정 연월일:
1. 프로젝트 목적 또는 배경:	
2. 프로젝트 목표:	
3. 프로젝트 범위:	
4. 프로젝트 인도물:	
5. 프로젝트 마일스톤:	
6. 프로젝트 예산:	
7. 가정, 제약, 리스크 및 의존성:	
8. 프로젝트 조직구조:	
프로젝트헌장 작성 및 승인	
작성자 성명:	승인 연월일:
프로젝트관리자 성명:	승인자 서명:

나) 프로젝트헌장 작성

위 <표 5-1>에서 프로젝트의 명칭은 조직 내 · 외부에서 반복적으로 자주 사용되기 때문에 가능한 한 짧고 읽기 쉬운 것으로 표기를 하되 프로젝트의 목적을 반영하는 것으로 정한다.

항목 1. 프로젝트 목적 또는 배경: 왜 이 프로젝트를 추진해야 하는가 라는 당위성 질문에 대한 간결한 답변 중심으로 정리한다. 예를 들어, 당면한 어떤 문제를 해결하기 위해서, 아니면 어떤 비즈니스 기회를 실현하기 위해서 등에 대한 즉답을 제공한다. 조직이 프로젝트 수행의 결과로서 얻을 수 있는 편익을 고려한다.

항목 2. 프로젝트 목표: 이 프로젝트에 의해 무엇이 언제까지 달성될 것인가를 서술하는 것이다. 특히 열거된 목표는 가능한 한 구체적이면서 백분율 단위(%)나 화폐 단위(₩)와 같은 측정 가능한 방법으로 기술한다. 예를 들어, 2025년 말까지 고객만족수준을 현재 75%에서 90%까지 증가시킨다.

항목 3. 프로젝트 범위: 프로젝트 팀이 프로젝트를 수행하는 데 있어 반드시 포함해야 하는 작업은 어떤 것들인지에 대해 기술한다. 이 프로젝트로부터 얻고자 하는 것 이외에 어떤 제품, 서비스 또는 결과를 제외하는지, 즉 프로젝트 팀이 하지 않아도 되는 것을 찾는 일도 중요하다. 예를 들어, 프로젝트의 최종 인도물은 신제품 견본 제작이다. 그 견본으로 소비자 테스트는 하지 않는다.

항목 4. 프로젝트 인도물: 프로젝트의 목표 달성에 필요한 제품, 서비스, 프로세스, 계획 등 상위수준의 니즈 또는 요구사항 목록이다. 니즈 또는 요구사항을 쉽게 이해할 수 있도록 인도물은 구체적으로 표현한다. 예를 들어, 무엇을 창출 또는 제공한다.

항목 5. 프로젝트 마일스톤: 프로젝트생애주기 단계 내 중요한 과제의 시작 시점 또는 종료 시점을 표시한다. 이것은 프로젝트의 진척상황을 추적하는 데 도움이 될 뿐만 아니라 프로젝트 목표에 초점을 맞춘 점검에도 도움이 된다.

항목 6. 프로젝트 예산: 프로젝트 작업을 완료하기 전에 발생될 것 같은 모든 원가들의 추정치이다. 프로젝트의 기획단계에서 예상하지 못했던 사건으로 인하여 발생할 수 있는 범위, 원가 및 일정의 변경에 따른 경영예비비(management reserves)도 추가한다.

항목 7. 가정, 제약, 리스크 및 의존성: 범위를 결정할 때 적용했던 가정사항, 삼중제약(범위, 시간 및 원가)에 대한 잠재적 영향과 어려움, 신 기술적용에 따른 위험성 및 정부 규제강화 같은 외부 의존성 이슈 등을 목록화한다.

항목 8. 프로젝트 조직구조: 스폰서, 프로젝트관리자 및 팀 구성원들에 대한 역할, 책임 및 팀 조직도를 포함한다. 특히 프로젝트관리자는 승인된 프로젝트관리 계획에 따라 활동들을 수행하고, 프로젝트 예산에 반영된 원가 범위 내에서 제때에 요구된 품질의 인도물을 산출한다.

프로젝트관리자는 프로젝트헌장 초안을 스폰서와 함께 검토하여 더 이상 수정할 것이 없다고 판단되면 그(스폰서)의 서명을 받는다. 프로젝트헌장에 대한 승인은 곧 프로젝트생애주기의 다음 단계인 프로젝트 기획으로의 진입을 의미한다.

(2) 프로젝트 범위기술서

프로젝트의 인도물을 생성하는 데 필요한 작업을 관련 이해관계자들이 이해할 수 있을 정도로 상세하게 설명한 것이 프로젝트 범위기술서이다. <표 5-1> 프로젝트헌장 서식 항목 3에 프로젝트 범위가 포함되어 있지만, 승인에 필요한 포괄적 개념 정도의 설명에 불과하다. 이 포괄적 개념은 다시 프로젝트 범위기술서 내용에서 좀 더 구체화된다.

ⅰ) 프로젝트 범위기술서 준비

프로젝트 범위기술서는 적어도 프로젝트 팀원들이 이해하고 받아들일 수 있어야 하기 때문에 프로젝트 팀원들과의 협업으로 준비된다. 전문적인 설명이 필요한 경우, 프로젝트 팀원들 이외의 다른 관련 이해관계자들도 참여할 수 있다.

가) 프로젝트 범위기술서 작성 자료

프로젝트 범위기술서 작성에 도움이 될 수 있는 자료에는 프로젝트헌장, 이해관계자 등록대장에 기술된 이해관계자들의 요구사항 또는 기대사항, 프로젝트 범위기술서 서식 및 절차 등이 있다.

ⅱ) 프로젝트 범위기술서 구성과 작성

프로젝트의 규모와 특성에 따라 프로젝트 범위기술서 내용들이 일부 다를 수는 있으나 기본적으로 프로젝트의 목표, 범위, 요구사항 또는 니즈, 경계(boundaries), 인도물, 인수기준, 마일스톤, 예산한도, 가정, 제약, 조직구성 등을 포함한다.

가) 프로젝트 범위기술서 구성

<표 5-2>와 같은 프로젝트 범위기술서 내용을 중심으로 서식을 개발하여 사용할 수 있다. 프로젝트의 범위기술서가 구체적으로 충실하게 작성되어 있으면, 프로젝트관리 계획을 수립할 때 범위에서 빠져 있던 작업이 프로젝트를 실행하면서 슬그머니 추가되는 범위 끼어들기(scope creep)가 줄어든다.

표 5-2 프로젝트 범위기술서(예시)

프로젝트 범위기술서	
프로젝트 명칭:	프로젝트 코드번호:
작성 연월일:	개정 연월일:
항목	내용
01. 프로젝트 목표	
02. 프로젝트 범위	
03. 프로젝트 요구사항 또는 니즈	
04. 프로젝트 경계	
05. 프로젝트 인도물	
06. 프로젝트 인수기준	
07. 프로젝트 마일스톤	
08. 프로젝트 예산 한도	
09. 프로젝트 가정	
10. 프로젝트 제약	
11. 프로젝트 조직구조	
프로젝트 범위기술서 작성 및 승인	
작성자 성명:	승인 연월일:
프로젝트관리자 성명:	승인자 서명:

나) 프로젝트 범위기술서 작성

프로젝트헌장의 승인과 더불어 왜 이 프로젝트가 선정되었고, 예산이 배정되었는지에 대해 이해가 되었다면, 프로젝트 범위기술서 서식 내에 각 항목별로 내용을 다음과 같이 구체적으로 기술하게 된다.

항목 01. 프로젝트 목표: 프로젝트는 비즈니스, 원가, 일정, 기술, 품질목표 등 광범위할 수 있으며, 그 목표는 원가, 물량, 절댓값 또는 상댓값 등과 같은 특성을 갖기 때문에 스마트한 목표설정으로 표기되어야 한다. '스마트(specific, measurable, achievable, realistic, and time-bound, SMART)한' 이란 구체적인, 측정 가능한, 달성 가능한, 현실적인 및 기한이 정해진 이라는 의미를 함축하고 있다.

항목 02. 프로젝트 범위: 프로젝트 목표를 달성하는 데 필요한 모든 작업을 포함한다. 가끔 제품 범위(product scope)와 프로젝트 범위(project scope)가 헷갈리는 경우가 있다. 프로젝트 범위는 확장될 수 있는 동시에 제품 범위를 일정하게 유지할 수 있다. 예를 들어, 제품 범위는 제품설계시방서 상에 기술된 특성으로만 구성된다.

항목 03. 프로젝트 요구사항 또는 니즈: 프로젝트 계약서, 표준, 사양서 또는 기타 공식적으로 요구된 문서를 만족시켜야 하기 때문에 프로젝트 인도물에 의해 충족되거나 프로세스를 거쳐야 되는 조건 또는 능력을 설명한다. 모든 이해관계자들의 니즈, 요구 및 기대사항에 대한 분석을 통해 우선순위화된 요구사항으로 변환된다.

항목 04. 프로젝트 경계: 범위기준선(scope baseline)에 의해 프로젝트 내에 포함되어야 할 것과 제외되어야 할 것을 식별 및 구분한다. 이해관계자가 판단할 때 어떤 특정 제품, 서비스 또는 결과가 프로젝트의 한 구성물일 것으로 짐작될 경우, 프로젝트에서 제외할 것을 명시한다. 이와 같이 명확하게 함으로써 최초 범위기술서 내에 없었던 인도물이 프로젝트 수행 중에 추가되는 범위 끼어들기를 방지하는 데 도움을 줄 수 있다.

항목 05. 프로젝트 인도물: 제품 또는 서비스를 구성하는 산출물뿐만 아니라 프로젝트 관리보고서 및 관련 문서 같은 보조적 결과까지도 포함한다. 프로젝트 범위기술서마다 인도물의 크기 또는 상세함의 정도가 다양할 수 있어 간략하게 요약하는 정도의 수준이거나 아니면 아주 상세하게 설명될 수도 있다.

항목 06. 프로젝트 인수기준: 프로젝트 인도물을 인수하기 전에 충족되어야 하는 성능 요구 및 필수조건을 포함하는 기준(criteria)이다.

항목 07. 프로젝트 마일스톤: 프로젝트 타임라인에 따라 중요한 사건 또는 과업의 성공적인 완료를 표시하는 시점을 나타낸 것이며, 고객, 프로젝트 스폰서 또는 프로젝트관리자가 마일스톤을 식별하여 프로젝트 마일스톤(project milestones) 상에 날짜를 정할 수 있다.

항목 08. 프로젝트 예산 한도: 총 예산금액으로서 또는 지정된 기간에 걸쳐 프로젝트에 대한 자금 조달에 부과되는 모든 한도(limitation)를 설명한다.

항목 09. 프로젝트 가정: 프로젝트 범위에 관련된 특정 프로젝트 가정사항과 그러한 가정사항이 거짓으로 입증될 경우에 발생하게 될 잠재적 영향을 열거하고 설명한다.

항목 10. 프로젝트 제약: 프로젝트 팀의 선택(options)을 제한하는 것으로서 프로젝트 범위에 관련된 예산, 일정, 계약조건과 같은 제약사항(constraints)을 열거하고 설명한다. 예를 들어, 고객이 미리 발행한 규명된 예산이나 날짜.

항목 11. 프로젝트 조직구조: 프로젝트 관련 이해관계자들뿐만 아니라 프로젝트 팀원들을 식별하고, 프로젝트 조직까지 문서화한다.

프로젝트관리자는 위에서 기술 또는 설명된 모든 프로젝트 범위기술서 내용들을 주요 이해관계자들이 인지 및 이해하고 있다는 사실을 확인하기 위해 그들의 서명을 받는다. 프로젝트 범위기술서는 변경요청 또는 새로운 정보가 들어오면 검토 및 갱신될 수 있다.

5.2 프로젝트 작업분할

단기간에 완료할 수 있는 간단한 작업의 프로젝트도 있으나 대부분의 프로젝트들은 상당히 복잡한 큰 작업 덩어리로 되어 있어, 관리 가능한 조각의 작업형태로 세분화되지 않으면 계획수립과 통제가 효율적으로 될 수 없다. 프로젝트 범위에 대한 시각적 표현을 제공할 수 있도록 전체 작업을 프로젝트생애주기 단계나 업무, 인도물 또는 작업패키지(work packages)와 같은 인도 가능한 결과에 초점을 맞추어 나무구조(tree structure) 형태나 컴퓨터엑셀 스프레드시트(Excel spreadsheet) 상에서 계층적으로 분할한다.

(1) 작업분할과 구조

프로젝트 작업의 분할구조가 어떻게 체계화되어 있는가에 따라 그 프로젝트를 실제 수행하는 과정에 상당한 영향을 미칠 수 있다. 프로젝트 작업분할구조의 요소에는 제품, 자료, 서비스 등이 포함된다.

ⅰ) 작업분할 시 고려할 사항

프로젝트의 작업분할구조를 체계적이면서 효율적으로 창출하기 위해 상호 배타적, 8/80 규칙, 결과 중심, 3수준 및 작업패키지 배정 등을 세심하게 고려한다.

가) 모든 작업 포함

프로젝트 범위에 속하는 작업들을 빠짐없이 모두 포함한다. 즉, 프로젝트 목표를 달성하기 위해 조직의 내부, 외부 및 한시적인 업무에 이르기까지 모든 인도물들을 다룬다.

나) 상호 배타적인(유일한) 작업요소

작업분할구조에서 서로 다른 작업요소들 간에 겹치는 일은 없어야 한다. 만약 어떤 작업요소가 중복 또는 겹치게 되면, 프로젝트 원가와 일정계산에서 혼란을 초래할 뿐만 아니라 그 작업요소에 대한 책임과 권한도 모호해질 수 있다.

다) 성과 또는 결과에 초점

작업분할구조의 요소를 결정할 때 활동 그 자체에 초점을 맞추는 것이 아니라 성과 또는 결과 중심으로 정의를 한다.

라) 작업분할의 상세 수준

프로젝트 작업분할의 중단은 작업분할구조에서 정의된 가장 낮은 수준에서의 인도물을 산출하는 데 필요한 80시간 전 · 후로 이루어진다. 8/80 규칙, 즉 80시간은 1인이 하루 8시간 작업을 하는 경우, 10일 작업량이다. 만약 주 40시간(5일) 근무제도를 기준으로 한다면, 2주 동안의 작업량이다.

마) 계층적 수준 체계

작업분할구조를 식별 및 관리하기 편리하도록 수준별로 일련번호를 부여한다. 일반적으로 작업분할구조의 수준체계는 3수준으로 한다. 필요한 경우, 프로젝트의 특성과 규모에 따라 수준의 수를 4수준 또는 5수준으로 증가시킬 수 있다.

바) 하부요소의 합

작업분할구조에서 어느 한 요소의 작업내용은 그 요소의 직계 하부요소 작업내용의 합(sum)으로 이루어진다.

사) 최하위 수준 요소

작업분할구조에서 가장 낮은 수준 요소는 작업패키지이다. 작업패키지는 하나 이상의 활동으로 구성된다.

(2) 작업분할구조 표현

계층적으로 전개하는 나무구조 또는 계층적 표를 사용하여 프로젝트 작업의 분할구조를 가시적으로 표현할 수 있다.

ⅰ) 나무구조 형태

프로젝트 작업의 분할구조를 <그림 5-1>과 같이 나무구조 형태로 표현한다. 수준 0은 프로젝트 명칭, 수준 1은 프로젝트생애주기 단계에서의 작업 또는 업무, 수준 2는 세부작업 또는 세부업무, 수준 3은 작업패키지를 각각 나타낸다.

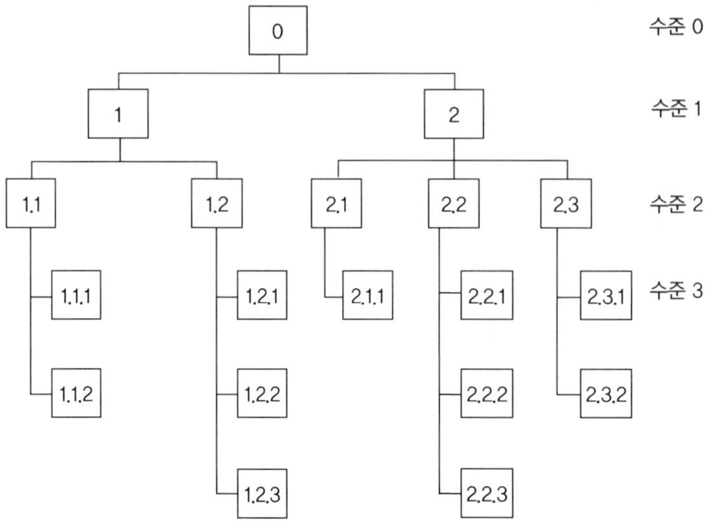

그림 5-1 나무구조 형태의 작업분할구조도

가) 작업분할구조도

<그림 5-2>는 나무구조 형태의 계층적 작업분할구조 개념을 고려하여 작성한 프로젝트2030 작업분할구조도(예시)이다. 가장 낮은 수준에 해당하는 수준 3은 작업패키지를 나타내고, 시험 작업패키지 내에는 개별 활동들이 포함되어 있다.

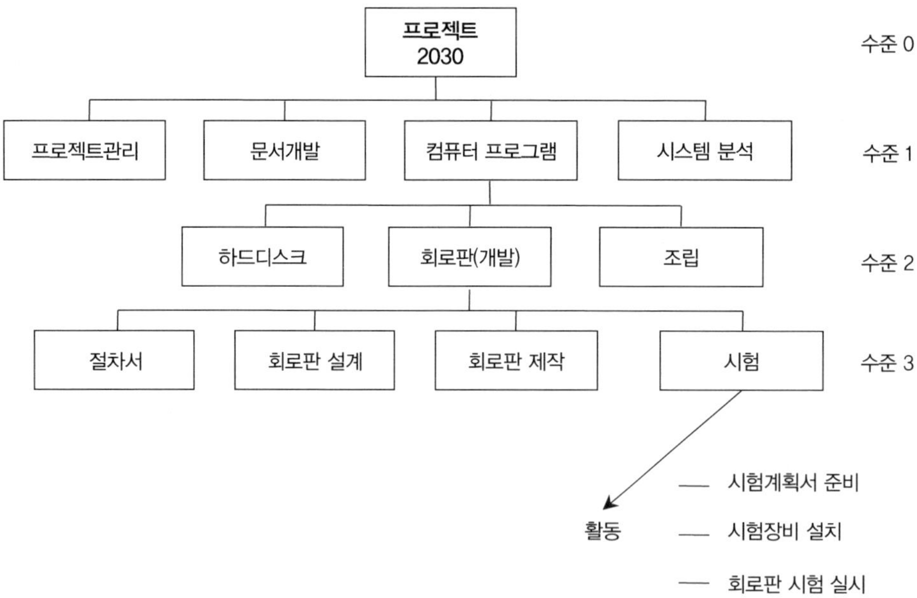

그림 5-2 프로젝트2030 작업분할구조도

ii) 계층적 표 형태

프로젝트의 작업분할구조를 컴퓨터 엑셀프로그램을 이용한 스프레드시트 상에 <표 5-3>과 같이 계층적인 표의 형태로서 나타낸다.

표 5-3 계층적 작업분할구조표

WBS 코드	과업 내용	기간	시작	종료	비고
0					
1					
1.1					
1.1.1					
1.1.2					
1.2					
1.2.1					
1.2.2					
1.2.3					
2					
2.1					
2.1.1					
2.2					
2.2.1					
2.2.2					
2.2.3					
2.3					
2.3.1					
2.3.2					

(3) 작업분할구조사전

프로젝트의 계층적 작업분할구조도 또는 작업분할구조표와 함께 관련된 작업분할구조사전을 작성하여 동일한 문서파일에 보관함으로써 프로젝트 팀원들 및 기타 이해관계자들이 필요한 정보를 유용하게 활용할 수 있다.

i) 작업분할구조사전 구성

프로젝트의 기대와 요구사항을 충족하는 인도물 산출에 필요한 정보를 프로젝트 팀에게 제공함으로써 처음부터 작업을 효율적으로 수행할 수 있다. 작업분할구조사전은 계정 식별 코드번호, 작업내용, 책임소재, 요구되는 자원, 인수기준, 품질요구사항, 일정활동, 원가 산정치, 기타 기술적 참고문헌 등을 포함한다.

조직의 내부 및 외부 비즈니스환경 변화에 따라 프로젝트 환경도 수시로 변하고 있어, 작업분할구조사전 내용을 자주 검토하고, 제때에 개정을 해두어야 실용적인 사전으로서 프로젝트관리에 실질적으로 도움을 줄 수 있다.

가) 작업분할구조사전 서식

조직 자산으로 보유중인 작업분할구조사전 템플릿이나 <표 5−4>와 같은 서식을 고안하여 사용한다.

표 5−4 작업분할구조사전(예시)

<table>
<tr><th colspan="5">작업분할구조 사전</th></tr>
<tr><td colspan="2">프로젝트 명칭:</td><td colspan="3">작성 연월일:</td></tr>
<tr><td colspan="2">작성자 성명:</td><td colspan="3">개정 연월일:</td></tr>
<tr><td>WBS 코드:</td><td colspan="2">작업패키지 명칭:</td><td colspan="2">상위수준 명칭:</td></tr>
<tr><td colspan="2" rowspan="13">활동 또는 작업에 대한 내용 설명:
1.
2.
3.</td><td colspan="2">자원 소요량</td><td>단위</td></tr>
<tr><td rowspan="4">사람</td><td></td><td></td></tr>
<tr><td></td><td></td></tr>
<tr><td></td><td></td></tr>
<tr><td></td><td></td></tr>
<tr><td rowspan="4">재료</td><td></td><td></td></tr>
<tr><td></td><td></td></tr>
<tr><td></td><td></td></tr>
<tr><td></td><td></td></tr>
<tr><td rowspan="4">장비</td><td></td><td></td></tr>
<tr><td></td><td></td></tr>
<tr><td></td><td></td></tr>
<tr><td></td><td></td></tr>
<tr><td colspan="5">가정 및 제약:</td></tr>
</table>

서식 내용 중, 작업패키지 명칭이 수준 3이면, 상위수준 명칭은 수준 2에 해당한다. 예를 들어, 동해안 방파제구축 프로젝트에서 수준 3에 해당하는 작업패키지 명칭이 해안기초공사이고, 수준 2는 시공이 된다. 특히 자원소요량에서 사람의 경우, 가능하면 작업에 필요한 작업자의 기술이나 기능수준도 표기한다.

5.3 프로젝트 범위검증

프로젝트 범위검증(project scope verification)은 프로젝트의 최종 인도물에 대해 공식적으로 검토 및 수용하는 프로세스이다. 일단 프로젝트 범위기술서가 준비되면, 주요 이해관계자(스폰서, 고객 등)로부터 승인을 받는다. 프로젝트의 규모가 작고 간단한 경우, 범위에 대한 검증은 스폰서나 고객(발주자)의 서명만으로 그 프로젝트를 진행할 수 있다.

하지만 프로젝트의 규모가 커질수록 이해관계가 복잡하고, 관련된 이해관계자의 수도 증가한다. 필요한 경우, 프로젝트 범위검증을 위해 프로젝트 인도물의 사용자, 프로젝트 스폰서, 프로젝트관리자, 프로젝트 팀원들을 포함하는 이해관계자들 간에 합의를 한다.

(1) 프로젝트 범위검증 프로세스

프로젝트 범위에 대한 검증 프로세스에서는 프로젝트생애주기의 기획단계에서 준비한 문서들, 즉 프로젝트 범위기술서, 작업분할구조도, 작업분할구조사전, 관련 이해관계자들의 요구사항 또는 니즈 등을 검토 및 확인한다.

ⅰ) 범위검증 점검

프로젝트 범위검증에 들어가기 전에 <표 5-5>와 같은 프로젝트 범위검증 점검표(checklist)를 준비하여 점검사항을 확인한다.

표 5-5 프로젝트 범위검증 점검표(예시)

________ 프로젝트 범위검증 체크리스트	
작성자 성명:	점검 연월일:
점검	점검 내용
□	프로젝트 범위에 대한 정의는 확인 및 검증되었는가?
□	프로젝트 범위에 더 이상 포함될 것이 없는 것으로 확인되었는가?
□	참여한 사람들이 모두 프로젝트 범위에 대하여 이해하였는가?
□	프로젝트 팀이 관련 이해관계자들과 함께 프로젝트 범위를 정의하였는가?
□	프로젝트 범위는 인도물 사용자, 프로젝트스폰서, 프로젝트관리자 및 프로젝트 팀원들에 의해 합의되었는가?
□	인도물 사용자, 프로젝트스폰서, 프로젝트관리자 및 프로젝트 팀원들은 모두 프로젝트 범위기술서 내용을 읽고, 동의하는 서명을 하였는가?
□	인도물 사용자, 프로젝트스폰서, 프로젝트관리자 및 프로젝트 팀원들은 범위 끼어들기에 의해 야기될 수 있는 잠재적 문제를 이해하는가?
□	향후에 일어날 수 있는 프로젝트 범위변경을 관리하기 위한 공식적 절차가 있는가?
비고:	

ⅱ) 범위검증 프로세스

프로젝트의 범위검정 프로세스는 <그림 5-3>과 같이 주요 투입정보, 검증방법 및 산출물로 구성된다. 프로젝트 범위와 최종 인도물(제품, 서비스 또는 결과)은 이해관계자들의 요구사항과 수용기준을 충족하여야 한다. 범위검증 프로세스를 통해 생성되는 산출물은 수용기준을 충족하는 인도물이거나 아니면 수용할 수 없다고 판단될 경우 발행되는 변경요청서이다.

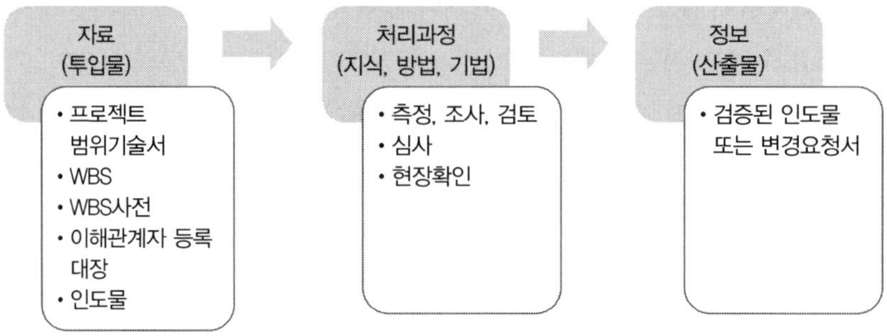

그림 5-3 범위검증 프로세스

5.4 프로젝트 범위통제

프로젝트 범위통제(project scope control)에서는 프로젝트를 수행하는 동안 프로젝트와 인도물(제품, 서비스 또는 결과)의 범위에 대한 현황을 모니터링하면서 필요한 경우, 범위기준선을 변경한다. 인도물이 제품인 경우, 범위는 제품의 형상, 기능, 서비스 및 품질 같은 최종 결과물에 관련된 모든 것을 의미한다.

비록 프로젝트를 수행하는 중에 범위변경이 불가피하다 할지라도 프로젝트관리자는 가능한 한 범위변경에 대한 근본원인(root cause)을 찾고 향후 재발방지를 위해 노력한다. 대부분의 경우 불합리한 프로젝트관리 계획이 범위변경요청의 원인으로 나타난다. 만약 프로젝트관리자가 프로젝트생애주기 기획단계에서 범위변경의 필요성을 식별하게 되면, 범위변경에 따른 영향을 상당히 줄일 수 있다.

(1) 프로젝트 범위통제 프로세스

프로젝트의 범위통제 프로세스에서는 프로젝트 범위기준선, 이해관계자들의 요구사항 및 작업 성과정보 등을 기초로 하여 설정된 기준에서 벗어난 차이를 분석하고 수정하거나 변경한다.

ⅰ) 범위통제 필요성

프로젝트생애주기의 착수단계 또는 기획단계에서는 관련 정보나 자료수집에 한계가 있어, 프로젝트를 수행하면서 발생되는 범위의 변경은 불가피한 것이고 당연한 현상이다. 실제 프로젝트를 수행하면서 계획 대비 성과에 대한 모니터링 결과에 따라 필요한 경우, 범위기준선을 수정하거나 변경하는 일이 발생한다. 하지만 범위를 수정 또는 변경할 경우, 전체 프로젝트의 일정, 원가, 품질 등에 영향을 미칠 수 있기 때문에 통합변경통제(integrated change control, ICC)가 필요하다.

가) 통합변경통제

통합변경통제(ICC)는 프로젝트관리 계획 내 모든 변경요청들을 체계적으로 종합 검토하고, 분석하여 승인된 변경사항들을 수행하게 함으로써 프로젝트생애주기 전반에 걸쳐 프로젝트통제를 유지할 수 있어, 슬쩍 추가되는 범위 끼어들기를 방지할 뿐만 아니라 프로젝트를 성공적으로 수행하는 데 기여하게 된다.

ⅱ) 범위통제 프로세스

통합변경통제를 수행하는 데 있어 기존의 범위기준선과의 차이분석 결과 및 그 영향에 기반하여 제안된 범위변경이 채택 또는 기각된다. 제안된 범위변경이 채택될 경우, 다음 <그림 5-4>에서와 같이 범위통제 프로세스를 통해 생성되는 산출물은 갱신된 범위기준선과 승인된 변경요청서가 된다.

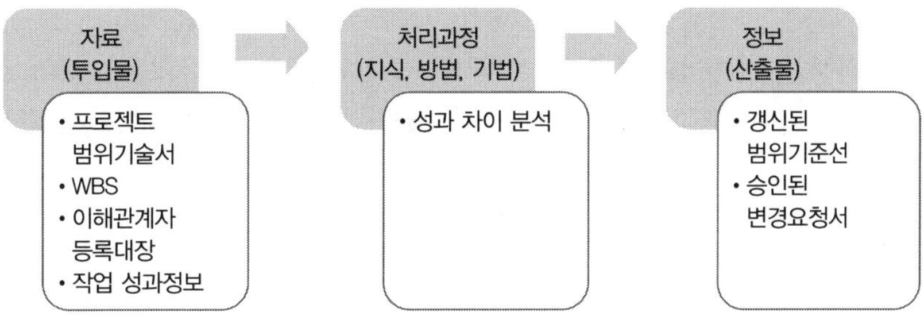

그림 5-4 범위통제 프로세스

연습문제

01 프로젝트헌장 내용 중 '항목 3. 프로젝트 범위(project scope)'와 프로젝트 범위기술서 (project scope statement) 간의 차이점은 무엇인가?

02 프로젝트헌장에 대한 정의(definition)를 내리고, 프로젝트헌장은 프로젝트생애주기 어느 단계에서 준비하는지에 대해 기술하시오.

03 프로젝트 범위기술서에 포함될 항목들을 열거하고, 프로젝트 범위와 제품 범위 간의 차이점을 설명하시오.

04 프로젝트 작업분할구조(WBS)에 대한 의미를 설명하고, WBS를 작성할 때 고려하여야 할 7가지 사항을 열거하시오.

05 프로젝트 범위검증은 프로젝트생애주기 기획단계에서 범위검증을 위해 준비된 각종 문서를 검토 및 확인하는 것이다. 범위검증 프로세스를 그래픽(graphic)으로 나타내고, 투입물, 방법 및 산출물을 각각 표기하시오.

06 프로젝트 범위검증을 수행하기 전에 프로젝트 범위검증사항을 확인하는 것이 중요하다. 프로젝트 범위검증에 필요한 프로젝트 범위검증 점검 및 확인사항을 열거하시오.

제6장

프로젝트 일정

프로젝트 작업분할구조도 수준 3에서의 작업패키지를 구성하는 활동들을 언제 어떤 방법으로 계획된 기간 내에 끝낼 수 있는가 하는 것이 중요하다. 프로젝트 범위 내 개별활동들의 수행에 소요되는 기간(duration), 선행활동(predecessor activities)과 후행활동(successor activities) 간의 관계, 개별활동에 요구되는 자원과 그 자원의 이용가능성 등을 고려하여 프로젝트 일정(project schedule)을 수립하게 된다. 6장에서는 프로젝트 일정네트워크(project schedule network), 활동자원(자재, 인력, 장비 등)추정, 활동기간추정, 프로젝트 일정수립 프로세스를 통한 일정기준선(schedule baseline) 설정 및 일정통제 등을 다룬다.

6.1 프로젝트 일정네트워크

프로젝트 일정네트워크는 프로젝트 범위 내 활동들의 목록을 작성하고 활동들 간의 선행과 후행 관계를 기초로 한 각 개별활동의 수행순서를 네트워크 형태로 표현한 것이다. 즉, 일련의 선행활동과 후행활동 간의 제약을 고려하여 수행하는 수많은 활동들로 구성된다.

(1) 활동목록

활동목록은 프로젝트 범위 내 각 활동별로 수행기간을 표현하는 여러 방식들 중 하나이며, 작업분할구조와 작업분할구조사전으로부터 얻을 수 있는 정보자료들의 활용에 의해 작성될 수 있다. 프로젝트 작업분할구조도의 수준 3에 위치하는 작업패키지를 하나 이상의 활동 단위로 분해하고 개별활동별로 자원과 수행기간을 포함하는 기초정보를 기반으로 활동목록(activity list)을 작성한다.

ⅰ) 활동목록 서식

기존의 템플릿이나 <표 6-1>과 같은 서식을 개발하여 사용한다.

표 6-1 활동목록(예시)

활동목록				
프로젝트 명칭:		작성날짜:		
작성자:		개정날짜:		
활동식별	활동내용	선행활동	자원(명)	기간(일)

ⅱ) 활동목록 작성

<표 6-1> 활동목록 서식 상에 개별활동별로 활동식별, 활동내용, 선행활동, 자원, 소요기간을 각각 입력한다.

- 활동식별: 작업분할구조도에서 가장 낮은 수준에 위치하는 작업패키지 내 활동별로 부여된 코드(예: WBS 1.2.1-A001)이다.
- 활동내용: 활동에 관련된 구체적 작업을 이해할 수 있도록 간결하면서 명확하게 표현한다.
- 선행활동: 이 활동이 시작되기 전에 완료되어야 할 모든 활동들이다.
- 자원(명): 활동을 완료하는 데 필요한 인적자원만 표기하였으나 필요한 경우, 자재, 장비, 시스템 등을 추가할 수 있다.
- 기간(일): 활동에 관련된 작업을 시작해서 완료하는 데까지 소요되는 단위시간이다.

(2) 활동순서

프로젝트 일정에서 시작되는 첫 번째 활동과 마지막 활동을 제외하면, 나머지 각 활동들은 적어도 하나 이상의 선행활동과 후행활동으로 연결된다. 이와 같이 활동목록에 수록된 개별활동의 수행순서는 활동들 간의 논리적 관계, 의존적 관계 그리고 선도와 지연을 고려하여 정해진다.

ⅰ) 활동들 간의 논리적 관계

각 활동의 시작(start)과 종료(finish)는 활동들 간의 논리적 관계(logical relationship)를 고려하여 결정된다. 활동의 시작을 S, 종료를 F로 각각 표기하면, 활동순서(activity sequence)를 다음과 같이 F－S 관계, F－F 관계, S－S 관계 및 S－F 관계로 분류할 수 있다.

가) F–S 관계

<표 6－2>에서와 같이 선행활동 a가 종료되어야 후행활동 b를 시작할 수 있다. 또는 후행활동 b는 선행활동 a를 종료할 때까지 시작할 수 없다.

표 6–2 F–S 관계

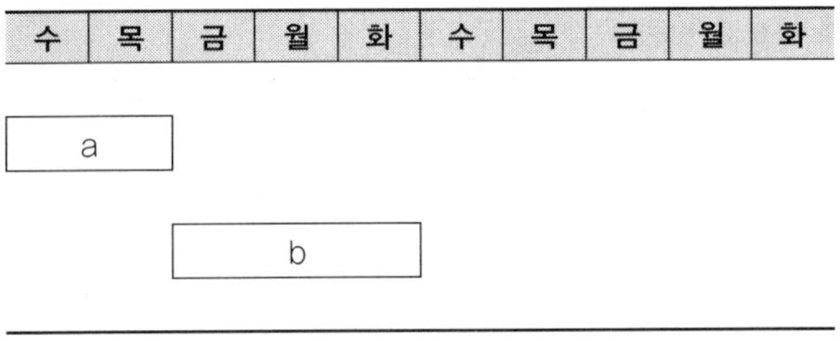

나) F–F 관계

<표 6－3>에서와 같이 선행활동 a가 종료되어야 후행활동 b를 종료할 수 있다. 또는 후행활동 b를 선행활동 a가 종료되기 전에 끝낼 수 없다.

표 6–3 F–F 관계

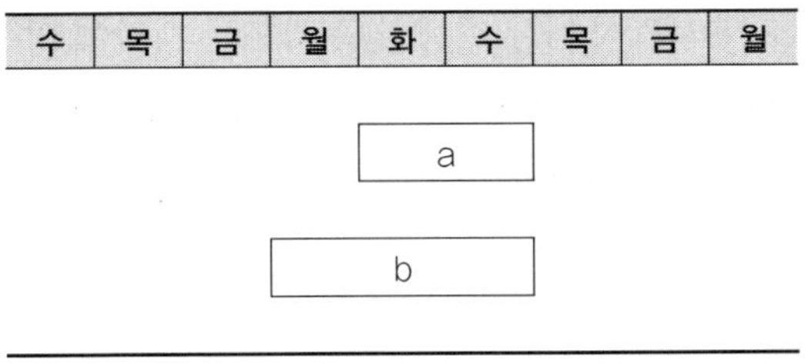

다) S–S 관계

<표 6－4>에서와 같이 선행활동 a가 시작되어야 후행활동 b를 시작할 수 있다. 또는 후행활동 b는 선행활동 a가 시작되기 전에 시작될 수 없다.

표 6-4 S-S 관계

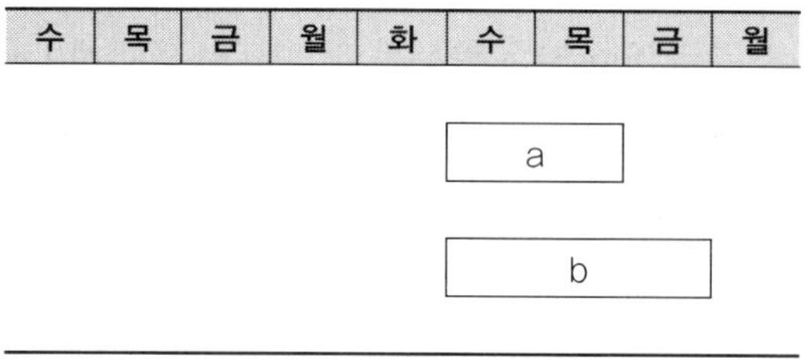

라) S-F 관계

<표 6-5>에서 선행활동 a가 시작되어야 후행활동 b를 종료할 수 있다. 또는 후행활동 b는 선행활동 a가 시작될 때까지 종료될 수 없다.

표 6-5 S-F 관계

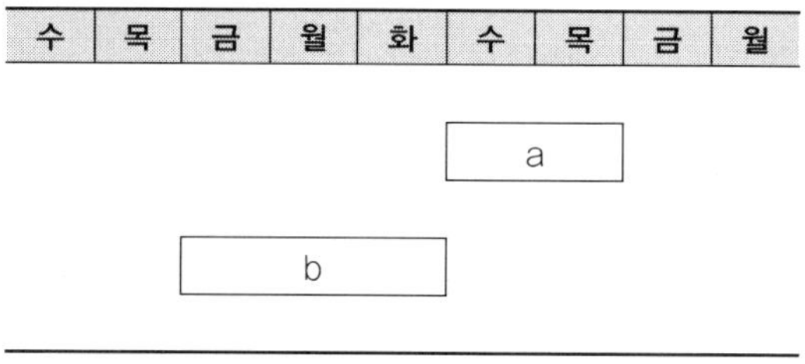

위 4가지 논리적 관계 중 프로젝트 일정수립 프로세스에서 가장 널리 적용되는 것은 F-S 관계이고, S-F 관계는 아주 특수한 경우에만 적용된다.

ii) 활동들 간의 의존적 관계

어느 한 활동의 종료 또는 시작이 다른 활동의 종료 또는 시작에 의존하게 되는 두 활동 사이의 논리적 관계, 제약에 따른 관계 또는 선호관계를 의미한다. 선행활동과 후행활동 간에는 3가지 의존적 관계가 존재한다.

가) 의무적 의존

의무적 의존(mandatory dependency)은 작업 또는 활동의 특성상 계약적으로 요구되거나 본질적으로 특정한 시기에 이루어져야 하는 것들이며, 경성논리(hard logic)에 해당한다. 예를 들어, 주택건설프로젝트에서 건축물의 기초공사가 완료되기 전에 상부 구조물을 세울 수 없다.

나) 임의적 의존

임의적 의존(discretionary dependency)은 희망했던 특정한 적용분야에서의 과거

모범사례, 사업지식 등에 기초하여 결정할 수 있는 것들이며, 선호논리(preferred logic) 또는 연성논리(soft logic)에 해당한다. 주로 프로젝트 팀 또는 프로젝트관리자가 활동들의 순서를 결정하는 과정에서 임의적 의존의 적용가능 여부를 결정한다. 예를 들어, 공사기간을 단축하기 위해 과거에 추진했던 유사한 건설공사의 자료, 경험 등을 참고하여 설계도면 작성과 공사를 동시에 진행하거나 공사를 먼저 시작할 수도 있다.

다) 외부적 의존

외부적 의존(external dependency)은 프로젝트 활동과 비-프로젝트 활동(non-project activities) 간에 연관되어 있고, 프로젝트 팀의 통제로부터 벗어나 있거나 그 이상에 해당되는 것들이지만 프로젝트 일정에 반영한다. 예를 들어, 건설프로젝트를 추진하기 위해 먼저 그 지역에 대한 정부의 환경규제, 지역사회 이슈 등을 고려하여야 한다.

ⅲ) 활동들 간의 선도와 지연

활동들 간의 논리적 관계와 상호의존적 관계를 고려하면 선도(lead) 또는 지연(lag)이 발생할 수 있다. 선도는 선행활동의 종료에 앞서 후행활동을 미리 시작할 수 있는 시간의 양(amount)을 의미한다. 또한 선도는 선행활동과 후행활동 사이에 겹치는 부분으로서 후행활동을 가속화할 수 있게 한다. 예를 들어, 7층짜리 신축상가건물의 전기배선공사에 7일이 소요되고, 후속작업으로 페인트 도색을 하는 데 5일이 걸린다고 가정할 때 선행활동에 해당하는 전기배선공사 5일째부터 배선이 완료된 부분을 중심으로 도색작업에 들어간다면 선도는 3일이 된다.

선도에 상반되는 개념으로서 지연은 선행활동이 종료된 후 후행활동의 시작에 앞서 기다려야 하는 시간의 양이다. 예를 들어, 건축물의 기초바닥공사를 할 때 콘크리트 타설(부어넣기) 이후 5일 동안의 콘크리트 양생시간(curing time of concrete)이 요구된다면, 선행활동인 콘크리트 타설이 끝나고, 5일 동안 기다렸다가 후행활동으로 기둥설치 또는 벽체작업을 할 수 있다. 결국 5일 동안의 지연이 발생하게 된다.

활동들 간의 3가지 의존적 관계뿐만 아니라 구체적인 선도와 지연 시간도 신중하게 고려한다. 활동들 간의 선행과 후행 네트워크흐름에서 선행활동 i 가 시간 t 동안에 종료되고 후행활동을 j 라 한다면, 두 활동 간의 최소지연시간(minimum lag time)은 4가지로 구분될 수 있다.

$$FS_{ij}^{\min}(t),\ FF_{ij}^{\min}(t),\ SS_{ij}^{\min}(t),\ SF_{ij}^{\min}(t)$$

가) F–S 관계

$FS_{ij}^{\min}(0)$의 경우, 후행활동 j는 선행활동 i가 종료된 후 즉시 시작될 수 있다. 하지만, <그림 6–1>에서 $FS_{ij}^{\min}(3)$은 후행활동 j를 시작하기 전에 선행활동 i의 종료 후 적어도 3일은 필요하다는 의미이다.

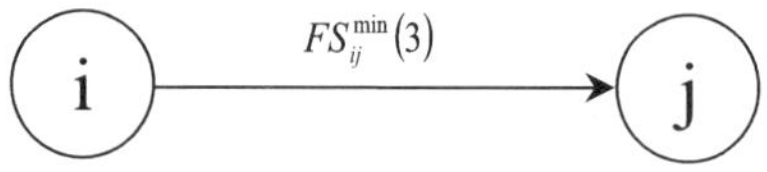

그림 6–1 최소지연시간 F–S 관계

나) F–F 관계

$FF_{ij}^{\min}(t)$에서 후행활동 j의 종료는 t시간 동안 선행활동 i의 종료를 지연해야 한다. <그림 6–2>는 $FF_{ij}^{\min}(t)$ 관계를 나타낸다.

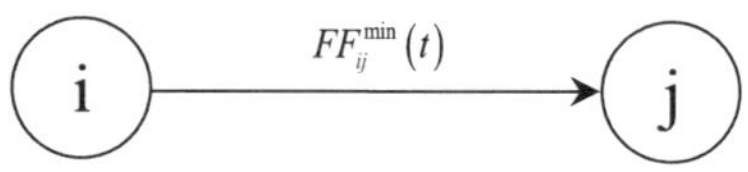

그림 6–2 최소지연시간 F–F 관계

다) S–S 관계

두 활동의 시작 간에 어느 정도의 지연시간이 발생하거나 어느 활동이든 특정부분을 가능한 한 빨리 끝낸 상태에서 후행활동 j를 시작할 수 있다. <그림 6–3>은 $SS_{ij}^{\min}(t)$ 관계를 나타낸다.

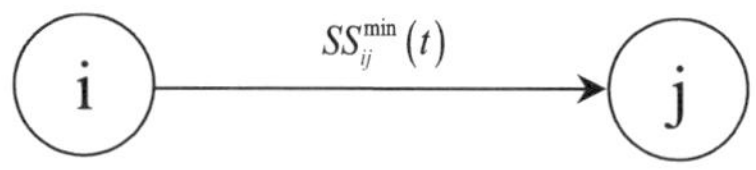

그림 6–3 최소지연시간 S–S 관계

라) S–F 관계

후행활동 j가 선행활동 i의 결과에 의존할 경우 적용할 수 있다. 여기서 $SF_{ij}^{\min}(t)$ 관계는 <그림 6–4>와 같다.

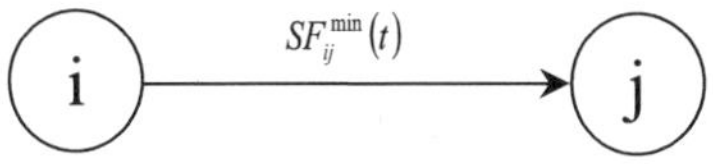

그림 6-4 최소지연시간 S-F 관계

(3) 일정네트워크도형

프로젝트의 활동들 간에 선행과 후행의 관계를 기반으로 각 활동에 대한 수행순서와 일정은 크게 2가지 네트워크로 표현될 수 있다. 즉 일정네트워크도형(schedule network diagram) 기법 중 하나는 AoA 도형(activity-on-arc diagram 또는 activity-on-arrow diagram)이고, 다른 하나는 AoN 도형(activity-on-node diagram)이다.

프로젝트 활동들에 대한 네트워크도형은 사건(events)을 나타내는 일련의 교점 N과 일련의 원호 A로 구성된 하나의 AoA 그래프 $G=(N,A)$이다.[1] 여기서 각 사건은 비-음정수(non-negative integer)로 표현된다. 언제나 화살의 머리 쪽에 있는 사건이 꼬리 쪽에 있는 사건보다 큰 표시를 갖는다. 프로젝트가 사건 제로(0)에서 시작되어 사건 n에서 끝나면 사건의 수는 $n+1$이다. 화살이 사건 i에서 사건 j로 연결되어 있는 활동은 활동(i, j)로 표현될 수 있다. 또한 AoN 그래프 $G=(V,E)$로 표현하면 V가 일련의 교점(node or vertex), 즉 활동들이고, E는 일련의 원호(arc or edge)이다. $E=\{(i,j): i, j \in V; i \rightarrow j\}$ 즉 최소지연시간의 F-S(종료-시작) 선행제약을 나타내고, 사건 i가 사건 j를 선행한다면 $i<j$이다.

ⅰ) AoA 도형

4가지 논리적 관계의 활동순서 표기 중 F-S 관계에서 활동과 활동 간의 지연시간(lag time)은 최소이거나 제로(zero)이다. 예를 들어, 프로젝트 내 활동 a, 활동 b, 활동 c 간의 관계를 AoA 도형으로 나타내면, <그림 6-5>와 같다. AoA 도형에서 각 활동은 화살표 위에 표기되고, 동그라미는 교점(node), 즉 활동의 시작 또는 종료를 나타낸다. 동그라미 내의 번호는 각 활동의 순서를 표시한다. 활동 a는 활동 b의 선행활동이고, 활동 b는 활동 a의 후행활동이 된다.

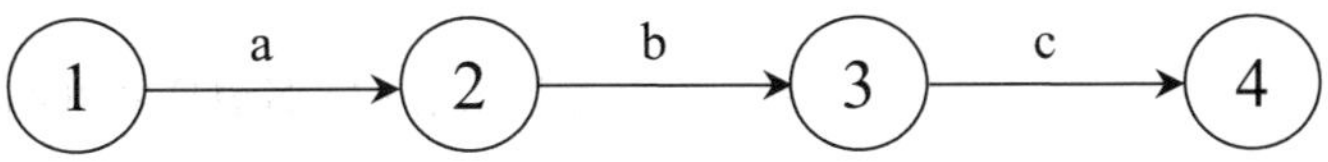

그림 6-5 AoA 도형

---

1) Demeulemeester, E. L., & Herroelen, W.S., *Project Scheduling: A Research Handbook*, Kluwer Academic Publishers, Massachusetts, USA, 2002.

가) AoA 도형의 특성

AoA 도형은 다음과 같은 특성을 가진다.

- 모든 선행활동들이 완료되어야 다음 활동을 시작할 수 있다.
- 화살표는 화살의 길이나 영역에 의미를 두는 것이 아니라 논리적 선행과 후행의 관계만을 의미한다.
- 교점의 번호는 항상 작은 번호에서 큰 번호 순으로 주어진다.
- 컴퓨터에 의한 계산의 경우, 활동은 그 활동의 시작 교점(i)과 종료 교점(j)으로 정의된다. 결과적으로 두 교점은 하나의 활동에 대해 직접 연결되는 것이다.
- 여러 활동들이 동시에 진행될 경우, F-S 관계가 아니면 논리적 모순이 있어 더미활동(dummy activity)이라는 표현이 필요하다.

나) 더미활동

더미활동은 <그림 6−6>에서와 같이 기간이나 자원의 소모가 없기 때문에 점선에 의한 방향만 나타낸다. 즉 활동 b와 활동 c는 활동 e가 시작되기 전에 완료되어야 한다. 더미활동 X는 다른 활동으로부터 활동 b와 활동 c를 구별하기 위하여 삽입되지만 활동들의 요구된 순서를 유지한다.[2] 화살표가 만나는 접합점(junctions)은 어떤 활동이 종료되고 다른 활동이 시작되는 지점(point)이다.

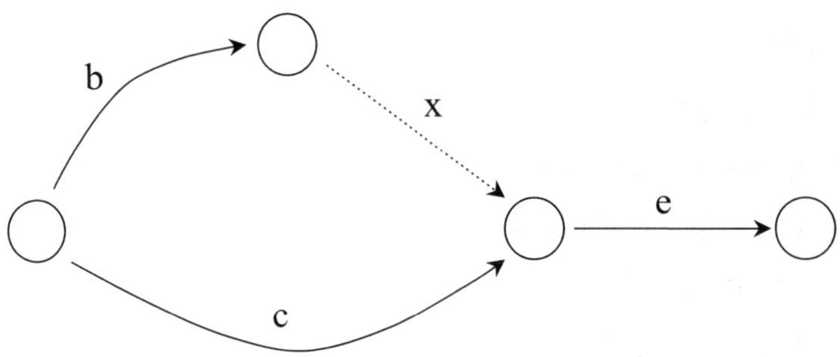

그림 6−6 더미활동

예를 들어, <그림 6-7> AoA 도형에서 활동 a, 활동 b, 활동 c는 실선으로 표시된 교점 2에서 교점 4, 교점 1에서 교점 4 그리고 교점 3에서 교점 4로 각각 진행이 된다. 이 도형에서 점선으로 표시된 교점 1에서 교점 2, 교점 1에서 교점 3은 모두 더미활동에 불과하다.

---

2) Kelley, James E., Jr., "Critical-Path Planning and Scheduling: Mathematical Basis," *Operations Research*, Vol.9, No.3, 1961, pp. 296-320.

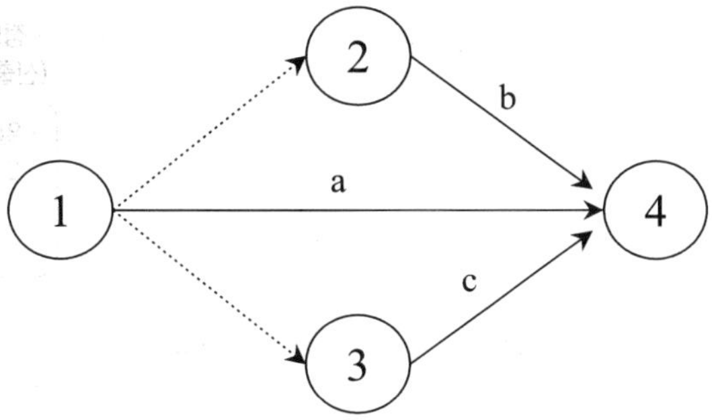

그림 6-7 AoA 도형에서의 더미활동

실제 시작단계에서는 AoA 도형 상에 자유롭게 더미를 그렸다가, 그 네트워크가 점차 완성이 되면 불필요한 더미를 지운다. AoA 도형 작성 절차에서 더미활동을 추가하는 것은 실무적으로 번거로운 일이다.

ii) AoN 도형

AoN 도형은 F–S 관계뿐만 아니라 그 외 F–F, S–S 및 S–F 관계의 활동도 표시할 수 있다. 각 활동은 교점으로 표현되고 두 활동 간에 실선의 화살표를 사용함으로써 선행과 후행 관계를 나타난다. 예를 들어, <그림 6–8>은 프로젝트의 활동 a, 활동 b, 활동 c, 활동 d를 AoN 도형으로 표현한 것이다.

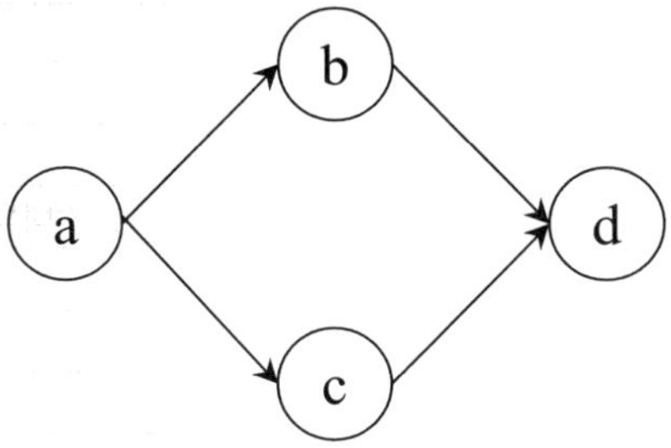

그림 6–8 AoN 도형

iii) 일정네트워크 프로세스

<그림 6–9>는 일정네트워크 프로세스의 주요 투입정보, 기법 및 산출물을 도식화한 것이다. 이 프로세스에서는 활동목록, 마일스톤 목록 및 프로젝트 범위기술서 같은 투입정보 자료를 기초로 한다. 이 프로세스를 통해서 얻을 수 있는 최종 산출물은 일정네트워크도형이다.

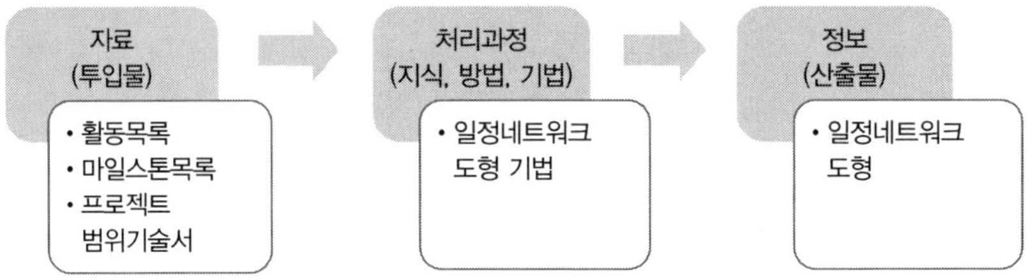

그림 6-9 일정네트워크 프로세스

가) 마일스톤 목록

일정네트워크도형 프로세스에서 투입정보자료로 사용하는 마일스톤 목록(milestone list)은 프로젝트 추진일정(timeline) 내 프로젝트의 최종목표와 인도물에 대한 진도현황을 점검하기 위해 구체적인 날짜를 지정한 지점이나 사건(예: 부품공급계약완료, 건축허가신청완료)을 나타낸다. 이것은 마일스톤의 집합체로서 어떤 마일스톤이 프로젝트 일정에 포함되어 있고, 그 마일스톤이 언제 발생하게 될 것인지에 관한 정보를 프로젝트 이해관계자들에게 제공한다.

마일스톤 목록은 중요한 사건들로서 프로젝트에 영향을 미칠 수 있어, 변경 시에는 스폰서의 승인을 받거나 통합변경통제 프로세스를 준수할 필요가 있으며, <표 6-6>과 같은 마일스톤 목록 서식을 사용한다.

표 6-6 마일스톤 목록(예시)

마일스톤 목록			
프로젝트 명칭:		작성 날짜:	
작성자:		개정 날짜:	
마일스톤 일련번호	마일스톤 내용	의무적(M) 또는 선택적(O)	완료 날짜

마일스톤 목록 서식에서 의무적(M) 또는 선택적(O)은 의무적 마일스톤(mandatory milestone) 또는 선호관계와 같은 선택적 마일스톤(optional milestone)을 각각 의미한다. 완료 날짜는 계획된 완성날짜를 기재한다.

6.2 프로젝트 활동자원과 기간

프로젝트 일정네트워크에 따라 프로젝트 내 각 활동들의 수행순서가 정해지면, 실제 활동수행에 필요한 자원(인력, 장비, 자재, 부품 등) 소요량과 기간을 산정하게 되는데, 작업환경을 고려하여 적절한 추정방법을 선택한다.

(1) 활동자원추정

프로젝트 일정네트워크도형 상의 개별활동별로 실행에 필요한 자원의 유형, 수량 및 특성을 파악하는 활동자원추정(activity resources estimation)은 활동기간과 활동원가를 산정하는 데 도움을 준다. 주로 발행된 산정자료(published estimating data)를 이용하거나 상향식 자원추정(bottom-up estimation)을 통해 프로젝트에서 요구되는 전체 자원까지 추정할 수 있다.

ⅰ) 활동자원추정 4단계

프로젝트 전체의 활동자원을 유형별로 체계적으로 추정하기 위해 다음과 같이 단계적으로 접근한다.

단계 1. 프로젝트의 작업분할구조도, 작업분할구조사전 및 활동목록에 기반하여 각 활동별로 수행에 필요한 유형의 자원과 그 자원의 물량을 파악한다.
단계 2. 모든 자원들이 파악되었음을 보장하기 위해 프로젝트 범위기술서와 대조한다.
단계 3. 자원 가용성(resource availability)을 검토하여 획득할 수 없는 자원에 대한 대안을 찾는다.
단계 4. 자원취득과 제약에 영향을 미치는 조직의 방침을 고려한다.

ⅱ) 상향식 자원추정

상향식 자원추정은 프로젝트 전체에 대한 자원 요구사항을 파악하기 위해 작업분할구조도의 최하위 수준 3 작업패키지 또는 그 작업패키지를 구성하는 개별 활동들에 대한 자원추정에서 시작하여 상위수준으로 추정치를 합산해가는 방식이다.

가) 활동자원 요구사항

상향식 자원추정을 통하여 얻을 수 있는 결과물은 각 작업패키지 또는 각 활동별로 필요한 활동자원 요구사항(activity resource requirements), 즉 각 활동별로 필요한 자원의 유형 및 수량을 파악하는 것이다. 각 활동의 자원 요구사항에 대한 추정근거나 가정뿐만 아니라 이용 가능성도 포함한다. 활동자원 요구사항을 식별하기 위해 <표 6-7>과 같은 활동자원 요구사항 서식을 사용할 수 있다.

표 6-7 활동자원 요구사항(예시)

활동자원 요구사항			
프로젝트 명칭:		작성 날짜:	
작성자:		개정 날짜:	
WBS ID	자원의 유형	수량	추정근거 또는 가정
비고:			

나) 상향식 자원추정의 장단점

프로젝트 팀원들이 실무적으로 책임이 있는 작업부분(작업패키지 또는 활동)에 대해 자원을 추정하기 때문에 하향식 추정치(top-down estimates)보다 훨씬 더 정확할 수 있다. 하지만 상향식 자원추정의 경우, 기본적으로 전체 프로젝트에 대한 작업분할구조도 작성과 작업패키지 또는 개별 활동에 이르기까지 자원을 추정해야 하는 노력이 요구된다.

(2) 활동기간추정

프로젝트의 일정네트워크도형이 작성되면 그 다음 단계로 일정네트워크도형 상의 각 활동들을 수행하는 데 소요되는 활동기간을 산정하여야 한다. 활동기간추정(activity duration estimation)은 입력자료가 다소 불완전하고, 불확실하며, 불안정한 상태에 있다고 할지라도 적용할 수 있는 추정치 또는 근사치를 찾아내는 것이다.

활동기간을 추정하는 데 적용되는 기법에는 유사추정(analogous estimation), 모수추정(parametric estimation), 3점추정(three-point estimation), 비상예비시간추정(contingency reserve time estimation) 등이 있다.

ⅰ) 추정치의 객관성

활동기간의 추정치를 산정하기 위해 대개 관행적으로 해당활동에 관련된 사람, 이해관계자 또는 전문가의 경험에 의존하게 된다. 하지만 그들조차도 자신들이 경험한 최악의 경우를 고려하여 부풀린 기간 추정치를 제시하는 경향이 있다. 예를 들어, 활동의 기간 추정치가 그 활동에 필요한 재료가 늦게 인도될 것으로 예상되는 사실에 대처하기 위해 부풀려지지 않아야 한다.[3] 현실적으로 활동기간의 추정에는 항상 불확실성과 리스크가 존재하고 있어, 활동기간추정에서 객관성이 중요한데 그 객관성이란 가장 실현 가능한 추정치를 얻는 것이다.

ii) 유사추정

유사추정은 미래 프로젝트 활동의 유사한 매개변수(parameter)를 추정하기 위한 근거로서 과거 이력자료에서 기간, 원가 같은 변수 값을 사용하는 기법으로서 완벽하지는 않을 수 있지만 과거 이력자료에 기반하기 때문에 어느 정도 정확성도 있고, 쉽게 실행에 옮길 수 있다.

가) 유사추정의 장단점

실제 추정치는 매개변수를 추정하는 프로세스에서 프로젝트관리자와 프로젝트팀의 경험과 판단이 적용되기 때문에 과거 유사한 프로젝트의 주요 작업 및/또는 인도물 관련 몇 가지 상세한 자료만 이용할 수 있다면, 짧은 기간에 즉각 산정할 수 있어 시간과 비용이 적게 든다는 장점이 있는 반면에 추정된 산출물의 정확성은 다른 방법보다 상대적으로 낮다. 상세한 정보가 제한된 신규 프로젝트의 초기 단계, 즉 타당성 검토 또는 착수단계에서 의사결정을 위해 적용될 수 있다.

나) 유사추정 5단계

유추(analogy)라는 의미를 지닌 유사추정은 프로젝트 활동의 기간 또는 원가를 산정하기 위해 다음과 같이 5단계로 진행된다.

단계 1. 신규 프로젝트의 해당 영역(분야)를 식별한다.
단계 2. 신규 프로젝트의 기술을 식별한다.
단계 3. 유사한 프로젝트 활동자료가 있는지 조직의 데이터베이스를 검색한다.
단계 4. 검색한 결과, 유사한 프로젝트 활동자료가 있으면, 식별된 과거 프로젝트 활동자료와 신규 프로젝트를 비교한다.
단계 5. 신규 프로젝트 활동의 기간 추정치와 원가 추정치에 대한 컨센서스(consensus)를 이룬다.

---

3) Moder, J. J., Phillips, C. R., & Davis, E. W., *Project Management with CPM, PERT and Precedence Diagramming*, Van Nostrand Reinhold, 3rd ed., 1983.

ⅲ) 모수추정

모수추정은 신규 프로젝트를 수행하는 데 기간이 얼마나 걸릴 것인지 또는 원가가 얼마나 들어갈 것인지에 대한 양호한 추정치를 얻기 위해 다른 프로젝트 또는 과거에 수행했던 프로젝트 활동의 이력자료를 조사하여 산정하는 기법으로서 관련된 변수(면적의 경우, 평 또는 m^2)의 모집단 자료를 기초로 한 수학적 계산에 의해 얻는 단위를 사용하여 신규 프로젝트의 변수(기간)를 추정한다. 예를 들어, 4층 신축건물 벽(300평)에 페인트 도색을 한다고 가정하자. 과거 프로젝트에서 200평 도색하는 데 실제 10시간이 소요되었다면, 신축건물 벽 전체 페인트 칠하는 데 15시간 걸리게 된다.

가) 모수추정의 장단점

다른 프로젝트 또는 과거 프로젝트로부터의 이력자료를 식별하여 신규 프로젝트에 적용하기 위한 단위계산에 어느 정도의 시간이 소요된다는 단점은 있으나 결과에 해당하는 기간 및/또는 원가 추정치의 정확성은 아주 높다.

나) 모수추정 4단계

모수추정은 기간 또는 원가를 결정하기 위해 다음과 같이 변수들 간의 관계를 사용한다.

단계 1. 다른 프로젝트 또는 과거 프로젝트로부터 관련된 변수의 상세한 실제 자료(actual data)를 식별하거나 발행된 자료(published data)를 사용한다.
단계 2. 관련된 변수의 전체 작업량과 단위 작업 소요시간에 대하여 각각 정의한다.
단계 3. 수학적 계산식을 세운다.
단계 4. 신규 프로젝트의 관련 변수 전체 작업에 대한 추정치를 구한다.

ⅳ) 3점추정

3점추정은 아주 제한된 정보에 기초한 미래 사건의 결과를 나타내는 근사확률분포(approximate probability distribution)를 구성하는 관리에 적용된다. 근사치를 구하기 위해 정규분포(normal distribution)를 사용할 수 있지만 항상 그렇게 되는 것은 아니어서 삼각분포(triangle distribution) 또는 베타분포(beta distribution)를 실용적으로 사용할 수 있다.

가) 3점추정의 개념

프로젝트 팀원들이 과거에 수행해본 경험에 기초하여 활동 수행에 소요되는 가장 있음 직한 기간 추정치(m_t), 그 팀원들이 파악한 부정적 요인이 일어날 경우 그 활동 수행에 소요될 수 있는 비관적 기간 추정치(p_t), 그리고 그들이 기대한 긍정적 리스크가 실현될 경우 활동 수행에 소요될 수 있는 낙관적 기간 추정치(o_t)를 각각 적용한다.

나) 삼각분포 적용

신규 프로젝트 또는 개별 활동의 기간 또는 원가에 대한 추정치를 산정하는 삼각분포를 따르는 경우, 요구되는 분포마다 초기에 산정된 3가지 수치는 사전 경험 또는 최선의 추측에 기반된다. 3가지 추정치를 산술평균(arithmetic mean)하는 활동기간의 기대치(expected value)는 식 (6.1)에 의해 구해진다.

$$E_t = \frac{o_t + m_t + p_t}{3} \tag{6.1}$$

여기서 E_t: 활동기간의 기대치, o_t: 낙관적 추정치, m_t: 가장 있음 직한 추정치, p_t: 비관적 추정치

예를 들어, 신규 프로젝트에서 활동 a를 수행하는 데 요구되는 기간을 추정하기 위하여 프로젝트 팀원들이 과거 프로젝트 수행 경험을 기반으로 하여 낙과적 기간 추정치 3일, 가장 있음 직한 기간 추정치 6일, 그리고 비관적 기간 추정치를 12일로 각각 정했다고 했을 때, 활동 a에 대한 기간 추정치는 식 (6.2)와 같이 계산된다. 활동 a에 대한 삼각분포 형태는 <그림 6-10>과 같다.

$$E_t = \frac{o_t + m_t + p_t}{3} = \frac{3+6+12}{3} = 7\text{일}. \tag{6.2}$$

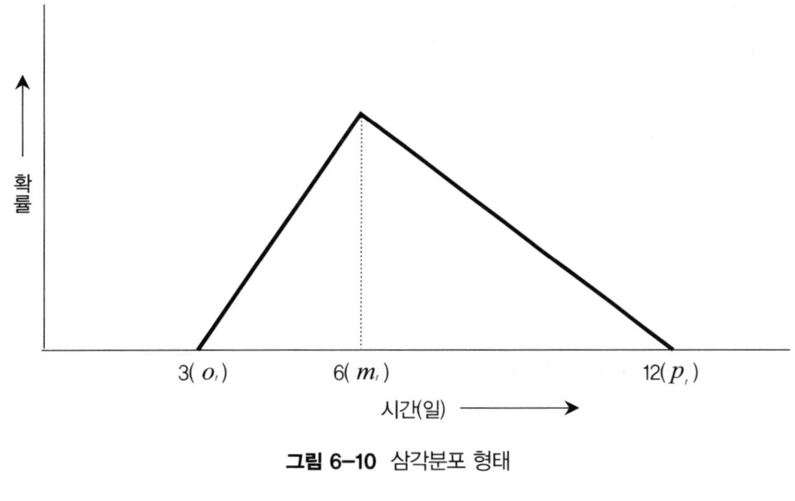

그림 6-10 삼각분포 형태

다) 배타분포 적용

배타분포는 가장 있음 직한 추정치에 보다 많은 가중치를 주는 가중평균(weighted average) 형태이다. 이것은 식을 변경하여 가장 있음 직한 추정치에 가중치를 더 배정하고 정규분포를 따르게 함으로써 그 추정치의 정확도(accuracy)를 높인다. 대부분의 경우에서 배타분포가 삼각분포보다 좀 더 정확한 것으로 알려져 있다.

배타분포에서도 각 활동 수행에 필요한 기간의 불확실성(uncertainty)을 고려하여 최상의 경우(best-case)에 해당하는 낙관적 추정치(o_t), 최악의 경우(worst-case)에 해당하는 비관적 추정치(p_t), 가장 있음 직한 경우(most likely case)에 해당하는 가장 가능성 있는 추정치(m_t)로 각각 구분된다. 활동에 대한 기대치를 구하기 위해 3점 추정치를 각각 가중평균하여 6등분한다. 이때 낙관적 추정치(o_t)와 비관적 추정치(p_t)에 비해 가장 가능성 있는 추정치(m_t)를 4배로 한다. 배타분포를 사용한 PERT로서 기대치를 구하는 식은 (6.3)과 같다.

$$E_t = \frac{o_t + 4m_t + p_t}{6} \tag{6.3}$$

여기서 E_t: 3점 추정치의 가중평균, o_t: 낙관적 추정치, p_t: 비관적 추정치,
m_t: 가장 가능성 있는 추정치, 3점 추정치의 상호관계: $o_t \leq m_t \leq p_t$

위 기대치는 어떤 활동이 여러 번 반복될 경우, 3점 추정치가 베타분포와 유사하게 될 것이라는 가정에서 비롯된다. 예를 들어, 초소형 카메라모터의 설계도를 작성하는 작업에서 전기모터 전문가, 공학렌즈 전문가, 정밀기계 전문가들이 모여서 각자 자신의 유사한 경험과 전문성을 바탕으로 활동기간을 추정한 결과, 작업이 순조롭게 잘 되면 1일만에 끝낼 수도 있다는 의견이 있는가 하면, 초소형에 대한 기초자료가 거의 없어 11일까지 걸릴 수 있다는 우려도 나왔다. 대개는 설계도 작성에 3일 정도 소요된다고 한다. 이러한 상황에서 식 (6.3)을 적용해서 활동에 대한 기대치를 구할 수 있다.

$$E_t = \frac{o_t + 4m_t + p_t}{6} = \frac{1 + 4(3) + 11}{6} = 4\text{일}. \tag{6.4}$$

활동에 대한 기대치(E_t)에서 불확실성이 높은 비관적 추정치(p_t)의 영향이 상당히 크다고 할 수 있다.

v) 비상예비시간추정

비상예비시간추정은 프로젝트 일정의 지연과 같은 불확실성 리스크에 대비하여 전체 프로젝트 일정에 포함하는 시간완충(time buffer) 또는 비상예비시간(contingency reserve time)이다. 비상예비시간은 산정된 활동기간에 대한 %, 고정된 수 또는 계량분석 기법에 의해 배정될 수 있다. 이것은 프로젝트 일정기준선(schedule baseline)의 일부분이다.

vi) 활동기간추정 프로세스

프로젝트의 활동기간추정은 일정네트워크도형 상의 각 활동에 대해 필요한 추정된 자원을 투입하고 그 활동을 완료하기 위해 소요되는 기간을 근사치로 산정하는 프로세스이다.

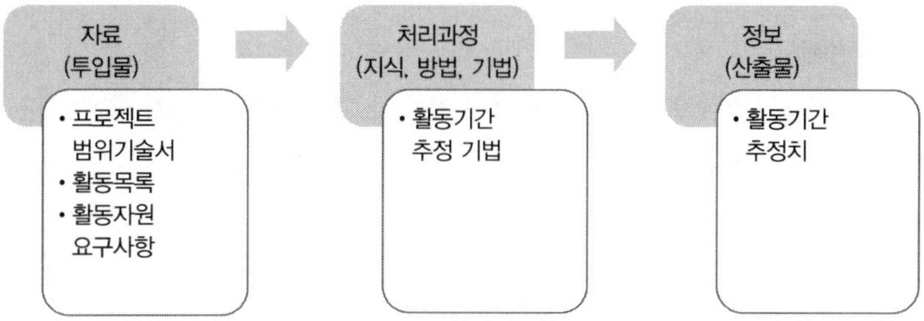

그림 6-11 활동기간추정 프로세스

이 프로세스에서는 프로젝트 범위기술서, 활동목록, 활동자원요구사항 등의 자료를 기반으로 <그림 6-11>에서와 같이 활동기간 추정치를 산출한다.

6.3 프로젝트 일정수립

프로젝트 개별 활동들 간의 논리적 관계, 의존적 관계, 그리고 선도와 지연을 각각 고려하여 일정네트워크도형이 완성되면, 프로젝트 일정수립에 필요한 적절한 기법을 적용하여 프로젝트 일정을 창출하게 된다.

(1) 프로젝트 일정수립 기법

프로젝트를 효율적으로 수행하기 위해 주경로방법(CPM), 일정네트워크 수리모형, 프로그램평가검토기법(PERT), 자원평준화(resource leveling), 주사슬프로젝트관리

(CCPM), 일정압축(schedule compression), 시나리오분석(scenario analysis) 같은 테크닉을 적절히 사용하여 프로젝트 일정을 수립한다.

ⅰ) 주경로방법

일정네트워크도형에 기반하여 CPM을 적용함으로써 프로젝트 기간을 추정할 수 있다. 즉, 일정네트워크도형 상에서 몇 개의 경로가 형성된다. 형성된 경로들 중 가장 긴 경로(longest path)가 주경로(critical path, CP)이다.

가) CPM의 특성

프로젝트 기간을 추정할 때 동일 자원에 대해 경쟁이 발생할 수 있는 병렬 활동들 간의 잠재적 자원충돌 제약을 고려하지 않는다. 즉, 자원제약(resource constraints)에 관계없이 프로젝트 전체 활동들에 대하여 전진패스(forward pass) 방식과 후진패스(backward pass) 방식으로 이론적인 프로젝트 기간을 산출하는 것이다.

나) CPM(예시)

CPM에서는 일정네트워크도형에서의 경로와 그 경로의 길이가 중요하다. 개별활동에서 요구되는 기간을 추정할 때 확률적 개념이 배제된 결정적 추정(deterministic estimation)에 기초한다.

예제 6-1 다음에서 설명하는 유럽현지관광가이드연수 출국 프로젝트의 상황을 이해하여, 이 프로젝트에 대한 간략한 활동목록과 AoA 도형을 작성하고, 두 사람(이순자와 조미숙)이 인천공항에서 만날 수 있는 가장 빠른 기간을 결정하는 주경로(CP)를 찾으시오.

상황 설명 지구촌여행사에 근무하는 선배사원 이순자와 신입사원 조미숙은 2020년 1월 15일 오전 9시 서울 강남본사에서 개최된 유럽현지관광가이드연수회의를 마치고, 오전 10시에 헤어졌으며 인천공항에서 다시 만나기로 하였다. 이순자는 경기도 분당에 있는 K커피숍에서 고향친구를 만나기로 되어 있다. 한편, 조미숙은 청주시 집에 들러 해외출장준비를 해야 한다. 아무튼 이들은 가능한 한 빨리 인천공항에서 다시 만나 유럽현지관광가이드연수에 대한 세부일정을 협의하고 오후 11시 비행기에 탑승하는 것으로 되어 있다.

지구촌여행사 강남본사에서 분당 K커피숍까지 대중교통편으로 1시간, K커피숍에서 인천공항까지 2시간, 강남본사에서 청주시 집까지 3시간, 집에서 인천공항까지 4시간이 각각 소요된다. <표 6-8>은 두 사람의 유럽현지관광가이드연수 출국 프로젝트의 각 활동들을 정리한 목록이다.

표 6-8 유럽현지관광가이드연수 출국

활동 식별	교점	활동 내용	선행 활동	소요기간(시간)
a	1,2	강남본사에서 분당 K커피숍까지 이동	—	1
b	2,3	분당 K커피숍에서 고향친구와 대화	a	1
c	3,7	분당 K커피숍에서 인천공항까지 이동	b	2
d	1,4	강남본사에서 청주 집까지 이동	—	3
e	4,5	청주 집에서 가족과 식사	d	1
f	5,6	청주 집에서 출장준비	e	2
g	6,7	청주 집에서 인천공항까지 이동	f	4

<그림 6-12>는 <표 6-8> 자료를 기초로 하여 작성한 AoA 도형 표현이다.

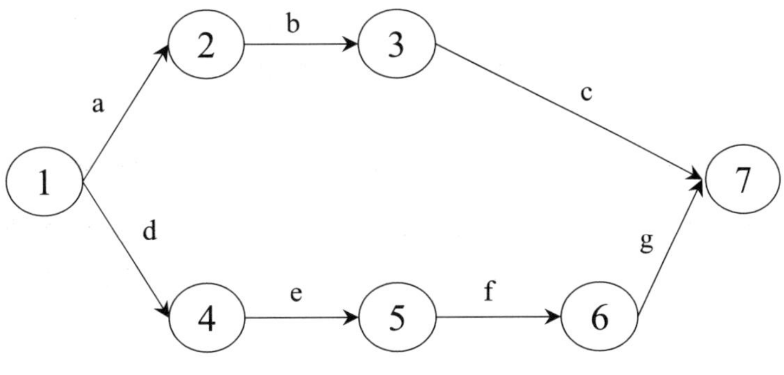

그림 6-12 AoA 도형으로 표현

<그림 6-12>에서 AoA 도형을 시작하는 교점 1과 종료하는 교점 7 사이에 2개의 경로가 있으며 경로별로 경로 상의 개별 활동에 소요되는 기간을 더하여 전체 기간을 계산한다. 이순자 가이드의 경로는 교점 1과 교점2, 교점 2와 교점 3 그리고 교점 3과 교점 7의 위 활동들을 순서대로 각 소요기간을 합산하면, 강남본사에서 인천공항에 도착하기까지 4시간이 소요된다.

조미숙의 경로는 교점 1과 교점 4, 교점 4와 교점 5, 교점 5와 교점 6 그리고 교점 6과 교점 7의 위 각 활동들에 대한 소요기간을 모두 합하면, 10시간으로 계산된다. 결과적

으로 두 경로 중 상대적으로 많은 기간이 걸리는 조미숙의 경로가 주경로이다.

주경로 위에 있는 활동을 주활동(critical activity, CA)이라 한다. <그림 6-12> AoA 도형 상의 주경로를 고려할 때, 두 사람이 강남본사에서 회의를 마치고 오전 10시에 헤어져 각자 계획된 활동을 수행하고 인천공항에서 오후 8시에는 서로 만날 수 있을 것이다. 이와 같이 프로젝트의 기간은 주경로 상에 있는 주활동 중심으로 계산된다.

아래 <그림 6-13>은 위 <표 6-8>의 자료를 사용하여 작성한 AoN 도형 표현이다. AoN 도형에서도 교점에 표기된 활동을 기반으로 두 사람의 경로별로 소요기간을 계산하면 같은 결과가 나온다.

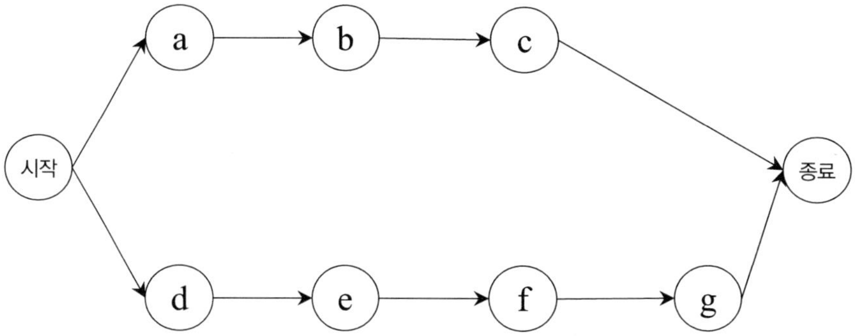

그림 6-13 AoN 도형으로 표현

이순자는 조미숙보다 6시간 늦게 출발을 해도 오후 8시에 인천공항에 도착할 수 있다. 따라서 이순자는 6시간을 초과하지 않는 범위에서 여유시간(slack time or float time)을 갖게 된다. 프로젝트 내 어떤 활동에 여유가 있으면, 그 활동을 활동여유(activity slack or activity float)라 한다.

다) 주경로 알고리즘(예시)

일정네트워크도형에서 주경로 상에 없는 활동, 즉 비주활동(noncritical activity, NCA)은 프로젝트를 완료하는 데 필요한 전체 기간을 변경하지 않고도 그 비주활동(NCA)의 기간을 줄이거나 늘릴 수 있다.

예제 6-2 K건설(주)은 서울특별시 강북지역 만수아파트 재건축 사업을 추진하고 있다. 만수아파트 인테리어 프로젝트에 대한 활동목록 자료는 <표 6-9>와 같다. 본 프로젝트에 대한 AoN 도형을 작성하고 주경로(CP)를 결정하시오.

표 6-9 만수아파트 인테리어 프로젝트 활동목록

활동 식별	활동 내용	선행 활동	소요기간 (일)
a	내부 시설물 철거	–	5
b	전기배선	a	2
c	욕실 미장 및 타일	b	3
d	방문과 창틀을 포함한 창호(fittings)	b	7
e	천정과 벽면을 포함한 도장(painting)	c, d	4
f	방, 주방 및 거실의 도배	e	1
g	조명기구 설치	d	2
h	입주를 위한 대청소	f, g	1

위 <표 6-9>의 활동목록 자료를 기초로 주경로를 파악하기 위하여 아래 <그림 6-14> AoN 도형을 작성하였다. 이 도형의 각 교점 안에 활동식별코드와 소요기간(괄호)을 표기하였다. 본 프로젝트의 AoN 도형에서 각 활동의 빠른 시작(early start, ES)은 ES로, 빠른 종료(early finish, EF)는 EF로 각각 표기하였다. EF의 기간 계산은 빠른 시작 기간에 그 활동을 완료하는 데 필요한 기간을 추가한다. 계산식으로 표현하면 EF = ES + t 이다.

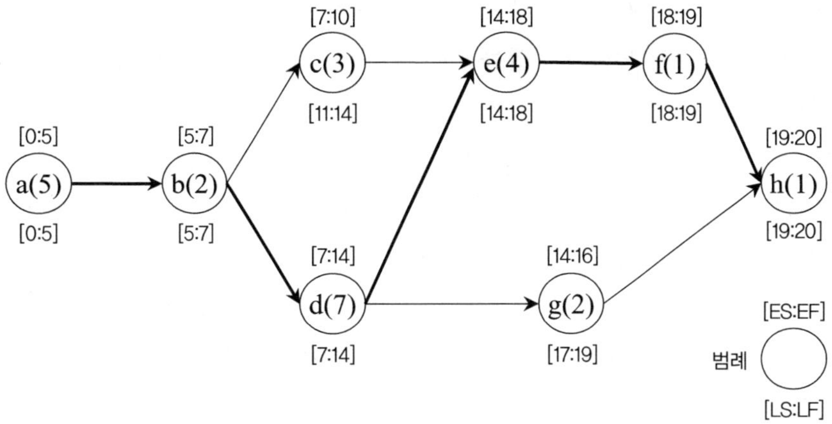

그림 6-14 만수아파트 인테리어 프로젝트 AoN 도형

AoN 도형에서 활동 a에 대한 EF(a) = ES + t = 0 + 5 = 5일. 활동 a의 경우, 선행활동이 없기 때문에 제로(0)에서 시작한다. AoN 도형의 범례에서 원형 교점 표기 위쪽에 빠른 시작일과 빠른 종료일을 각각 [ES:EF]로 표기하였다. 실제 프로젝트를 추진하는 프로젝트관리자가 활동 a의 시작을 달력의 날짜와 일치해서 시작일로 하는 경우도 있는데 이런 경우에는 달력의 날짜를 기준으로 시작일을 정한다. 예를 들어, 공휴일이나 휴무

일 없이 작업을 한다는 가정하에 3월 29일부터 활동 a가 시작된다면, EF(a) = ES + t = 28 + 5 = 33일 또는 4월 2일로 나타날 것이다.

만수아파트 인테리어 프로젝트 AoN 도형에서 3개의 경로가 있을 수 있으며, 경로별 프로젝트 기간은 다음과 같이 계산된다.

경로(1)의 경우: a – b – c – e – f – h = 5 + 2 + 3 + 4 + 1 + 1 = 16일,
경로(2)의 경우: a – b – d – e – f – h = 5 + 2 + 7 + 4 + 1 + 1 = 20일,
경로(3)의 겨우: a – b – d – g – h = 5 + 2 + 7 + 2 + 1 = 17일.

경로들 중에서 굵은 실선으로 나타낸 경로(2)가 일정네트워크도형에서 주경로이고, 만수아파트 인테리어 프로젝트는 20일만에 완료될 수 있다. 이와 같이 일정네트워크도형의 시작활동에서부터 종료활동에 이르기까지 각 활동의 소요기간(일)은 순방향(forward direction)으로 누적 합산하는 전진패스(forward pass) 또는 전진계산(forward calculation)에 의해 산출된다.

프로젝트의 완료시기를 늦추지 않고도 주경로 상에 없는 비주활동(NCA)을 지연시킬 수 있다. 일정네트워크도형에서 어떤 활동의 늦은 시작(late start, LS)은 그 프로젝트의 완료시기를 독촉하지 않으면서 그 활동을 시작할 수 있는 가장 늦은 시간(latest time)이고, 늦은 종료(late finish, LF)는 그 활동의 늦은 시작시간에 활동을 수행하는 데 필요한 기간을 추가한다. 따라서 활동 a에 대한 계산식은 LF(a) = LS + t 또는 LS(a) = LF – t가 된다.

위에서 설명한 전진패스와 달리 늦은 시작시간과 늦은 종료시간을 산출하기 위해 일정네트워크도형의 마지막 활동에서부터 역방향(backward direction)으로 계산하는 것을 후진패스(backward pass) 또는 후진계산(backward calculation)이라 한다. <그림 6–14>에서 마지막 활동 h의 LF(h) = LS + t = 19 +1 = 20일이고, LS(h) = LF – 1 = 19일이다. 범례에서 원형 교점 표기 아래쪽에 늦은 시작일과 늦은 종료일을 각각 [LS:LF]로 표기하였다.

일정네트워크도형의 주경로 상에 있는 주활동(CA)의 빠른 시작(ES)과 늦은 시작(LS) 또는 빠른 종료(EF)와 늦은 종료(LF)가 동일하기 때문에 여유시간은 제로이다. 예를 들어, 활동 b의 ES = LS = 5일 또는 EF = LF = 7일이다. 하지만 활동 c의 경우, ES = 7일이고 LS = 11일이다. 이와 같이 활동 c는 4일 동안의 여유가 있다. 비주활동(NCA)에 속하는 활동 c의 여유(slack or float), S(c) = LS – ES = 11 – 7 = 4일 또는 S(c) = LF – EF = 14 – 10 = 4일이다.

<그림 6-14> AoN 도형에서 후행활동 e의 ES = 14일, 선행활동 d의 EF = 14일이다. 다른 선행활동 c의 EF = 10일이다. 선행활동 c와 d가 끝나야 후행활동 e를 시작할 수 있기 때문에 선행활동 c의 EF는 후행활동 e의 ES까지 여유시간을 갖게 된다. 즉 FS(c) = 활동 e의 ES - 활동 c의 EF = 14 - 10 = 4일이다.

ii) 일정네트워크 수리모형

일정네트워크에서의 주경로는 선형계획(linear programming, LP)에 의해 계산될 수 있다. 일정네트워크에서 결정변수(decision variable) x_i는 교점 i의 빠른 시간을 나타내고, $i = 1,...,m$, 에서 m은 일정네트워크 내 교점의 개수이다. x_1과 x_m 간의 차이를 최소화하는(minimize) 것이 목적이다. 여기서 1은 일정네트워크에서 첫 번째 교점이고, m은 마지막 교점이다. 제약(constraints)은 두 개의 연결된 교점, 즉 x_i와 x_j 사이의 시간 차이가 적어도 활동을 연결하는 기간 t_{ij} 보다 크다는 것을 보장한다. 이 사항들을 다음과 같이 모형화할 수 있다.[4)]

$$\text{Min(minimize)} \quad x_m - x_1 \tag{6.5}$$

$$\text{s.t.(subject to)} \quad x_j - x_i \geq t_{ij}, \text{ 모든 활동 } ij \tag{6.6}$$

$$x_i,\ i = 1,...,m \text{ 은 제약이 없음} \tag{6.7}$$

심플렉스방법(simplex method)에서 각 결정변수 x_i는 독립적으로 주경로 상의 각 교점에서 빠른 시간 또는 늦은 시간으로 나타낼 수 있다. 제약은 $x_1 \leq x_m$이기 때문에 목적함수(objective function)는 모든 교점의 변수들이 빠른 시간일 경우 Min $\sum_{i=1}^{m} x_i$ 이고, 늦은 시간일 경우 Min $mx_m - \sum_{i=1}^{m-1} x_i$ 일 것이다.

가) 일정네트워크 수리모형(예시)

선형계획(LP) 모형을 설명하기 위하여 <표 6-8> 자료를 활용하여 <그림 6-15> AoA 도형을 작성하고, AoA 도형의 화살표 위에 활동기간(예: a=1은 활동 a를 완료하는 데 1일 소요)을 표기하였다. 화살표 상에 7개의 활동들이 존재하기 때문에 식 (6.5)에 의해 목적함수, 그리고 식 (6.6)을 적용하면 7개 제약식이 나열된다.

---

4) Wiest, J. D., and Levy, F. K., *A Management Guide to PERT/CPM: with GERT/PDM/DCPM and other Networks*, Frentice-Hall, Inc., New Jersey, 2nd ed., 1977. See pp. 74.

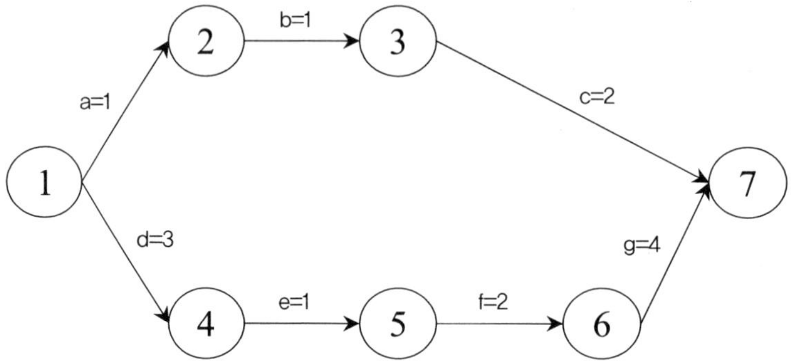

그림 6-15 유럽현지관광가이드연수 출국 프로젝트 AoA 도형

Min $x_7 - x_1$

s.t. $x_2 - x_1 \geq 1$

$x_3 - x_2 \geq 1$

$x_4 - x_1 \geq 3$

$x_5 - x_4 \geq 1$

$x_6 - x_5 \geq 2$

$x_7 - x_3 \geq 2$

$x_7 - x_6 \geq 4.$

$x_1 = 0$ 값을 부여하면, 각 x_i 는 관련 제약식에 의해 가장 작은 값이 주어진다.

$x_1 = 0$

$x_2 = 1$

$x_3 = 2$

$x_4 = 3$

$x_5 = 4$

$x_6 = 6$

$x_7 = 7.$

위 <그림 6-15>프로젝트 일정 AoA 도형에서 어떤 교점이 여유시간을 갖는다면 관련 x_i 값을 반영함으로써 그 교점의 여유시간만큼 증가될 수 있다.

iii) 프로그램평가검토기법

PERT는 복잡한 프로그램 내 불확실성이 높은 잠재적 리스크를 고려할 필요가 있는 특수한 기반시설, 연구개발 등과 같은 프로젝트의 기획과 일정수립을 단순화하는 데 도움을 줄 수 있다.

가) PERT의 특성

PERT는 기본적으로 프로젝트 활동을 수행하기 위해 요구되는 기대기간을 추정할 때 불확실성을 고려한 확률적 사고에 기반을 둔다.

나) PERT에 의한 활동기간 추정(예시)

<그림 6-11> 활동기간추정 프로세스를 통하여 불확실성이 높은 프로젝트 내 개별활동별로 수행에 필요한 활동기간 기대치(expected value)를 추정할 수 있다.

예제 6-3 H로봇(주)는 주택시장에서 1인 가구 수의 급격한 증가에 따른 사업전략으로 기존 청소기 개념과는 전혀 다른 신개념의 인공지능로봇청소기(artificial intelligence robot cleaner, AIRC) 개발을 서두르고 있다. AIRC 개발 프로젝트에 대한 활동별 활동기간 기대치(E_t)를 추정하시오.

상황 설명 AIRC 개발 프로젝트는 6개의 활동으로 구성되어 있으며, 각 활동 수행에 필요한 기간의 불확실성(uncertainty)을 고려하여 낙관적 추정치(o_t), 비관적 추정치(p_t) 및 가장 가능성 있는 추정치(m_t)로 각각 구분하였다. 프로젝트 팀원들 간의 회의에서 각 활동별로 <표 6-10>과 같은 3가지 기간 추정치로 결론이 났다.

표 6-10 AIRC 개발 프로젝트 활동기간 추정치

활동 식별	선행활동	활동기간 추정치(일)		
		o_t	m_t	p_t
a	–	2	3	6
b	a	4	5	10
c	a	3	5	8
d	b	2	4	7
e	b, c	5	7	14
f	d, e	1	2	4

각 활동의 기대치는 위 식 (6.3)을 적용해서 추정할 수 있다. 즉, 활동 a의 기대치 $E_t = (o_t + 4m_t + p_t)/6$ = [2 + 4(3) + 6]/6 = 3.33(일)이고, 나머지 활동들에 대해 각각 기대치를 추정해서 <표 6-11>에 정리하였다.

표 6-11 AIRC 개발 프로젝트 활동기간 기대치

활동 식별	선행 활동	활동기간 추정치(일)			활동기간 기대치(일)
		o_t	m_t	p_t	E_t
a	–	2	3	6	3.33
b	a	4	5	10	5.67
c	a	3	5	8	5.17
d	b	2	4	7	4.17
e	b, c	5	7	14	7.83
f	d, e	1	2	4	2.17

다) 활동기간 기대치 변동성

프로젝트의 각 활동기간에 대한 추정치 범위가 크면 클수록 가중평균에 대한 신뢰는 더 떨어진다. 활동에서 요구되는 기간이 추정되었으면, 그 추정치가 과연 믿을 수 있을 정도인가에 대해 검토할 필요가 있다. 각 활동기간 추정치의 변동성(variability)은 그 추정치들에 대한 확률분포(probability distribution)의 표준편차(standard deviation)에 의해 측정될 수 있다.

분산(variance)은 확률변수의 분포가 평균으로부터 떨어진 정도를 나타내는 양이다. 확률분포의 값이 단지 3개밖에 없기 때문에 표준편차 계산을 단순화할 경우, 확률변수(t)의 표준편차(st)는 다음 식 (6.8)에 의해 추정된다.

$$st = \frac{p_t - o_t}{6} \tag{6.8}$$

위 표준편차(st)를 제곱하는 식 (6.9)에 의해 분산(st^2)이 계산된다.

$$st^2 = \left[\frac{p_t - o_t}{6}\right]^2 \tag{6.9}$$

라) 프로젝트 전체 기간 추정

AIRC 개발 프로젝트의 전체 기간은 일정네트워크도형에서 주경로 상에 있는 각 활동들에 대한 기대치의 합이다. <표 6–11>의 자료를 사용하여 다음 <그림 6–16> AoN 도형을 작성하였다. 일정네트워크도형에서 교점 위의 수치는 각 활동의 3점 기간 추정

치 o_t, m_t, p_t을 나타낸다.

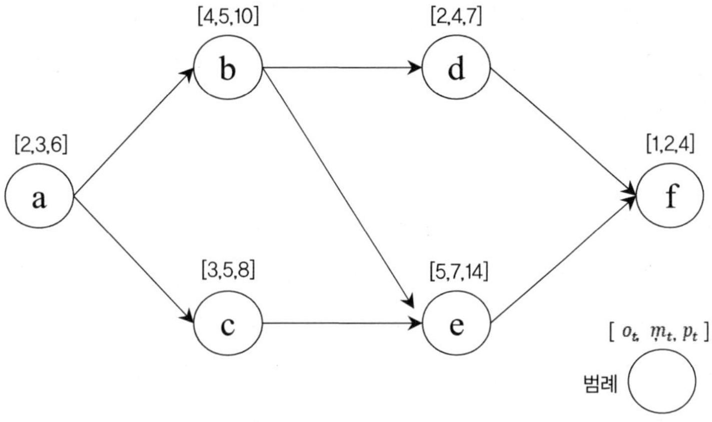

그림 6-16 AIRC 개발 프로젝트 AoN 도형

AoN 도형 상의 각 활동별 기대치(E_t), 표준편차(st), 분산(st^2)을 구하여 <표 6-12>와 같이 정리한다.

표 6-12 AIRC 개발 프로젝트 활동기간 기대치, 표준편차 및 분산

활동 식별	선행 활동	활동기간 추정치(일)			E_t (일)	st(일)	st^2(일)
		o_t	m_t	p_t			
a	–	2	3	6	3.33	0.67	0.44
b	a	4	5	10	5.67	1.00	1.00
c	a	3	5	8	5.17	0.83	0.69
d	b	2	4	7	4.17	0.83	0.69
e	b, c	5	7	14	7.83	1.50	2.25
f	d, e	1	2	4	2.17	0.50	0.25

AIRC 개발 프로젝트의 기간 추정은 다음과 같이 각 경로에 대한 AoN 도형 상 활동들의 기대치의 합으로 산정될 수 있다.

경로(1): a - b - d - f = 3.33 + 5.67 + 4.17 + 2.17 = 15.34일

경로(2): a - b - e - f = 3.33 + 5.67 + 7.83 + 2.17 = 19.00일

경로(3): a - c - e - f = 3.33 + 5.17 + 7.83 + 2.17 = 18.50일

3개의 경로 중 주경로는 기간이 가장 큰 경로(2)이고, 경로(2)의 전체 기대치 합은 19.00일이며, 이때 표준편차는 3.67일, 분산은 3.94일로 나타났다.

iv) 자원 평준화

프로젝트의 일정수립은 개별 활동들의 수행에 필요한 시간표를 구성하는 것이지만 그 개별 활동들을 수행하기 위해 요구되는 자원의 수급에 제한이 있다면 프로젝트 일정을 조정할 필요가 있다.

가) 자원 평준화의 개념

프로젝트 활동들을 수행하기 위해 요구되는 자원의 수급에 제한이 없다는 전제하에서 그 프로젝트 활동들의 선 · 후행 관계에 따라 순차적인 접근방법으로 PERT 또는 CPM을 적용한다. 하지만 프로젝트 활동들에서 요구되는 자원 수급에 제한이 있을 경우에는 순차적으로 활동을 수행하는 것이 현실적으로 어렵게 된다. 즉, 제한된 자원에 대하여 수요의 충돌이 발생한다. 자원 평준화는 자원의 현실적 수급제한을 고려하여 특정한 시기에 자원이 과도하게 배정되는 일이 없도록 자원을 일정한 수준으로 조절하는 기법이다.

나) 자원제약을 고려한 프로젝트 일정(예시)

프로젝트 활동들이 동시에 병행으로 실행되는 것으로 일정이 잡혀 있으면, 자원공급이 부족하게 된다. 자원 공급부족 현상을 회피하기 위하여 활동들의 수행에 필요한 자원을 공급 가능한 시간대에 맞추도록 일정을 변경 또는 조정한다.

예제 6-4 <그림 6-14> 만수아파트 인테리어 프로젝트 AoN 도형을 기반으로 한 각 활동들의 수행 시 요구되는 인적자원 수요(인원)를 <그림 6-17>에서 각 교점 아래에 표기하였다. 일일 사용 가능한 인적자원(인원)을 7명으로 제한할 경우, 만수아파트 인테리어 프로젝트는 20일만에 종료될 수 있을까? 아니면, 어느 활동(들)의 일정이 조정되어야 하는가?

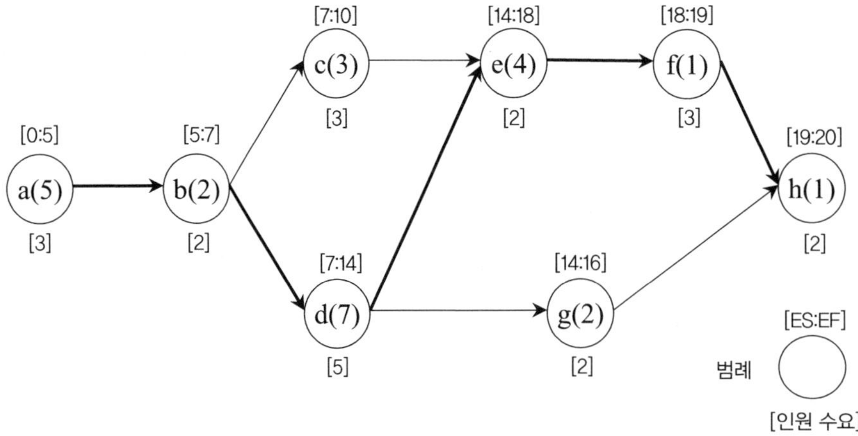

그림 6-17 만수아파트 인테리어 프로젝트 AoN 도형(활동기간과 인원수요 포함)

<표 6-13>은 만수아파트 인테리어 프로젝트 활동들에 대해 CPM을 적용한 인적자원 수요 중심의 프로젝트 일정표이다. 프로젝트 일정 중 7일과 10일 사이 활동 c와 활동 d가 겹쳐 인적자원 수요가 일일 사용 가능한 인적자원 제한 7명을 상회하고 있음을 나타낸다.

표 6–13 만수아파트 인테리어 프로젝트 일정과 인적자원 수요

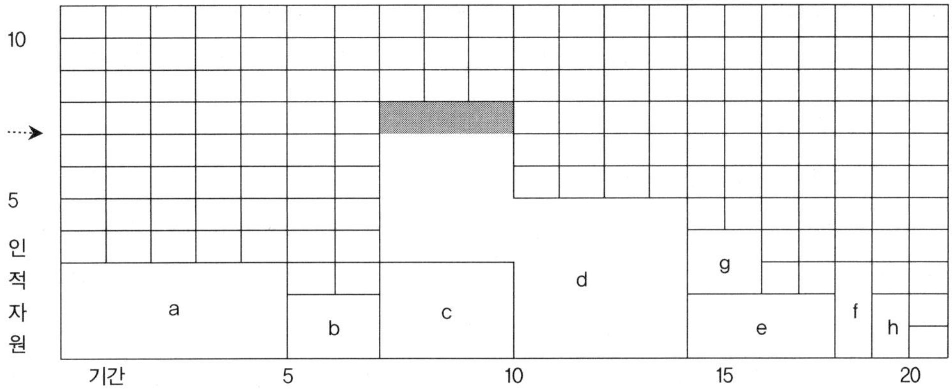

활동 c의 작업량은 다음과 같이 계산된다.

활동 c에 대한 작업량 = 활동기간(일) × 인적자원 수요(명/일) = 3 × 3 = 9.

활동 c에 대한 작업량이 9이면, 활동기간을 4.5일, 일일 인적자원수요를 2명으로 조정하면, 일일 사용 가능한 인적자원 제한을 초과하지 않으면서 4.5 × 2 = 9가 된다.

다음 <표 6-14>는 일일 인적자원 제한 조건을 충족하면서 프로젝트 활동기간과 인적자원수요를 조정한 것이다. 활동 c는 주경로 상에 없는 비주활동(NCA)이고, 주활동 d 기간 내에 수행할 수 있게 된다. 결국 전체 프로젝트 기간의 변경 없이 20일만에 프로젝트를 완료할 수 있다.

표 6–14 조정된 만수아파트 인테리어 프로젝트 일정과 사용 가능한 인적자원 수요

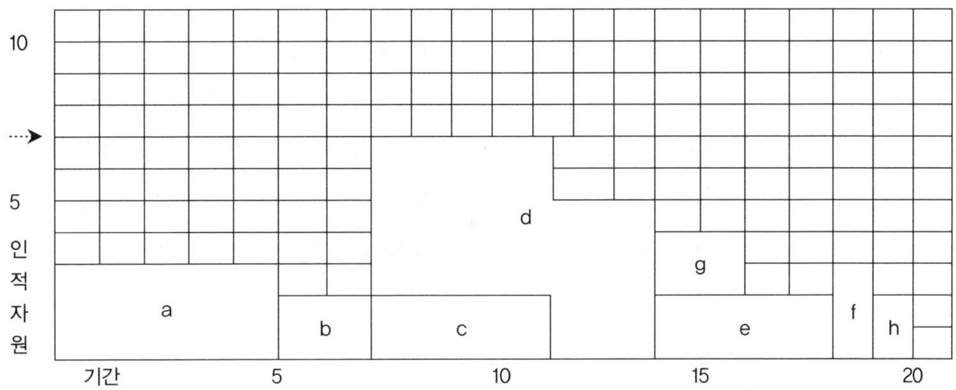

v) 주사슬프로젝트관리

CCPM은 엘리야후 골드랫(Eliyahu M. Goldratt) 제약이론(theory of constraints, TOC)의 기본원칙을 프로젝트 일정수립에 응용한 것으로서 CPM이나 PERT 분석을 기초로 하여 설정된 이론적 프로젝트 기간을 10 ~ 50% 줄일 수 있다는 가정에서 시작된다. 특히 골드렛은 인간의 본성에 따른 행동패턴 문제를 고려하여 프로젝트 기간을 중앙 추정치(median estimate) 또는 성공적 완료로 판단되는 것의 50% 수준까지 줄이도록 권장한다.

가) CCPM의 필요성

프로젝트 일정네트워크에서 활동들 간의 의존성, 제한된 자원의 이용 가능성 및 완충시간의 추가 등을 고려하여 활동기간의 불확실성, 과도한 추정 및 낭비된 내부 완충(buffer)시간으로 인해 야기될 수 있는 프로젝트 일정지연을 제거하여야 한다. 결국 프로젝트의 원가가 증가하고 제때에 프로젝트가 완료될 수 없는 요인 중의 하나는 개별활동의 수행에 필요한 활동기간추정 방식에 있다는 것이다. 즉, 과도하게 부여한 개별활동의 안전여유시간을 그 활동 수행에 전량 사용하거나 오히려 지연을 유발하는 경향이 있기 때문에 활동의 수행에 소요되는 기간의 추정 값을 결정할 때, 그 활동이 본질적으로 완료됨을 보장할 수 있도록 꼭 필요한 안전여유시간만 추가할 필요가 있다.

나) CCPM의 개념

인간의 본성에 속하는 학생증후군(student syndrome), 다중작업(multitasking), 파킨슨의 법칙(Parkinson's law), 빠른 완료를 주장하지 않는(not claiming early completion) 경향 등으로 인하여 현실적으로 개별활동별로 추정된 여유시간을 제대로 활용하지 못하고 있어, 낭비되는 여유시간을 고려하여 프로젝트 일정을 조정한다. 즉, CCPM은 기존의 CPM 및/또는 PERT에 의해 추정된 프로젝트 기간을 유지하거나 더 줄이기 위해 안전여유시간을 확보할 필요가 있는 곳에만 완충시간을 추가하는 기법이다.

애로사슬로 번역되기도 하는 주사슬(critical chain, CC)은 활동들 간의 의존성과 자원제약을 고려한 프로젝트 일정네트워크 경로들 중에서 가장 긴 경로(longest path)이고, 자원-제약 주경로(resource-constrained critical path, RCCP)로서 CPM 및/또는 PERT를 적용하여 결정한 프로젝트 일정을 변경한다. 또한 주사슬은 프로젝트 활동 사슬의 전체 잔여시간 대비 남아있는 완충시간을 관리하는 데 초점을 맞춘다.

다) CCPM의 여유시간 낭비

프로젝트를 수행하는 조직과 조직 구성원들의 관습이나 행동패턴을 분석 및 관리함으로써 프로젝트 활동들의 리드타임(lead time)을 상당히 줄일 수 있다. 여유시간 낭비를 유발할 수 있는 주요인은 다음과 같다.

- 학생증후군: 수행하여야 할 과제를 바로 시작하지 않고 마감일까지 연기하려는 경향이 있다. 즉, 상당한 수의 학생들이 숙제나 시험이 있으면 곧장 준비에 들어가는 것이 아니라 숙제의 결과물을 제출하거나 시험을 치를 수 있다고 판단되는 그날까지 내버려둔다. 이러한 현상은 프로젝트 일정수립 시에도 보편적으로 나타난다. <그림 6-18> 학생증후군 성과곡선(student syndrome performance curve)[5]에서와 같이 많은 사람들이 활동기간의 2/3 동안에는 작업량의 1/3도 하지 않다가 남은 1/3의 활동기간 동안에 남은 작업량 2/3을 해치운다. 완충시간을 가지려는 사람의 행동패턴 때문에 작업을 보다 늦게 시작하게 되어 결국 여유시간을 낭비하게 된다.

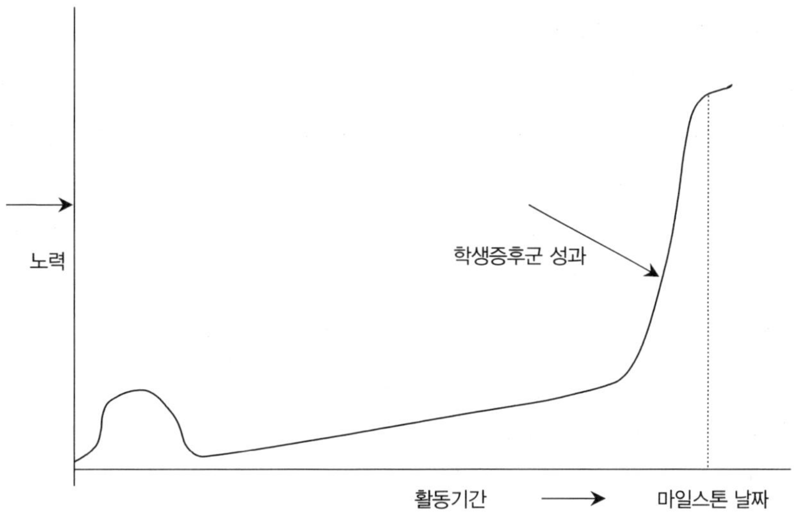

그림 6-18 학생증후군 성과곡선

- 파킨슨의 법칙: 관료주의적 행정절차를 통해 스스로 바쁘게 움직임을 유지하고 상응하는 결과물 없이 그 절차의 지속적 존재를 정당화하는 데 충분할 정도의 내부작업을 생성하려는 경향이 있다. 의미를 다시 정리하면, 사람은 어떤 작업의 완료에 필요

5) Leach, L.P., *Critical Chain Project Management*, Artech House, Boston•London, 2000. See pp. 85.

한 이용 가능한 시간을 채울 때까지 그 작업을 연장하려고 한다. 즉, 작업을 좀 더 일찍 종료할 수 있는 기회가 있어도 사람의 행동패턴 때문에 그 시간에 앞서 작업을 끝내려고 하지 않는다.

- 다중작업: 동시에 2가지 이상의 작업 또는 활동을 수행하기 위한 인간의 능력이다. 일반적으로 다중작업을 할 경우, 불충분한 집중으로 인하여 보다 많은 실수를 야기하여 시간 낭비로 이어질 수 있다. 단, 작업자가 2가지 작업에 능숙하게 될 경우에는 신속하게 작업 간의 집중을 바꾸어 그 작업을 잘 수행할 수도 있으나 다중작업 상황이 발생하면 전체 비상예비시간(contingency reserve time)이 낭비되어 예기치 못한 이슈에 대해 준비할 시간이 없어져버리는 경우가 발생한다.

라) CCPM의 접근방법

프로젝트의 일정수립에 따른 CCPM을 제대로 실행하기 위해서는 다음 3가지 사항을 이해할 필요가 있다.

① 자원 의존성(resource dependencies) 고려: 프로젝트 활동의 수행에서 요구되는 자원의 이용 가능성을 파악한다.

② 완충(buffers)의 식별 및 배치: 완충을 식별하기 위해 프로젝트완충(project buffer), 공급완충(feeding buffers), 자원완충(resource buffers)으로 세분화하여 배치한다. 프로젝트완충은 프로젝트 일정네트워크의 주사슬 끝에 놓이고, 프로젝트 일정네트워크의 모든 주사슬완충을 합한 것이다. 공급완충은 비주사슬(non-critical chain, NCC)이 선행활동이 되고, 후행활동이 주사슬(CC)일 경우, 비주사슬(NCC) 바로 뒤에 놓인다. 자원완충은 주자원(critical resource)이 요구되는 주사슬 활동 바로 앞에 놓이고, 선행활동을 완료하는 데 필요한 자원으로 사용된다.

③ 완충의 소모율(consumption rate) 모니터링: 프로젝트 전체 완충의 소모율을 측정하여 프로젝트의 진척상황을 파악한다.

마) CCPM의 8단계 접근(예시)

CCPM 테크닉을 적용하여 프로젝트 일정을 조정할 경우, 다음과 같이 단계적으로 접근한다.

단계 1. 프로젝트의 작업분할구조도 상의 모든 활동들을 목록화한다.

단계 2. 활동들 간의 상호 의존성(선행과 후행 관계)을 식별한다.

단계 3. 프로젝트 기간을 확률 50% 선에서 추정한다.

단계 4. 빠른 시작(ES)보다는 늦은 종료(LF)를 사용해서 프로젝트 일정네트워크도형을 작성한다.

단계 5. 제약(constraints) 또는 병목(bottleneck)을 정의한다.

단계 6. 주사슬을 결정한다.

단계 7. 주사슬에서 프로젝트 기간을 줄일 수 있도록 활동들 간의 순서를 조정한다.

단계 8. 3가지 유형(프로젝트완충, 공급완충, 자원완충)의 완충을 결정한다.

예제 6-5 주사슬프로젝트관리(CCPM) 기법을 적용하여 인공지능로봇청소기(AIRC) 개발 프로젝트일정을 수립하려고 한다. 다음 상황설명을 기초로 하여 프로젝트완충(project buffer)과 프로젝트 기간을 계산하시오.

상황 설명 <그림 6-16> AIRC 개발 프로젝트 AoN 도형과 <표 6-10>의 자료를 기초로 하여 아래 <표 6-15>와 같이 각 활동별로 기간 추정치를 정리하였다.

표 6-15 AIRC 개발 프로젝트의 각 활동기간 추정치

활동 식별	선행활동	활동기간 추정치(일)		
		o_t	m_t	p_t
a	–	2	3	6
b	a	4	5	10
c	a	3	5	8
d	b	2	4	7
e	b, c	5	7	14
f	d, e	1	2	4
계		17	26	49

<그림 6−16> AIRC 개발 프로젝트 AoN 도형 상에서 주사슬 활동들은 a−b−e−f 이고,

$$\text{프로젝트완충} = \frac{\Sigma p_t - \Sigma m_t}{2} = \frac{34 - 17}{2} = 8.5\text{일}$$

$$\text{프로젝트기간} = \Sigma m_t + \text{프로젝트 완충} = 17 + 8.5 = 25.5\text{일}$$

<표 6-16>에서와 같이 주사슬 활동들의 완충을 모두 합산하여 마지막 주사슬 활동 다음에 프로젝트완충을 배치해두고, 필요에 따라 분할하여 사용한다.

표 6-16 프로젝트완충의 위치

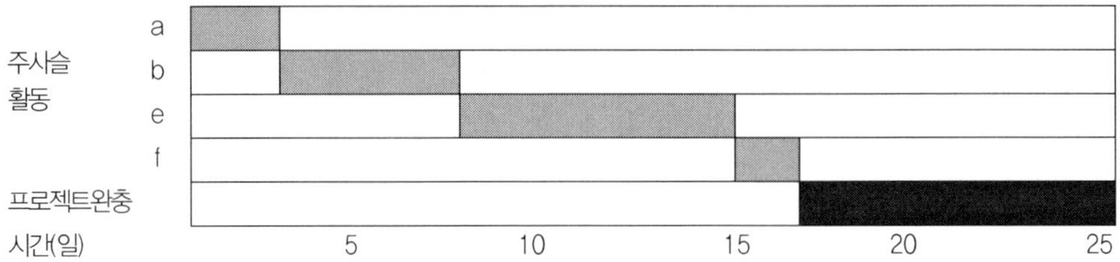

바) CPM/PERT와 CCPM의 비교

프로젝트 일정을 합리적으로 수립하기 위해서는 먼저 CPM/PERT와 CCPM 간의 기본적 원리에 대한 차이점을 구체적으로 이해할 필요가 있다. <표 6−17>은 두 기법

표 6-17 CPM/PERT와 CCPM 간의 기본적 원리 비교[6)]

구분 관점	CPM/PERT	CCPM
이론	- 시스템 이론, 그래프 이론	- 시스템 이론, 그래프 이론, 제약이론(TOC)
목표	- 자원제약하에 단일프로젝트의 기간 최소화 - 시간, 원가 및 범위의 3중 제약을 만족	- 자원제약하에 단일프로젝트의 기간 최소화 - 다중프로젝트 환경에서 프로젝트작업 처리량(throughput) 최대화 - 마감날짜의 충족을 위해 강조하는 시간, 원가 및 범위의 3중 제약 만족 - 만족하는 접근방식을 채택
관심의 초점	- 주로 단일프로젝트 관점 - 프로젝트 완료시간을 정하고, 프로젝트 완료의 지연을 회피하기 위해 어느 활동에 특별한 관심을 가져야 하는지 결정 - 부분 시스템 관점	- 시스템 관점: 단일 및 다중프로젝트 양쪽 모두 - 프로젝트 완료시간을 정하고, 불확실성에 대한 명백한 고려하에서 프로젝트 완료의 지연을 회피하기 위해 어느 활동에 특별한 관심을 가져야 할지 결정 - 전체 시스템 관점
불확실성	- 리스크 분석과 몬테카를로(Monte Carlo) 시뮬레이션에 근거한 외부 사건에 대한 비상계획(contingency plans) - 불확실성에 대한 부분 보호 - 3중 제약 간의 상충	- 리스크 분석과 몬테카를로 시뮬레이션에 근거한 외부 사건에 대한 비상계획 - 불확실성에 대한 전체 보호 - 3중 제약 간의 상충은 강조되지 않음; 상충의 필요성을 회피하기 위해 주시슬 시도
자원 관리	- 기준선 일정(baseline schedule)을 개발하기 위해 자원-제약 일정문제(resource-constrained scheduling problem, RCSP)를 해결 - 모든 자원의 활용 최대화	- 기준선 일정(주경로에 대한 것이지만 완충을 포함)을 개발하기 위해 RCSP를 해결 - 병목자원(bottleneck resources)의 활용 최대화
행동적 이슈	- 단지 묵시적으로 다루어진 프로젝트관리의 인간 측면	- 작업수행을 지연하려는 개인적 성향(파킨슨의 법칙과 학생증후군)에 대응하기 위해 활동시간을 줄임

6) Lechler, T.G., Ronen, B. & Stohr, E.A., "Critical Chain: A New Project Management Paradigm or Old Wine in New Bottles," *Engineering Management Journal*, Vol. 17 No.4, 47, 2005.

간의 이론적인 배경, 추구하는 목표, 주된 관심사항, 불확실성에 대한 접근방향, 자원관리 및 인간의 행동적 측면에 대하여 상호비교 정리한 것이다.

CPM/PERT에서는 특히 다중프로젝트를 추진할 때 먼저 프로젝트의 우선순위를 정하여 다중작업을 회피함으로써 병목자원을 하나의 프로젝트에 투입할 수 있게 되고, 그 프로젝트가 완료되면 후순위 프로젝트로 옮겨간다. 결과적으로 프로젝트 활동이 지연되지 않고 효율적으로 수행되도록 하기 위해서는 주자원(critical resource)의 배치가 중요하다. CPM/PERT는 개별 활동의 완료날짜를 충족하는 데 초점이 맞추어져 프로젝트 일정을 통제하는 반면에 CCPM은 전체 프로젝트의 완료날짜에 초점을 맞추고 프로젝트 완충시간을 측정함으로써 일정을 관리한다. CPM/PERT에서 CCPM 쪽으로 방향을 전환하려면 조직의 혁신적인 사고와 행동변화가 수반되어야 가능하다.

vi) 일정압축

프로젝트 일정네트워크의 주경로를 따라 개별활동의 수행에 필요한 기간을 합산하는 CPM 또는 PERT를 적용함으로써 이론적인 기간은 추정될 수 있다. 하지만, 프로젝트의 진행이 계획된 일정보다 지연되어 진척을 서둘러야 하거나 이해관계자의 요구에 의해 일정을 단축하여야 할 경우에는 일정을 줄이는 수단을 동원하게 된다. 프로젝트 범위를 변경하지 않으면서 프로젝트 일정을 줄이는 방법으로는 신속처리(fast tracking)와 크래싱(crashing)이 있다.

가) 신속처리

프로젝트생애주기의 기획단계에서 수립된 정상적인 프로젝트 수행일정에 따라 선행활동과 후행활동의 관계를 고려하여 순차적으로 수행되어야 하는 활동들을 병렬형태, 즉 동시에 두 개 이상의 활동들을 수행하도록 조정하는 기법이다. 다시 말하면 어떤 활동이 다른 활동의 완료시점까지 대기하는 것이 아니라 독립적으로 동시에 수행된다.

예를 들어, 시장에서 기대하는 고객의 니즈에 부응하기 위해 경쟁사(rival company)보다 앞서 신제품을 출시해야 하는 경우, 신제품개발 프로젝트의 기획단계(고객의 니즈 파악)에서부터 신제품의 설계, 부품 공급업체 선정, 대량생산 및 출시에 이르기까지 여러 단계의 프로세스들을 순차적으로 진행하지 않고 동시에 병렬형태로 진행함으로써 전체 프로세스에 소요되는 기간을 크게 단축하는 동시공학(concurrent engineering)적인 개념과 유사한 접근이라 할 수 있다.

따라서 신속처리는 추가되는 원가부담 없이 적용될 수 있다. 하지만 프로젝트생애주기 단계 또는 활동들의 병행 수행 시 복잡성이나 불충분한 집중력으로 인해 발생할 수 있는 재작업 또는 프로젝트 일정을 재조정해야 하는 리스크가 따른다.

나) 크래싱

프로젝트 일정을 단축하기 위해 먼저 신속처리(fast tracking)기법을 적용하였으나 요구되는 일정단축 목표를 충족하지 못할 경우, 추가적으로 적용할 수 있는 것이 크래싱이다. 크래싱을 적용하기 위해서는 각 활동의 기간과 원가 간의 상충관계(trade-off relationship)로 발생하는 자원추가에 따른 원가부담을 동시에 고려한다.

다) 크래싱(예시)

<그림 6−14> 만수아파트 인테리어 프로젝트 AoN 도형 상의 각 활동의 소요기간(일)은 정상기간(normal duration)이고, 그 활동을 정상기간에 완료하기 위하여 요구되는 비용은 정상원가(normal cost)이다. 프로젝트 일정을 단축하고자 크래싱을 적용할 경우, 각 활동의 정상기간을 줄이기 위해 자원을 추가하게 된다. 크래싱에 따라 단축된 기간을 크래시기간(crash duration), 증가한 원가를 크래시원가(crash cost)라 한다.

예제 6−6 K건설(주)이 추진하는 만수아파트 인테리어 프로젝트 일정에 의하면 <그림 6−14> AoN 도형에서 주경로는 활동 a−b−d−e−f−h이고, 프로젝트 기간은 20일이다. 하지만 최근 입주자들로부터 만수아파트 인테리어 프로젝트 기간을 17일로 줄여달라는 요청을 받았다. 크래싱기법을 적용하여 프로젝트 기간 단축에 따른 추가원가(additional cost)를 산출하고, 기간이 17일로 단축된 AoN 도형을 작성하시오.

상황 설명 <표 6-9> 만수아파트 인테리어 프로젝트 활동목록에서 각 활동별 정상기간을 줄일 경우, 증가되는 원가 관련 자료는 <표 6-18>과 같다.

표 6−18 만수아파트 인테리어 프로젝트의 활동기간과 원가

활동 식별	정상기간 (일)	정상원가 (만 원)	크래시기간(일)	크래시원가(만 원)
a	5	300	3	580
b	2	60	1	90
c	3	140	2	200
d	7	600	3	760
e	4	250	2.5	340
f	1	40	0.5	65
g	2	50	1.5	70
h	1	26	0.5	50

우선 AoN 도형의 주경로 상에 있는 활동들 중 가장 낮은 원가로 단위 기간(일)을 줄일 수 있는 활동부터 오름차순으로 정리한다. <표 6-18> 자료에서 프로젝트 일정을 1일 줄이는 데 추가되는 원가부담은 활동 b가 30만 원/일, 활동 d가 40만 원/일, 활동 h가 48만 원/일, 활동 f가 50만 원/일, 그리고 활동 a가 140만 원/일로 각각 계산된다.

전체 프로젝트 기간 20일에서 활동 b에서 1일, 활동 d에서 2일을 각각 줄이면 프로젝트 기간은 17일로 단축되고 프로젝트의 정상원가(1,466만 원)에 110만 원이 추가된다. 만수아파트 인테리어 프로젝트의 기간이 단축된 AoN 도형은 <그림 6-19>와 같다.

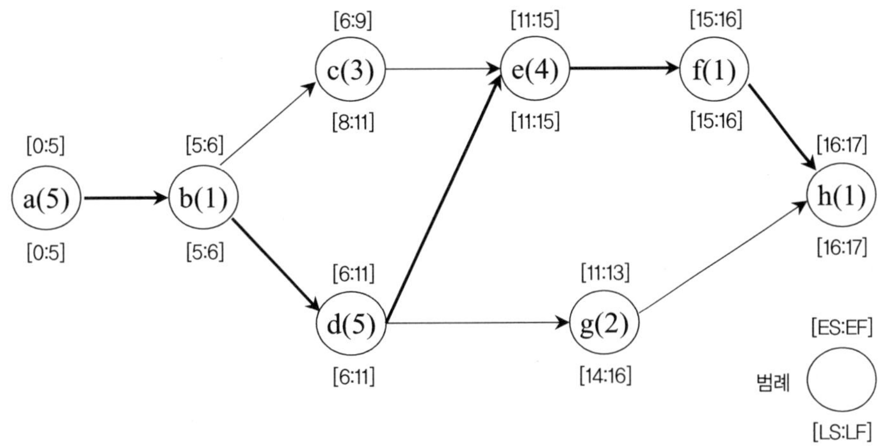

그림 6-19 만수아파트 인테리어 프로젝트 기간단축 AoN 도형

프로젝트 일정이 단축된 후 주공정의 변화를 다시 확인한 결과, 17일로 단축된 만수아파트 인테리어 프로젝트의 AoN 도형에서도 주경로는 그대로 유지되고 있다.

vii) 시나리오분석

시나리오분석에서는 미래에 대한 정확한 그림을 보여주는 것이 아니라 몇 가지 선택적 미래의 전개 상황을 제시한다. 즉, 시나리오분석은 선택 가능한 결과를 고려하면서 미래의 사건을 분석하는 과정이다. 프로젝트에 관련된 시나리오분석의 경우, 부품의 외주 조달지연, 설계변경, 노사분규 또는 전문인력 수급불안 등과 같은 몇 가지 시나리오에 따라 프로젝트 일정네트워크도형 상의 일정을 계산한다. 시나리오분석 결과를 기반으로 하여 미래 사건의 영향(impact)을 제거하거나 완화하는 비상계획(contingency plans)도 마련할 수 있다. 예를 들어, 다중작업 프로젝트(multitasking project)에서 몬테카를로분석(Monte Carlo analysis) 같은 시뮬레이션 기법(simulation technique)을 적용함으로써 각 활동별 소요기간 분포를 파악할 수 있다.

(2) 프로젝트 일정수립

CPM, PERT, 자원평준화, CCPM, 일정압축 등 다양한 프로젝트 일정수립 기법들을 적절히 적용하여 창출된 프로젝트 일정은 각 활동들의 기간, 시작일과 종료일뿐만 아니라 프로젝트 전체 마일스톤을 설정하는 것으로써 프로젝트생애주기의 기획단계에서 결정된다. 프로젝트의 진척상황을 추적 및 관리하기에 적합한 기준이 될 수 있다. 또한 자원 역일표(resource calendars)도 프로젝트 일정수립에 도움을 줄 수 있다.

i) 프로젝트 일정표

프로젝트의 일정표는 프로젝트 진도현황을 한눈에 파악할 수 있도록 시각적 효과를 가미한 하나의 타임라인(timeline)으로써 마일스톤 차트(milestone chart), 간트 차트(Gantt chart) 등이 사용된다.

가) 마일스톤 차트

특정 지점까지의 거리를 마일 단위로 나타내기 위해 길옆에 세워진 이정표(milestone)와 같이 마일스톤 차트는 프로젝트생애주기 각 단계의 전개 과정에서 주요 사건이나 변화를 시각적으로 표시한 것이다. 전체 프로젝트 일정에서 계획된 주요 인도물의 시작과 완료시점 및 경계만을 식별하도록 되어있다. 예를 들어, <그림 5-2> 프로젝트2030 작업분할구조도에서 수준 2 회로판(개발)에 대한 일정을 <표 6-19>와 같이 마일스톤 차트로 나타낼 수 있다. 현재 시점은 프로젝트2030 회로판(개발)에 대한 진척상황을 확인 및 보고하는 날짜이다.

표 6-19 프로젝트2030의 회로판(개발) 마일스톤 차트

범례: △ 예정된 마일스톤
▲ 완료된 마일스톤

WBS 식별번호	작업 내용	기간 (일)	1분기			2분기			3분기			4분기		
			1	2	3	4	5	6	7	8	9	10	11	12
2.2	회로판 시작		▲											
2.2.1	절차서	35						△						
2.2.2	회로판 설계	46		▲										
2.2.3	회로판 제작	75				▲								
2.2.4	시험	14								△				
2.2	회로판 종료									△				

현재 시점

나) 간트 차트

간트 차트는 간단히 작성할 수 있고, 보기가 쉬우며, 프로젝트 일정에 따른 작업이나 활동의 진척상황을 점검할 수 있다. 또한 간트 차트 상에서 프로젝트 일정에 따른 활동별 시작과 종료의 현황뿐만 아니라 작업패키지의 진도도 나타낼 수 있다. 하지만, 프로젝트 활동의 실행단계에서 상황의 변화 또는 계획의 변경 시 대응하기가 어렵다.

다) 간트 차트(예시)

간트 차트는 세로 축에 프로젝트 활동을 나열하고, 가로 축에 그 활동의 일정을 표시하며, 활동과 일정 간의 의존적 관계를 나타낸다. 그리고 가로 축의 막대 폭은 각 활동의 기간을 의미한다.

예제 6-7 <표 6-9> 만수아파트 인테리어 프로젝트 활동목록과 <그림 6-14> 만수아파트 인테리어 프로젝트 AoN 도형을 참고하여 간트 차트를 작성하시오.

인테리어 프로젝트 작업조건: 2019년 3월 4일(월) 공사를 시작한다. 공사 지연의 경우, 지체상환금을 부담해야 하기 때문에 토요일과 일요일도 작업을 한다.

<표 6-20> 간트 차트에 의하면, 만수아파트 인테리어 프로젝트는 2019년 3월 4일 시작을 해서 2019년 3월 23일 끝난다. 간트 차트 상의 활동들 중 검은색으로 표시한 막대는 주경로 활동을 의미한다. 비주경로 상의 활동들(활동 c와 활동 g)은 여유시간이 있을 수 있다.

표 6-20 만수아파트 인테리어 프로젝트 간트 차트

활동식별	선행활동	기간(일)	2019년 3/4일주							2019년 3/11일주							2019년 3/18일주					
			월	화	수	목	금	토	일	월	화	수	목	금	토	일	월	화	수	목	금	토
a	–	5																				
b	a	2																				
c	b	3																				
d	b	7																				
e	c, d	4																				
f	e	1																				
g	d	2																				
h	f, g	1																				

ii) 자원 역일표

자원 역일표는 활동자원 요구사항을 추적할 수 있도록 하는 하나의 일정으로써 프로젝트 팀원들에게 어떤 작업을 언제 실행에 옮겨야 할지에 대해 시각적 도움을 준다. 즉, 프로젝트 일정기간 동안에 필요한 유형의 자원(인력, 장비, 재료 등)을 언제 그리고 얼마나 오랫동안 이용 가능한지에 대하여 구체화한 정보를 포함하고 있다.

가) 자원 역일표 작성 시 고려사항

프로젝트 일정수립 시 프로젝트에 관련된 이용 가능한 인적자원의 스킬 수준, 휴가, 공휴일, 병가(medical leave), 결근 등뿐만 아니라 물적 자원의 이용 가능성, 그리고 프로젝트 마일스톤의 시작일과 종료일 등도 검토하여 작성한다.

iii) 프로젝트 일정수립 프로세스

프로젝트 일정수립을 위해 필요한 투입자료는 활동목록, 프로젝트 범위기술서, 작업분할구조 사전, 프로젝트 일정네트워크도형, 활동자원 요구사항, 자원 역일표, 활동기간 추정치 등이다. CPM, PERT, CCPM, 자원평준화, 일정압축 등과 같은 일정수립 기법을 적용하여, 프로젝트 일정과 일정기준선을 산출하게 된다. 이러한 프로젝트 일정수립 프로세스를 전개하면 <그림 6-20>과 같다.

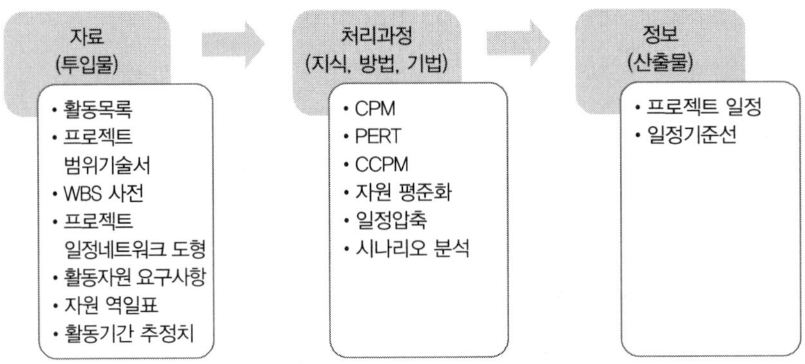

그림 6-20 프로젝트 일정수립 프로세스

6.4 프로젝트 일정통제

계획된 프로젝트 일정에 따라 관련 활동들을 수행하는 동안 프로젝트의 진척상황을 모니터링하고, 필요한 경우, 일정기준선을 변경한다. 프로젝트 일정통제(schedule control)에서는 구체적으로 어느 부분에서 수정이 필요한가를 결정하기 위해 주로 획득가치관리(EVM) 기법을 사용한다.

(1) 획득가치관리

EVM은 프로젝트의 작업 범위, 일정 및 원가 간의 함수관계를 결합한 것으로 프로젝트계획 대비 성과와 진척도를 평가하기 위해 사용하는 유용한 기법이다. EVM 기법을 적용함으로써 프로젝트 진척에 따라 적절한 조치를 취할 수 있게 된다.

i) 일정차이와 일정성과지수

프로젝트 일정을 통제하는 데 도움을 줄 수 있는 일정차이(schedule variance, SV)와 일정성과지수(schedule performance index, SPI)에 대해 간략하게 요약하고, 7장 프로젝트 원가에서 좀더 구체화하여 심층적으로 다룬다.

가) 일정차이

일정차이(SV)는 프로젝트 일정계획으로부터 벗어난 정도를 파악하기 위해 획득가치(earned value, EV)에서 계획가치(planned value, PV)를 뺀 것이다. 즉, 일정차이(SV) = 획득가치(EV) − 계획가치(PV)이며, 계산한 결과, 부정적인 SV는 프로젝트의 진척이 계획된 일정보다 지연되고 있고, 반대로 긍정적인 SV는 프로젝트의 진척이 계획된 일정보다 앞서 있다는 것이다.

나) 일정성과지수

일정성과지수(SPI)는 프로젝트 일정계획상의 작업진도와 달성된 작업의 진척도를 비교하기 위해 획득가치(EV)를 계획가치(PV)로 나눈다. 일정성과지수(SPI) = 획득가치(EV) ÷ 계획가치(PV)이고, 계산한 결과에서 1보다 작은 SPI는 작업의 진척도가 일정보다 뒤쳐져 있음이고, 반대로 1보다 큰 SPI는 작업의 진척이 일정보다 앞서고 있다는 것이다.

ii) 프로젝트 일정통제 프로세스

프로젝트 일정통제 프로세스에서는 프로젝트 일정수립 프로세스의 산출물인 프로젝트 일정, 프로젝트에 대한 작업 성과정보를 기초로 하여 프로젝트 일정(일정기준선)을 분석, 수정 또는 변경한다. 프로젝트 작업의 진척상황을 추적하기 위해 일정기준선은 현재의 것으로 유지하지만, 불가피한 경우, 변경이 쉽게 이루어질 수 있도록 한다.

<그림 6-21>은 프로젝트 일정통제 프로세스에서 프로젝트일정, 작업 성과정보 같은 주요 투입물, 획득가치관리 기법의 적용, 그리고 산출물로서 일정차이(SV)와 일정성과지수(SPI)를 각각 나타낸다.

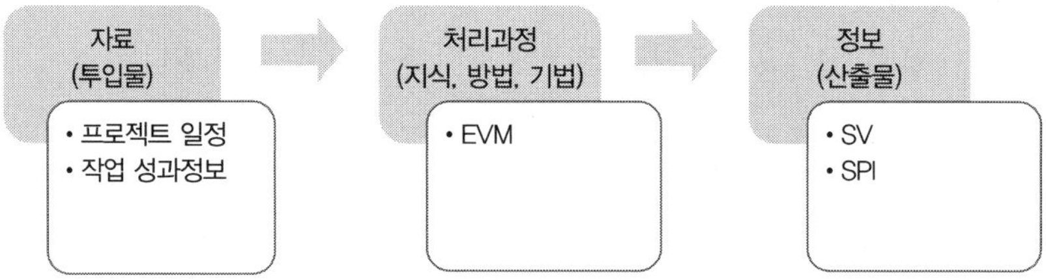

그림 6-21 프로젝트 일정통제 프로세스

연습문제

01 프로젝트 일정을 수립하기에 앞서, 활동순서를 배열하기 위해 활동들 간의 논리적 관계(logical relationship)를 이해할 필요가 있다. 논리적 관계의 4가지 유형에 대하여 각각 설명하시오.

02 프로젝트 일정 수립 시 선행활동과 후행활동 간의 3가지 상호의존적 관계에 대하여 각각 설명하시오.

03 프로젝트 활동들 간의 연관관계는 도형으로 표현한다. 프로젝트 활동들 간의 선행과 후행의 관계를 기반으로 각 활동에 대한 수행순서와 일정을 표현하는 AoA 도형의 특성을 설명하시오.

04 프로젝트의 개별활동 별로 실행에 필요한 자원의 유형, 수량 및 특성을 파악하는 것이 프로젝트 활동자원추정이다. 프로젝트 활동자원추정을 위한 4단계에 대해 간략하게 서술하시오.

05 프로젝트 일정네트워크 상의 각 활동들을 수행하는 데 필요한 활동기간을 추정하여야 한다. 활동기간추정 기법들 중 유사추정(analogous estimation)에 대해 정의하고, 유사 추정 5단계를 서술하시오.

06 K 공장은 현재 1회용 마스크 생산설비 5대를 가동하고 있으나 향후 마스크 수요증가를 고려하여 신규 프로젝트로서 마스크 생산설비 2대를 증설하기로 하였다. 증설되는 설비의 가동인원 20명에 대한 교육훈련준비 및 실시 기간을 유사추정(analogous estimation) 방법으로 산정하시오.

참고사항:
이전에 설치된 1회용 마스크 생산설비 가동 시 35명에 대한 교육훈련준비에 40시간, 교육을 실시하는 데 24시간이 필요했다.

07 엘리야후 골드랫(Eliyahu M. Goldratt) 제약이론(TOC)의 기본원칙을 프로젝트 일정수립에 응용한 것이 주사슬프로젝트관리(CCPM)이다. 프로젝트 일정수립 시 왜 CCPM이 필요한가?

08 주사슬프로젝트관리(CCPM)에서 프로젝트 수행 조직과 그 구성원들의 행동패턴을 잘 관리하면, 프로젝트 리드타임을 상당히 줄일 수 있다. 행동패턴 중 여유시간 낭비를 유발할 수 있는 학생증후군(student syndrome)에 대하여 설명하시오.

제7장

프로젝트 원가

프로젝트 작업을 수행하기 위해 필요하거나 추정되는 자금을 프로젝트 비용 또는 프로젝트 원가(project cost)라 한다. 비즈니스 조직의 경우, 사업의 지속가능성을 실현하고자 시장이나 고객의 니즈에 따라 신제품 또는 서비스를 개발하는 프로젝트를 완료하는 데 사용되는 특정한 지출이다. 승인된 예산범위 내에서 그 프로젝트를 어떻게 마무리하는가 하는 것이 프로젝트 원가에서 중요하다. 즉, 프로젝트 원가를 합리적으로 추정하여 프로젝트 예산(project budget)에 적절히 반영하고, 반영된 예산을 초과하는 일이 발생하지 않도록 프로젝트 수행 중에 예산집행 상황을 일정기준선에 따라 모니터링 및 통제하게 된다. 7장에서는 프로젝트 원가의 구분, 시간과 원가 간의 상충관계, 원가추정, 예산결정, 모니터링 및 통제를 다룬다.

7.1 프로젝트 원가와 기간

프로젝트 작업을 수행하기 위하여 재료비, 노무비, 장비사용료, 일반경비 등 필요한 만큼의 자금이 소요되기 때문에, 프로젝트 일정에 따른 자금의 유동성을 고려하여 예산과 원가를 철저히 관리할 필요가 있다. 프로젝트의 원가를 직접원가, 간접원가, 변동원가, 고정원가로 구분하여 접근한다. 특히, 프로젝트 일정을 조정할 경우, 프로젝트 활동들의 기간과 원가 간 상충관계를 충분히 고려한다.

(1) 원가 구분

프로젝트의 원가는 추적가능성에 따라 직접원가(direct costs)와 간접원가(indirect costs or overhead)로 구분된다. <그림 7-1>은 직접원가와 간접원가 간의 관계를 나타낸다.[1] 여기서 원가대상(cost object)은 원가의 개별적 측정이 요구되는 프로젝트 관련 작업 또는 활동을 의미한다. 특히, 조직이 비즈니스전략과 일관되게 규모가 큰 중장기 프로젝트를 수행할 때는 지속적으로 원가절감을 실현하기 위해 원가행위 패턴에 따라 원가를 변동원가(variable cost)와 고정원가(fixed cost)로 세분한다.

그림 7-1 직접원가와 간접원가 간의 관계

i) 직접원가

직접원가는 프로젝트 활동의 수행을 위한 비용이며, 경제적으로 식별 또는 추적이 가능한 원가요소를 말한다. 경제적으로 식별 또는 추적 가능하다는 것은 비용-편익(cost-benefit) 분석에서 타당성이 있다는 의미이다. 프로젝트의 개별활동에는 가능한 한 원가를 추적할 수 있는 직접원가를 할당한다.

예를 들어, 건설공사에서 요구되는 재료, 노무, 건설장비임대 등의 비용은 직접원가에 해당된다. 기타 직접적으로 동원된 모든 노력이나 비용도 직접원가로 분류될 수 있다. 건설공사의 직접원가 추정은 일반적으로 건설표준품셈(standard of construction estimate), 대한건설협회(Construction Association of Korea)의 건설적산기준(건설임금, 표준품셈, 건설기계경비산정, 표준시장단가) 등의 정보에 의해 산정된다.

ii) 간접원가

간접원가는 어떤 프로젝트에 대해 경제적 관점에서 식별될 수 없거나 추적이 용이하지 않은 원가요소이기 때문에 프로젝트 관련 작업 또는 활동에 배분된다.

예를 들어, 프로젝트의 특성이나 규모에 따라 다를 수는 있으나 일반적으로 사무행정, 인사, 임원 급료, 영업비, 배송료, 사무실 임대료, 안전·보안비, 유지보수비, 세금과 공과금, 소모품비, 전력비, 수도광열비, 기술료, 복리후생비, 폐기물처리비, 여비 · 교통비 · 통신비, 도서인쇄비, 특허권 사용료, 등의 비용은 간접원가에 속한다.

---

1) Horngren, C. T., Foster, G., and Datar, S. M., /송자 외 공역, '원가회계', 대영사, 서울, 1998, pp. 32-33

ⅲ) 변동원가

원가에 영향을 미치는 요소의 변화에 비례하여 전체 금액이 변하는 원가이다. 즉, 변동원가는 조직의 내부 또는 외부에서 생산되거나 판매되는 수량의 증감에 따라 변한다. 예를 들어 재료비, 노무비 등이 해당된다.

ⅳ) 고정원가

원가에 영향을 미치는 요소의 변화에도 불구하고 전체 금액이 변하지 않는 원가이다. 즉, 생산되거나 판매되는 제품 또는 서비스의 수량 증감에 영향을 받지 않고 시간에 관련되어 있는 보험료, 재산세, 이자비용, 고정자산의 감가상각비 등이 고정원가에 해당된다.

(2) 활동의 기간과 직접원가

프로젝트 활동에 대한 기간과 자원배분의 방식에 따라 다양한 수행이 있을 수 있다. 예를 들어, 어떤 프로젝트 활동을 수행하는 데 이론적으로는 1명의 인적자원으로 3일 걸린다고 할 때 만약 인원을 3명으로 늘리면, 단 하루만에 완료할 수 있게 된다. 이와 같이 프로젝트 활동을 수행하기 위한 기간과 자원은 서로 상충관계(trade-off relationship)에 놓이게 된다. 자원(resources)을 원가(costs)로 대체하면, 기간−원가 상충(duration-cost trade-off) 관계가 성립될 수 있다.

ⅰ) 활동기간과 직접원가

선형계획(linear programming, LP)을 적용해서 모든 활동들에 대한 기간−직접원가 상충의 최적조합을 결정한다. 활동 j 에 대한 기간(duration)과 직접원가(direct costs) 간의 상충관계는 <그림 7−2> 좌표상에서 직선이라고 가정한다. 여기서 직접원가는 개별활동의 수행에 직접적으로 요구되는 인력, 장비 및 재료의 원가를 포함한다. <그림 7−2>에서 사용되는 기호는 다음과 같다.

t_j 　활동 j 에 대한 정상기간(normal duration)

dc_j 　활동 j 에 대한 정상직접원가(normal direct cost)

t'_j 　활동 j 에 대한 크래시기간(crash duration)

dc'_j 　활동 j 에 대한 크래시직접원가(crash direct cost)

y_j 　활동 j 에 대한 기간

k_j 　활동 j 에 대한 직접원가를 나타내는 y 절편 값.

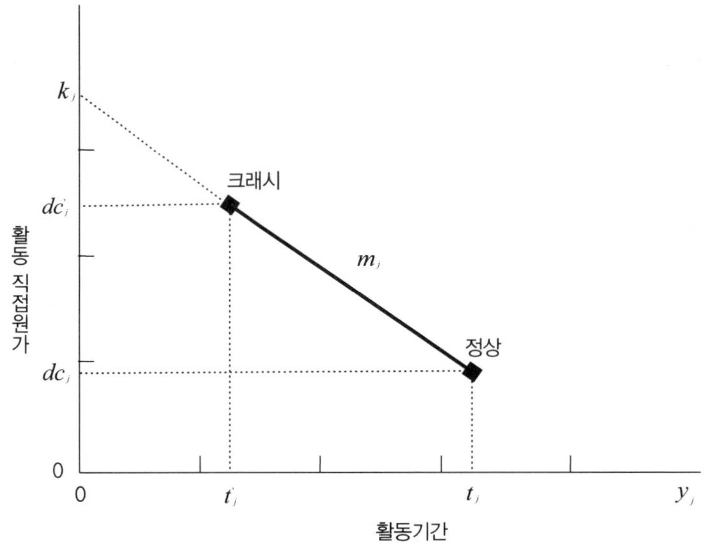

그림 7-2 활동 j에 대한 기간과 직접원가

활동 j 에 대한 직접원가는 활동 j 에 대한 정상 지점과 크래시 지점을 통과하는 직선의 기울기 m_j 이다.

$$m_j = \frac{dc_j - dc'_j}{t_j - t'_j} \tag{7.1}$$

$$k_j = dc'_j - m_j t'_j \tag{7.2}$$

활동 j 에 대한 직접원가 $= m_j y_j + k_j$

활동 j 에 대한 기간 y_j 는 $0 \le t'_j \le y_j \le t_j$ 을 만족하고, 여기서 $m_j \le 0$, $k_j \ge 0$.

ii) 프로젝트 직접원가

활동 j 에 대한 직접원가 $= m_j y_j + k_j$ 이면, 프로젝트 개별활동들 전체에 대한 직접원가는 개별 활동들의 합에 해당하는 $\sum_{j=1}^{n} m_j y_j + \sum_{j=1}^{n} k_j$ 이다.

<그림 7-3>은 프로젝트기간 T 와 직접원가 DC에 대한 구간선형(piecewise linear) 형태의 최소직접원가곡선(minimum total direct cost curve)을 나타낸다.

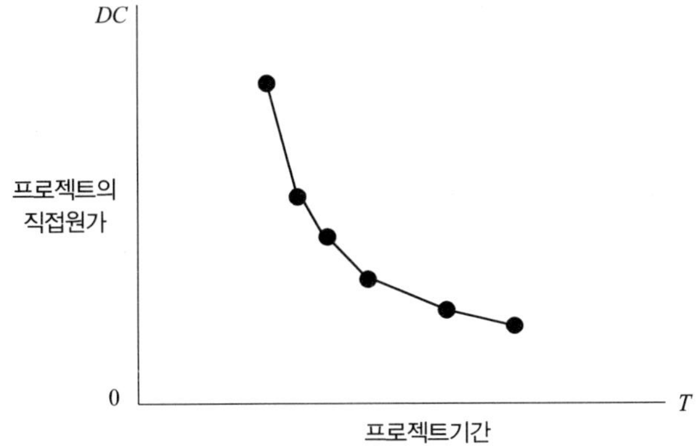

그림 7-3 프로젝트 최소직접원가곡선

(3) 프로젝트에 대한 원가와 기간

CPM은 가장 잘 알려진 경험적 원가/기간 상충방법(heuristic cost/duration tradeoff methods)이다. 이 방법은 직접원가와 간접원가 간에 균형을 이루어 프로젝트 총원가를 줄이는 데 그 목적이 있다. 그 목적을 달성하기 위해 선정된 활동들을 크래시(crash)한다. 즉, 프로젝트기간을 단축하기 위해 프로젝트 일정네트워크 상의 주경로 활동들을 크래시할 필요가 있다. 기간단축을 위한 대안으로서의 원가는 개별활동의 원가/기간 관계에서 계산을 하여, 가장 저렴한 원가대안을 선택한다. 이러한 과정은 반복적으로 이루어진다.[2)]

ⅰ) 프로젝트 총원가 추정

전체 프로젝트기간을 대상으로 원가를 고려할 때, 프로젝트를 관리 및 감독하기 위해 필요한 것은 간접원가에 초점을 맞추고, 개별 활동기간을 대상으로 원가를 다룰 때는 직접원가에 초점을 맞춘다. 만약 프로젝트를 완료하는 데 요구되는 기간이 길어진다면, 그 프로젝트의 간접원가는 증가하게 된다. 따라서 프로젝트에 대한 총원가를 추정하기 위해서는 직접원가와 간접원가를 동시에 고려한다. 직접원가와 간접원가를 결합한 프로젝트의 최소원가 MC 는 <그림 7−4>에서 프로젝트기간 T 의 다양한 값으로 나타난다. T 의 최적 값은 총원가 곡선의 최소 지점이다.[3)]

---

2) Sunde, L., and Lichtenberg, S., "Net-present-value cost/time tradeoff," *International Journal of Project Management,* Vol. 13, No. 1, pp. 45-49, 1995.

3) Hillier, F. S., and Lieberman, G. J., *Introduction to Mathematical Programming*, 2nd ed., McGraw-Hill, Inc., New York, 1995. See pp. 447-448.

프로젝트생애주기 각 단계에서 기간의 제약은 프로젝트 발주자의 요구에 의하든, 프로젝트를 수행하는 조직 자체적으로 필요에 의하든 다양한 요인들로 인해서 자주 발생된다. 프로젝트 최종 인도물의 계약납기일을 준수하지 못할 경우 지체상환금까지 부담할 수 있어 비즈니스 현실에서는 개별 활동기간 단축으로 납기일을 맞추려면 연장근무, 휴일근무, 고성능 장비동원, 작업자 추가투입 등으로 인한 추가적인 원가부담은 불가피하다.

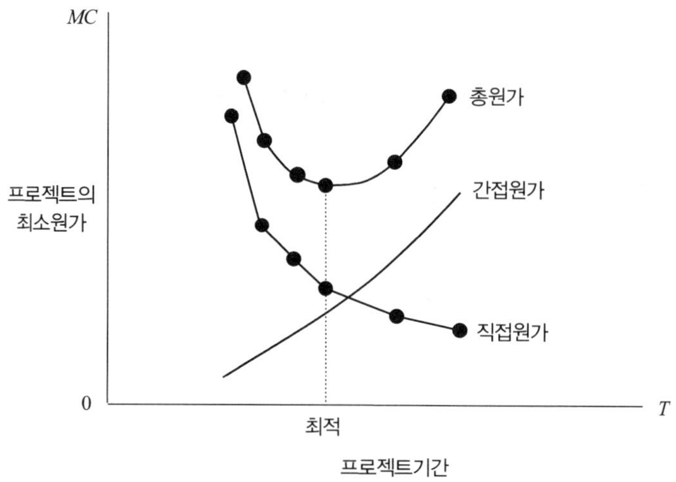

그림 7-4 프로젝트 최소원가곡선

프로젝트 기간–원가 간 상충문제를 다루기 위해 선형계획(LP), 정수계획(integer programming, IP), 유전 알고리즘(genetic algorithm, GA) 등이 적용된다. 예를 들어, 유전 알고리즘(GA)을 사용하는 자원 고려 기간–원가 상충모형 연구논문[4]에서 단축된 프로젝트기간(crashed project duration)의 총원가를 최소화하기 위한 목적함수는 (7.3)과 같다.

$$Minimize\ C = \sum_{m=1}^{n} C_m^d + C^i \qquad (7.3)$$

여기서,

C: 프로젝트 총원가

C_m^d: 자원 유형 m의 직접원가

C^i: 프로젝트의 간접원가

n: 자원 유형의 개수

4) Chua, D. K. H., Chan, W. T., & Govindan, K., "A time-cost trade-off model with resource consideration using genetic algorithm," *Civil Engineering and Environmental Systems*, Vol. 14, No. 4, pp 291-311, 1997.

<그림 7-5>에서와 같이 프로젝트에 대한 최소 총원가—기간 곡선(minimum total cost—duration curve)을 발견할 수 있다.

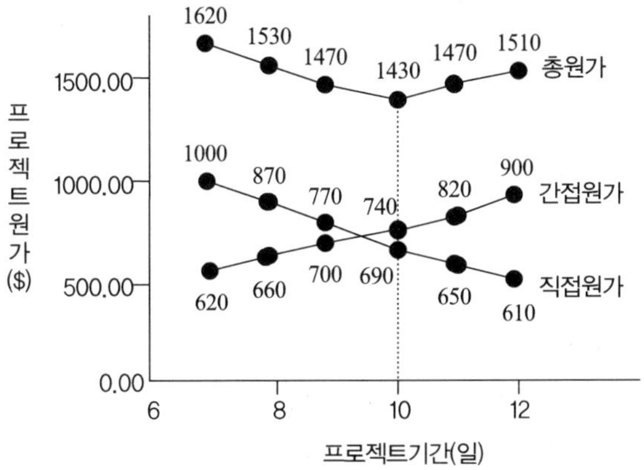

그림 7–5 프로젝트의 최소 총원가–기간 곡선

ii) 프로젝트 활동기간–원가 간 상충 선형계획 모형

첨단산업부문의 역동적인 제품환경에서 신제품의 시장출시 시기는 중요하기 때문에 신제품개발 프로젝트를 맡은 프로젝트관리자는 신제품개발 프로젝트가 빈번하게 계획된 기간을 초과하고 있어 출시시기(time-to-market)에 상당히 민감하다. 최초 계획은 잠재수익이 최대일 것으로 기대되는 시기에 신제품을 시장에 내놓는 것이어서 프로젝트기간이 더 길어지면 시장출시를 늦추거나 최초 시장출시 시기에 맞추기 위해 신제품개발 프로젝트기간을 단축하여야 할 것이다.[5] 이러한 상황에서 자원을 더 추가하여 프로젝트기간을 단축하고자 할 때, 개별활동의 기간과 직접원가 간 상충관계를 고려한다. 식 (7.1)에서의 m_j 그리고 프로젝트기간을 줄이기 위해 증가된 전체 직접원가를 DC 라고 할 경우, 선형계획모형은 다음과 같은 결정변수, 매개변수 및 수학식으로 정리될 수 있다.

---

5) Haffner, E. W., and Graves, R. J., "Managing New Product Time to Market Using Time-Cost Trade-Off Methods," *OMEGA International Journal of Management Science*, Vol. 16, No. 2, pp. 117-124, 1988.

결정변수

y_j : 활동 j 를 완료하기 위한 크래시기간

매개변수

m_j: 활동 j 에 대한 단위 기간당 직접원가

r_j : 활동 j 의 줄어든 기간

x_i : 선행활동 i 의 시작시간

x_j : 활동 j 의 시작시간

K : 선행활동 i 의 정상완료기간

y_i : 선행활동 i 의 크래시기간

x_n : 활동 n 의 시작시간

t_n : 활동 n 이 수행될 때 요구된 정상기간

y_n : 활동 n 이 수행될 때 요구된 크래시기간

T : 프로젝트 마감일 또는 기간

$y_j \geq 0$

목적함수

$$Minimize \quad DC = \sum_{j=1}^{n} m_j y_j \tag{7.4}$$

제약식

$$y_j \leq r_j \tag{7.5}$$

$$x_j \geq x_i + (K - y_i) \tag{7.6}$$

$$x_n + t_n - y_n \leq T \ . \tag{7.7}$$

제약식 (7.5)에 의하면, 개별활동의 기간은 그 활동의 최대감축기간보다 더 단축될 수는 없다. 식 (7.6)에서 개별활동의 시작시간은 적어도 모든 선행활동의 완료기간만큼은 되어야 한다.

7.2 프로젝트 원가추정

프로젝트 원가추정은 프로젝트 범위 내 활동들을 완료하기 위해 요구되는 금전적 자원의 근사치를 산정하는 것으로서 프로젝트 원가를 추정하는 방법에 따라 정확성에 차이가 있을 수 있으나 프로젝트가 진척되면서 점진적으로 정확성이 높아진다.

(1) 프로젝트 원가추정방법

프로젝트 원가추정방법에는 유사원가추정(analogous cost estimation), 모수원가추정(parametric cost estimation), 상향원가추정(bottom-up cost estimation), 3점원가추정(three-point cost estimation), 그리고 비상예비비추정(contingency reserve estimation)이 있다.

i) 유사원가추정

현 시점에서 이용할 수 있는 프로젝트 원가 관련 매개변수 또는 척도의 정보가 제한적일 경우, 과거에 추진했던 유사한 프로젝트의 실제원가를 기준으로 산정하는 방법이다. 프로젝트의 복잡성 정도나 물가변동 상황에 따라 그 값을 조정할 수 있다. 예를 들어, 작년에 공사했던 아파트단지 담장설치원가가 315,000원/m이었다면, 금년에 신축하는 아파트공사에서는 작년에 설치한 것과 동일한 규격의 담장설치원가에 물가상승률을 고려하여 약 330,000원/m로 추정될 수 있다.

다른 방법들과 비교해서 상대적으로 원가를 산출하는 데 소요되는 노력, 즉 비용이 적게 들고, 단 시간에 원가를 추정할 수 있는 장점이 있으나 정확성은 낮다. 따라서 프로젝트생애주기의 초기단계에 적용할 수 있다.

ii) 모수원가추정

이전에 수행했던 프로젝트의 이력자료와 단위 비율(unit rate) 간의 통계적 관계를 사용하여 원가를 산출하는 방법이다. 이 방법에 의한 모수 값(parametric value)은 신뢰성 있는 유사한 프로젝트나 산업계 출판물에서 얻은 정보에 기초하기 때문에 일반적으로 상당히 정확하다. 또한, 계산식의 복잡성과 입력하는 기초 데이터에 따라 정확도는 더 높아질 수 있고, 프로젝트 전체 또는 부분적으로 적용 가능하다.

모수원가추정의 정확도는 단위 원가(unit cost)의 정확도 수준과 단위 수(the number of units)의 정확도 수준의 평균으로 한다. 예를 들어, 어떤 건설프로젝트에서 단가 120,000원/㎡, 단가의 정확도 120,000원/㎡ ±10%, 단위 수가 1,000㎡ ± 2% 이면, 모수원가는 120,000,000원 ± 6%로 추정된다.

예제 7-1 (주)한강인테리어는 새로 건축한 강남오피스텔 3층 바닥공사를 수주 받았다. 3층에는 10개의 오피스텔이 있고, 각 오피스텔의 실제 평수는 10평으로 동일하며, 바닥 자재는 데코타일(decotile)을 선택하였다. 유사원가추정과 모수원가추정에 의한 바닥공사 원가는 각각 얼마나 될까?

가) 유사원가추정

1년 전에 송파오피스텔(실제 평수; 10평/오피스텔) 20개를 데코타일로 바닥공사하는 데 500만 원 들었다. 금년도 물가와 인건비 상승률 5%를 고려하면, 5,000,000원 × 1.05 = 5,250,000원, 오피스텔이 10개이므로 대략 5,250,000÷2 = 2,625,000원.

나) 모수원가추정

데코타일: 15,000원/평, 접착제: 1,000원/평, 노무(시공): 10,000원/평

바닥공사비: (15,000 + 1,000 + 10,000) × 10 = 260,000원/오피스텔

전체 바닥공사: 260,000 × 10 = 2,600,000원

iii) 상향원가추정

프로젝트 작업분할구조(WBS)에서 가장 낮은 수준에 해당하는 작업패키지 구성요소인 각 활동들의 원가를 추정해서 가장 높은 수준에 이르기까지 결합해가는 원가추정 방법이다. 즉, 다른 원가추정방법들(유사원가추정, 모수원가추정, 3점원가추정) 중 어느 것이든 사용해서 나온 개별 원가추정치를 상위수준(higher levels)으로 합산해가면 프로젝트 원가추정치로 된다.

이 방법의 정확성은 프로젝트의 작업패키지 또는 활동의 복잡성에 따라 달라진다. 상향원가추정의 정확도는 각 활동들의 추정치 평균으로 볼 수 있다. 예를 들어, 프로젝트 작업패키지 내 활동 a의 정확도 10%, 활동 b의 정확도 8%, 활동 c의 활동 12%라면, 전체 활동의 정확도는 10%이다.

iv) 3점원가추정

PERT의 개념을 응용한 것으로서 활동원가에 대해 3가지 추정치를 사용한다. 활동수행에 소요되는 원가의 불확실성(uncertainty)을 고려하여 낙관적 원가, 비관적 원가 및 가장 가능성 있는 원가로 구분해서 추정하는 방법이다. 즉, 활동에 대한 기대치(expected value)를 구하기 위해 3가지 원가 추정치를 가중평균(weighted average)한다. 활동의 기대원가를 식으로 표현하면 다음과 같다.

$$ec = \frac{oc + 4mc + pc}{6} \tag{7.8}$$

기대원가(expected cost): 활동 수행에 필요한 3가지 추정치의 가중평균 원가(ec)

낙관적 원가(optimistic cost): 활동 수행에 필요한 최소의 가능 원가(oc)

비관적 원가(pessimistic cost): 활동 수행에 필요한 최대의 가능 원가(pc)

가장 가능성 있는 원가(most likely cost): 활동 수행에 필요한 가장 바람직한 원가(mc)

3가지 원가추정치의 상호관계: $oc \leq mc \leq pc$

위에서 설명한 원가추정 방법들을 통해 개별 활동에 대한 원가추정치가 산출된다. 활동에 대한 원가추정에는 직접원가에 속하는 노무, 재료, 장비, 서비스, 시설 관련 비용이 포함될 수 있다. 전체 프로젝트 또는 작업패키지 수준 이상에 대해서는 간접원가도 고려될 수 있다. 가능한 경우, 원가추정 시 사용한 추정근거(예: 물가 상승률, 환율 변동, 금융이자율) 자료, 가정, 제약, 최종 원가추정치의 신뢰수준 등을 참고 문서로 포함 또는 보관하는 것이 좋다.

v) 비상예비비추정

비상예비비(contingency reserve)는 원가추정의 불확실성을 고려하여 추정된 원가에 대한 %, 고정된 수 또는 기타 다른 정량적 계산방법으로 반영될 수 있다.

(2) 프로젝트 원가추정 프로세스

프로젝트 범위 내에 있는 모든 활동들을 완료하는데 요구되는 원가를 산정하는 프로세스로서 <그림 7-6>과 같이 정리해 볼 수 있다. 특히 범위기준선은 프로젝트범위기술서, WBS 및 WBS 사전을 포함한다.

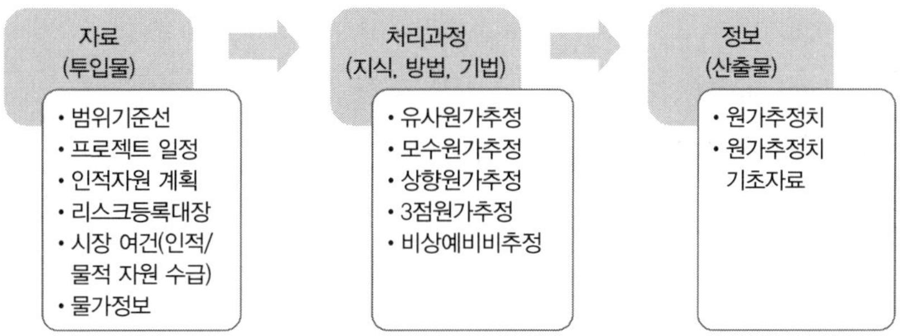

그림 7-6 프로젝트 원가추정 프로세스

프로젝트의 원가추정치는 프로젝트 활동들을 수행하기 위해 요구된 노무, 재료, 장비, 시설, 비상예비비 등을 포함하는 직접원가에 해당한다. 가능한 경우, 간접원가까지 원가추정치에 포함한다.

(3) 원가분류코드

조직 또는 프로젝트 팀은 프로젝트 활동들의 원가를 체계적이고 효율적으로 관리하기 위해 개별코드를 부여할 필요가 있다. 원가분류코드화(coding for cost classification) 작업 시에는 프로젝트를 수행하는 조직의 규모, 특성, 방침, 자료의 용도(원가추정, 예산결정, 원가통제) 등을 고려한다.

i) 원가추정코드 구성

원가추정코드(cost estimation code)를 구성할 때는 프로젝트 범위기준선 설정 시 사용한 WBS, 기능업무, 원가요소(재료비, 노무비, 장비사용료, 일반경비) 등을 고려하여 영어 알파벳과 아라비아 숫자를 조합한다. 예를 들어, <그림 5−2> 프로젝트2030 작업분할구조도에 기초하여 원가추정코드를 구성할 수 있다.

가) WBS에서 업무(수준1)를 고려한 영어 알파벳

P: 프로젝트관리(project management),

D: 문서개발(document development),

C: 컴퓨터 프로그램(computer program),

S: 시스템 분석(system analysis).

나) 원가요소를 고려한 영어 알파벳

M: 재료(material),

L: 노무(labor),

E: 장비(equipment),

G: 일반경비(general expense)

원가추정코드(예시)

업무: A

작업분할구조: AAANNN

원가요소: ANNN

다) 예산코드

조직의 프로젝트 예산을 관리하기 위한 것으로서 앞서 추정한 원가를 기반으로 하여 결정한 예산코드(budget code)는 다음과 같이 구성할 수 있다.

예산코드(예시)

프로젝트분류 코드: NNN

예산비목분류 코드: NNN

세부비목분류 코드: NNN

라) 원가통제코드

원가통제코드(cost control code)는 프로젝트의 외주계약 또는 발주에 따른 원가를 통제하기 위하여 원가비목과 세부원가비목으로 구성된다.

원가통제코드(예시)

계약 또는 발주내용: AA

원가비목: NNN

세부원가비목: NNN

ii) 원가관리코드 목록

다음 <표 7-1>은 <그림 5-2> 프로젝트2030 작업분할구조도를 참고하여 원가추정코드, 원가통제코드 및 예산코드를 포함하는 프로젝트2030 원가관리코드 목록을 작성한 것이다.

표 7-1 프로젝트2030 원가관리코드

업무	WBS-수준2	작업패키지		원가추정코드		원가통제코드		예산코드	
		코드	내용	코드	내용	코드	내용	코드	내용
프로젝트관리									
문서개발									
컴퓨터 프로그램	하드디스크								
	회로판	CCP110	절차서	CCP110G	절차서	EZ100	기타 경비	100100	용역비
		CCD210	설계	CCD210L	설계	AZ100	재료구입비	100200	구입비
		CCM310	제작	CCM310M	제작	CZ100	제작비	100300	제작비
		CCT410	시험	CCT410E	시험	DZ100	시험비	100400	시험비
	조립								
시스템 분석									

외주계약 또는 발주의뢰 시 원가비목은 '외주설계 발주: AZ, 재료구입계약: BZ, 외주제작 발주: CZ, 외부 시험의뢰: DZ, 기타 경비: EZ'로 구분하고, 관련 세부원가비목은 '용역비: 100, 구입비: 200, 설계 또는 제작비: 300, 시험 또는 분석비: 400' 등으로 각각 세분하였다.

7.3 프로젝트 예산결정

프로젝트의 원가기준선(cost baseline)을 설정하기 위해 선택한 원가추정방법에 의해 산정된 각 활동 또는 작업패키지의 원가추정치를 WBS의 하위수준에서 상위수준으로 집계하게 된다. 프로젝트 예산은 프로젝트를 완료하는 데 소요되는 자금의 총액으로서 그 프로젝트에 관련된 모든 이해관계자들에 의해 승인되어야 한다.

(1) 프로젝트 원가기준선

프로젝트의 원가기준선은 프로젝트 원가를 추적 및 모니터링 하기 위한 하나의 중요한 도구 역할을 하며, 프로젝트를 완료하는 데 필요한 활동들과 자원의 총원가 추정치에 기초한다. 원가기준선을 결정할 때 프로젝트 활동들의 수행에 필요한 자원원가(resources costs)뿐만 아니라 미래에 발생할 수도 있는 리스크에 대응하기 위한 비상예비비도 포함한다. 즉, 프로젝트 원가기준선 = 프로젝트 원가추정치 + 비상예비비

i) 원가기준선의 형태

원가기준선은 프로젝트의 추진 일정에 따라 누적되는 원가를 그래프로 도시하면 <그림 7-7>에서와 같이 S자 형태의 곡선으로 나타난다.

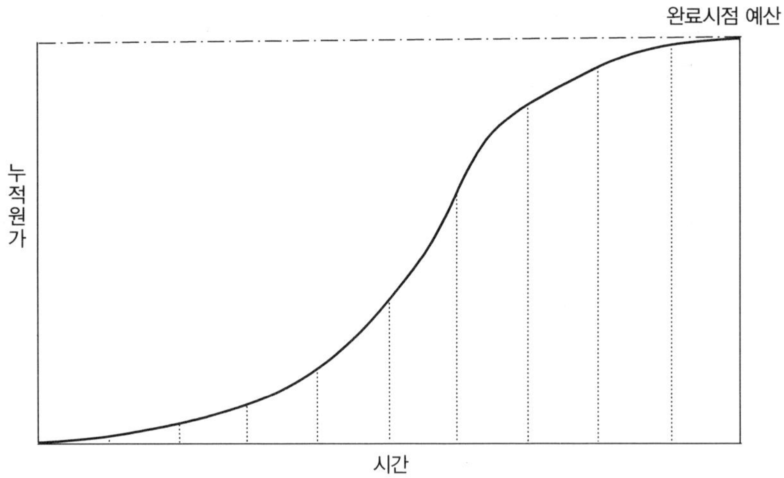

그림 7-7 프로젝트 원가기준선

(2) 프로젝트 예산

프로젝트 예산은 기본적으로 프로젝트 활동들을 수행하기 위해 요구된 모든 원가들의 추정치이다. 프로젝트 예산에는 식별된 리스크 대응용 비상예비비와 식별되지 않은 리스크를 고려한 경영예비비(management reserve)까지 추가될 수 있다. 경영예비비는 프로젝트생애주기 기획단계에서 예상하지 못했던 사건이 실행단계에서 발생할 수 있는 변경(예: 범위, 원가, 시간 등) 관련 비용이다. 따라서 프로젝트 예산 = 프로젝트 원가 추정치 + 비상예비비 + 경영예비비

ⅰ) 프로젝트 자금의 요구와 지출

승인된 S자 형태의 프로젝트 원가기준선을 중심으로 시간 단계별 프로젝트 자금의 요구와 지출 상황을 <그림 7−8>과 같이 나타낼 수 있다.

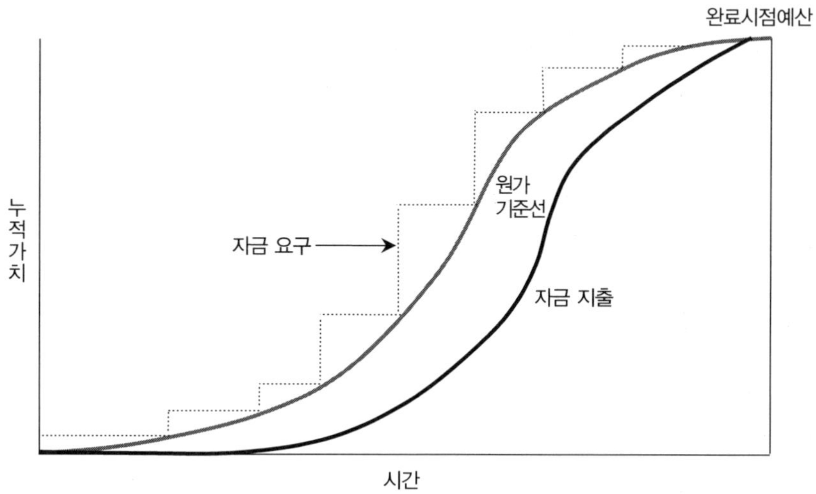

그림 7−8 시간 단계별 자금의 요구와 지출

프로젝트 수행에 필요한 자금의 지출은 프로젝트의 시간 단계적 자금한도(fund limit)에 따른다. 자금의 한도와 지출 사이에 변동 또는 차이(variance)가 있을 경우, 프로젝트 작업일정을 재검토하거나 자금한도를 조정할 필요가 있다.

(3) 프로젝트 예산결정 프로세스

<그림 7−9>는 프로젝트 예산을 결정하는 데 필요한 자료, 처리과정 및 산출물에 대한 프로세스를 나타낸다. 프로젝트 예산결정 프로세스를 통해 생성되는 산출물은 프로젝트 원가기준선과 시간 단계적 자금의 요구와 지출을 나타내는 그래프(그림 7−8)이다.

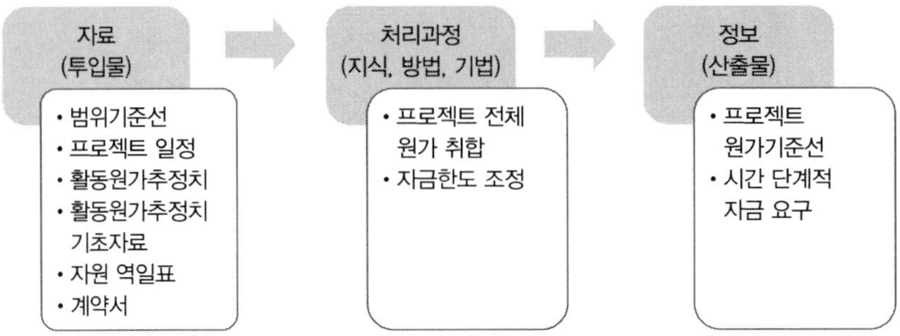

그림 7-9 프로젝트 예산결정 프로세스

7.4 프로젝트 원가통제

프로젝트의 원가통제에서는 프로젝트 각 활동의 성과와 진행상황을 모니터링하면서 필요한 경우, 프로젝트 예산을 갱신하고 설정된 원가기준선을 변경 및 관리한다. 즉, 수행되고 있는 각 작업의 진도와 승인된 프로젝트 자금지출 간의 관계를 분석하여 프로젝트의 승인된 시간 단계 또는 전체 자금한도 내에서 자금을 지출한다.

프로젝트 원가를 통제하기 위한 성과측정 방법으로 가장 널리 알려진 것은 6.4절 프로젝트 일정통제에서도 일부분 적용된 바 있는 획득가치관리(EVM) 기법이다. EVM을 통해 프로젝트 원가관리의 성과와 진도를 모니터링 할 수 있다.

(1) 획득가치관리 적용

EVM의 개발 필요성과 그 배경을 거슬러 올라가면 제2차 세계대전 이후 동서 냉전 체제에서 1960년대 PERT/COST 개념을 미국연방정부 산하 국방성 조달프로그램의 계약절차에 의무사항으로 적용하려고 하였으나, 그 당시 조달계약자들이 부담을 느끼자 국방성은 다시 35개의 기준을 정하여 수정 및 보완한 원가/일정 통제시스템기준(cost/schedule control systems criteria, C/SCSC)을 제정하여 정부조달프로그램의 재무분석용으로 사용하였다.

실제 EVM은 1979년, 데이비드 버스테인(David Burstein)이 퍼블릭웍스매거진(Public Works Magazine)에 기고를 하면서 건축산업, 엔지니어링산업 등에 소개되었고, 그 이후 프로젝트관리 훈련프로그램에 EVM을 포함하였으나 실제적으로 큰 진전은 없었다. 결국 EVM은 1980년대 말부터 서서히 프로젝트관리 방법의 일환으로 점차 부각되기 시작했다.

ⅰ) EVM 관련 기본용어별 적용

EVM에서 사용되는 용어에는 계획가치(planned value, PV), 실제원가(actual cost, AC), 획득가치(earned value, EV), 일정차이(schedule variance, SV), 원가차이(cost variance, CV)가 있으며 각각의 적용에 대해 정리해 본다.

가) 계획가치

계획가치(PV)는 프로젝트 WBS 구성요소의 작업을 수행하기 위하여 배정 및 승인된 예산이다. 이것을 풀어서 설명하면, 예정된 작업용 예산으로 반영된 원가(budgeted cost of work scheduled, BCWS)이다. BCWS는 프로젝트의 모든 작업에 대한 예산항목과 프로젝트 기간 동안 예정된 원가의 합이다. 즉, 프로젝트 일정에서의 작업 완료율(percent completed)에 따라 가치를 부여하는 계산식을 적용한다. PV = 계획된 완료율 × 완료시점예산(budget at completion, BAC)

예제 7-2 (주)한강건설은 4층짜리 강남오피스텔 건축공사를 수주 받아 공사 중에 있다. 전체 공사기간은 6개월이고, 승인된 예산은 5억 원이다. 건축공사를 시작한지 3개월이 지난 시점이다. 이 건축공사의 계획가치(PV)는 얼마나 될까?

전체 공사기간: 6개월

건축공사 예산: 5억 원

소모된 기간: 3개월

건축공사 일정에 대한 완료백분율: 50%

PV= 0.5 × 500,000,000 = 250,000,000원

나) 실제원가

실제원가(AC)는 프로젝트 WBS 구성요소의 작업을 수행하는 데 실제 들어간 전체 원가이다. 이것을 수행된 작업의 실제원가(actual cost of work performed, ACWP)라고도 한다. 예를 들어, [예제 7-2]에서 건축공사를 시작한지 3개월이 지난 시점에 확인했더니 공사비가 실제 3억 원 지출되었다면, 이 건축공사의 계획가치(PV)와 실제원가(AC) 간의 관계를 <그림 7-10>과 같이 나타낼 수 있다.

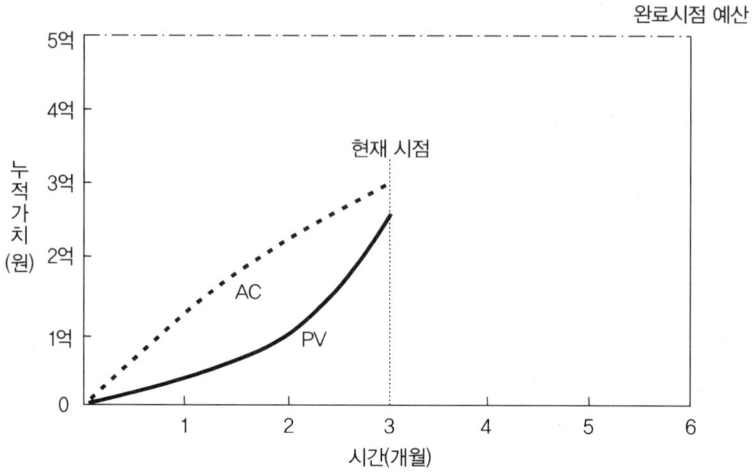

그림 7–10 계획가치(PV)와 실제원가(AC) 간의 관계

다) 획득가치

획득가치(EV)는 프로젝트 WBS 구성요소에 대한 배정 및 승인된 예산을 사용하여 수행하는 작업이 실제 완료된 상태에서의 가치이며, 수행된 작업에 대한 예산원가(budgeted cost of work performed, BCWP)라고도 한다.

예제 7–3 위 [예제 7–2]에서 승인된 전체 예산 5억 원 중 3억 원이 지출되었고, 현재 건축공사가 30% 완료되었다. 이 건축공사의 획득가치(EV)는 얼마나 될까?

전체 공사기간: 6개월

지출된 예산: 3억 원

소모된 기간: 3개월

건축공사에 대한 완료백분율: 30%

EV= 0.3 × 500,000,000 = 150,000,000원

다음 <그림 7-11>은 진행 중인 건축공사에 대한 계획가치(PV)와 획득가치(EV) 간의 관계를 그래프로 나타낸 것이다. [예제 7-2]와 [예제 7-3]에서와 같이 특정한 시점에서의 실제 완료백분율을 그대로 적용하는 방법 이외에 50/50룰(rule), 0/100룰 등이 있다. 우리 속담에 '시작이 반이다' 라는 의미에 걸맞는 것이 50/50룰로서 어떤 작업이 시작되면 바로 그 작업에 대해 50% 가치를 인정받고, 나머지 50%는 그 작업에 관련된 모든 활동들이 완료될 때 인정된다. 반면에 0/100룰은 어떤 작업이 완전히 완료되어야 비로소 가치를 인정받는다.

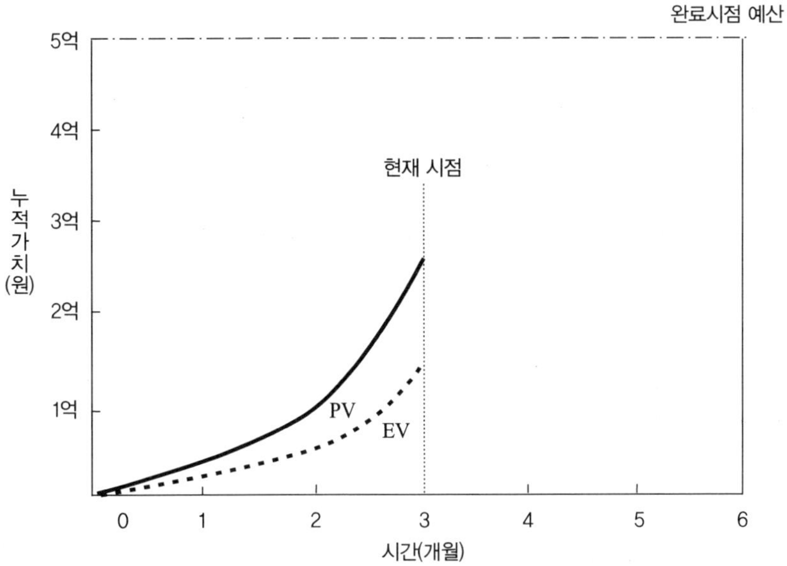

그림 7-11 계획가치(PV)와 획득가치(EV) 간의 관계

라) 일정차이

프로젝트 작업에 대한 일정성과(schedule performance) 척도로 일정차이(SV)를 사용한다. 일정차이(SV)는 프로젝트 작업이 일정대로 진행 및 완료될 수 있도록 도움을 줄 뿐만 아니라 일정지연으로 인해 발생할 수 있는 불필요한 원가초과를 회피할 수 있게 한다. 일정차이(SV)는 주경로방법(CPM)과 함께 고려하면 더 효과적일 수 있다. 계산식 (7.9)에서와 같이 획득가치(EV)에서 계획가치(PV)를 빼주면 일정차이(SV) 값이 나온다.

$$SV = \text{획득가치(EV)} - \text{계획가치(PV)} \qquad (7.9)$$

계산한 결과에서 일정차이(SV) 값이 양(plus)의 수이면 프로젝트 작업이 일정을 앞서고 있고, 음(minus)의 수로 나오면 일정보다 늦어지고 있으며, 제로(zero)이면 일정대로 진행되고 있다.

예제 7-4 위 [예제 7-2]와 [예제 7-3]에서 건축공사를 시작한지 3개월이 지났고, 승인된 전체 예산 5억 원 중 3억 원이 지출되었으며, 현재 건축공사의 30%가 완료되었다. 이 건축공사의 일정차이(SV) 값을 계산하고, 계산 결과에 따른 일정성과를 해석하시오.

공사기간: 6개월

소모된 기간: 3개월

건축공사에 대한 완료백분율: 30%

SV= EV − PV = 150,000,000 − 250,000,000 = −100,000,000원

일정차이(SV) 값이 −100,000,000원으로 나와, 건축공사가 일정보다 상당히 늦어지고 있다.

다음 <그림 7−12>는 건축공사를 시작한지 3개월이 지난 시점에서 건축공사의 일정성과를 금액으로 표현된 일정차이(SV)를 나타낸다.

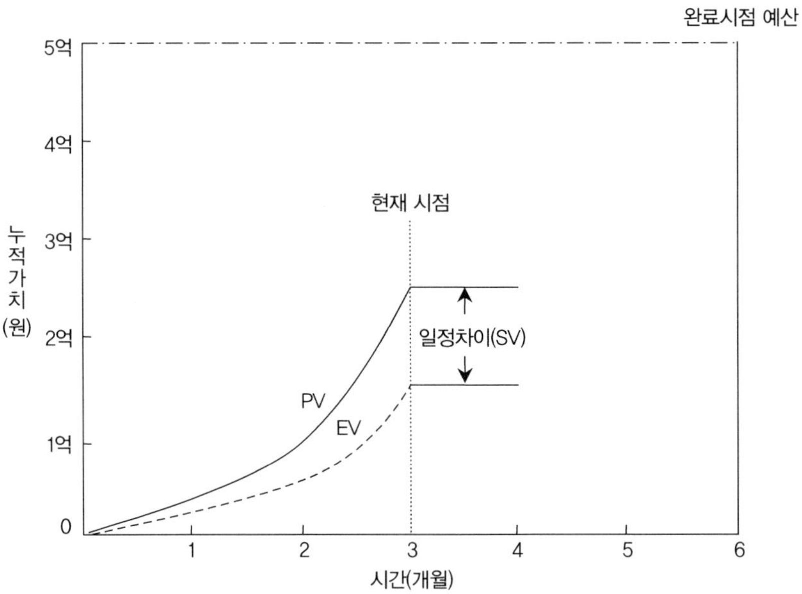

그림 7−12 획득가치(EV)와 계획가치(PV) 간의 일정차이(SV)

마) 원가차이

프로젝트 작업에 대한 원가성과(cost performance) 척도로서 원가차이(CV)를 사용한다. CV는 프로젝트 예산금액을 초과하고 있는지 또는 그 금액 내에 있는지에 대한 정보로서 사용될 수 있어, 프로젝트의 수익성에 영향을 미칠 수 있다. 계산식 (7.10)에서와 같이 획득가치(EV)에서 실제원가(AC)를 빼주면 원가차이(CV) 값이 나온다.

$$CV = \text{획득가치}(EV) - \text{실제원가}(AC) \tag{7.10}$$

계산 결과, 원가차이(CV) 값이 양(plus)의 수이면 프로젝트 예산에 못 미치고, 음(minus)의 수로 나오면 예산을 초과하며, 제로(zero)이면 예산과 일치하여 진행되고 있다.

예제 7-5 위 [예제 7-2]와 [예제 7-3]에서 건축공사를 시작한지 3개월이 지났고, 승인된 전체 예산 5억 원 중 3억 원이 지출되었으며, 현재 건축공사 전체 작업의 30%가 완료되었다. 이 건축공사의 원가차이(CV) 값을 계산하고, 계산결과에 따른 원가성과를 해석하시오.

공사기간: 6개월

지출된 예산: 3억 원

건축공사에 대한 완료백분율: 30%

CV = EV − AC = 150,000,000 − 300,000,000 = −150,000,000원

계산한 결과 원가차이(CV)가 −150,000,000원이기 때문에 건축공사를 하면서 상당히 예산을 초과하고 있음을 알 수 있다.

다음 <그림 7-13>은 건축공사를 시작한지 3개월이 지난 시점에 건축공사의 원가성과를 금액으로 나타낸 원가차이(CV)를 보여준다.

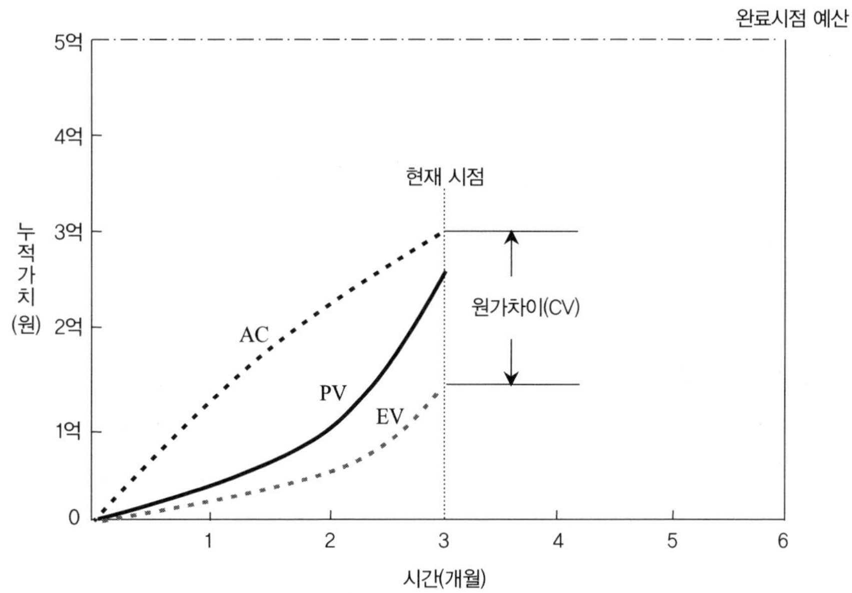

그림 7-13 획득가치(EV)와 실제원가(AC) 간의 원가차이(CV)

<그림 7-13>에서 나타난 3가지 변수를 주간 또는 월간으로 분석하여 필요한 경우, 적절히 통제 또는 조치를 취함으로써 프로젝트 일정에 맞추어 완료시점의 예산을 초과하지 않고 프로젝트를 마무리할 수 있게 될 것이다.

ii) EVM에서 사용되는 성과지수

EVM에서 사용되는 성과지수(performance index)에는 일정성과지수(SPI)와 원가성과지수(cost performance index, CPI)가 있다.

가) 일정성과지수

일정성과지수(SPI)는 프로젝트 일정계획 상의 작업진도와 비교해서 달성된 작업의 진척도를 나타낸다. 계산식 (7.11)에서와 같이 획득가치(EV)를 계획가치(PV)로 나누어 나온 값이 일정성과지수(SPI)이다.

$$SPI = \frac{\text{획득가치}(EV)}{\text{계획가치}(PV)} \tag{7.11}$$

계산 결과, 일정성과지수(SPI) 값에 대하여 다음과 같이 해석할 수 있다.

SPI < 1: 프로젝트 작업이 일정보다 뒤쳐졌다.

SPI = 1: 프로젝트 작업이 일정과 일치했다.

SPI > 1: 프로젝트 작업이 일정보다 앞섰다.

예제 7-6 위 [예제 7-4]에서의 획득가치(EV) 값과 계획가치(PV) 값을 사용해서 일정성과지수(SPI)를 계산하고, 그 계산 결과에 대한 해석을 하시오.

$$SPI = \frac{EV}{PV} = \frac{150,000,000}{250,000,000} = 0.6$$

일정성과지수(SPI)가 1보다 작은 0.6 이기 때문에 프로젝트 작업이 일정보다 상당히 뒤쳐져 있음을 알 수 있다.

나) 원가성과지수

원가성과지수(CPI)는 프로젝트 작업에 투입된 실제원가(AC)와 비교해서 완료된 작업의 가치 척도를 나타낸다. 다음 계산식 (7.12)에서와 같이 획득가치(EV)를 실제원가(AC)로 나누어 나온 값이 원가성과지수(CPI)이다.

$$CPI = \frac{\text{획득가치}(EV)}{\text{실제원가}(AC)} \tag{7.12}$$

계산 결과, 원가성과지수(CPI) 값에 대하여 다음과 같이 해석한다.

CPI < 1: 프로젝트 작업수행에 예산을 초과하여 지출했다.

CPI = 1: 프로젝트 작업수행에 예산과 일치하여 지출했다.

CPI > 1: 프로젝트 작업수행에 예산보다 적은 금액을 지출했다.

예제 7-7 위 [예제 7-5]에서의 획득가치(EV) 값과 실제원가(AC) 값을 적용해서 원가성과지수(CPI)를 계산하고, 계산 결과에 대해 해석을 하시오.

$$CPI = \frac{EV}{AC} = \frac{150,000,000}{300,000,000} = 0.5$$

계산된 원가성과지수(CPI)가 0.5이므로 프로젝트 작업에 배정된 예산보다 상당히 초과하여 지출했다.

iii) EVM의 완료시점추정치

완료시점추정치(estimate at completion, EAC)는 수행 중인 프로젝트 작업의 성과를 고려하여 완료시점에서의 누적총원가가 얼마나 될 것인지를 예측한 것이다. 프로젝트 작업의 진행성과에 따라 프로젝트 기획단계에서 추정된 완료시점예산(BAC)과 완료시점추정치(EAC) 간에 차이가 발생될 수 있다. 완료시점추정치(EAC)를 예측하는 방법에는 3가지가 있다.

가) EAC 예측방법 1

현재까지 사용한 프로젝트예산 성과가 향후에도 유사한 수준으로 지속될 것으로 기대될 경우, 계산식 (7.13)에서와 같이 완료시점예산(BAC)을 원가성과지수(CPI)로 나눈다.

$$EAC_1 = \frac{완료시점예산(BAC)}{원가성과지수(CPI)} \tag{7.13}$$

예제 7-8 위 [예제 7-2]에서와 같이 건축공사 전체 예산 5억 원, 공사기간 6개월, 건축공사를 시작하여 3개월이 지난 시점에서의 완료시점추정치(EAC)는 얼마나 될까?

단, 획득가치(EV): 150,000,000원, 실제원가(AC): 300,000,000원이고, 지금까지의 프로젝트예산 성과가 잔여 작업기간에도 유사하게 지속될 것으로 예상된다.

$$EAC_1 = \frac{BAC}{CPI} = \frac{500,000,000}{0.5} = 1,000,000,000원$$

나) EAC 예측방법 2

수행 중인 프로젝트 작업이 어떤 이유로든 원가기준선을 벗어났다면, 지금까지의 실제원가(AC)를 그대로 받아들이고, 향후 잔여 작업에 대해서는 적절히 개선조치를 취함으로써 예산대로 진행될 것으로 기대될 경우, 계산식 (7.14)에서와 같이 완료시점 예산(BAC)에서 획득가치(EV)를 뺀 값에 실제원가(AC)를 더한다.

$$EAC_2 = [\text{완료시점예산}(BAC)] - \text{획득가치}(EV)] + \text{실제원가}(AC) \quad (7.14)$$

예제 7-9 위 [예제 7-2]에서와 같이 승인된 건축공사 예산 5억 원, 공사기간 6개월, 건축공사를 시작하여 3개월이 지난 시점에서 완료시점추정치(EAC)는 얼마나 될까?

단, 획득가치(EV): 150,000,000원, 실제원가(AC): 300,000,000원이고, 지금까지의 프로젝트예산 성과는 저조했으나 잔여 작업기간에는 예산에 맞추어 진행될 것으로 예상된다.

$$\begin{aligned} EAC_2 &= (BAC - EV) + AC \\ &= (500,000,000 - 150,000,000) + 300,000,000 = 650,000,000\text{원} \end{aligned}$$

다) EAC 예측방법 3

현재까지 진행 중인 프로젝트 작업이 일정보다 뒤쳐져 있고, 예산지출도 초과하고 있어, 지금까지의 실제원가(AC)는 그대로 수용하지만, 향후 잔여 작업에 대해서는 효율적으로 진행되어야 할 경우, 계산식 (7.15)에서와 같이 완료시점예산(BAC)에서 획득가치(EV)를 뺀 값을 원가성과지수(CPI)에 일정성과지수(SPI)를 곱한 값으로 나눈 후 실제원가(AC)를 더한다.

$$EAC_3 = \left[\frac{\text{완료시점예산}(BAC) - \text{획득가치}(EV)}{\text{원가성과지수}(CPI) \times \text{일정원가지수}(SPI)}\right] + \text{실제원가}(AC) \quad (7.15)$$

예제 7-10 위 [예제 7-2]에서와 같이 건축공사 예산 5억 원, 공사기간 6개월, 건축공사를 시작하여 3개월이 지난 시점에서 완료시점추정치(EAC)는 얼마나 될까?

단, 획득가치(EV): 150,000,000원, 실제원가(AC): 300,000,000원이고, 계획가치(PV): 250,000,000원이다. 지금까지 프로젝트 작업의 일정성과와 예산성과가 모두 저조한 상태였다. 잔여 작업기간에는 일정과 예산이 모두 효율적으로 진행되어야 할 것이다.

$$\begin{aligned} EAC_3 &= \left(\frac{BAC - EV}{CPI \times SPI}\right) + AC \\ &= \left(\frac{500,000,000 - 150,000,000}{0.5 \times 0.6}\right) + 300,000,000 = 1,466,666,667\text{원} \end{aligned}$$

프로젝트 작업 이해관계자들과 산출된 획득가치관리(EVM) 관련 정보들(예: SV, CV, SPI, CPI, EAC 등)을 상호 의사소통하고, 필요한 경우 프로젝트 성과분석 결과에 따라 원가관리계획(원가기준선)의 변경요청도 가능하다.

(2) 프로젝트 원가통제 프로세스

<그림 7−14>는 프로젝트 원가통제에 필요한 투입물, 기법 및 산출물에 대한 프로세스를 나타낸다. 프로젝트 원가통제 프로세스에서 생성되는 산출물로서 작업성과 측정치는 CV, SV, CPI, SPI, EAC 값을 포함한다. 필요에 따라, 재발방지 또는 시정조치 등을 포함하여 프로젝트 원가기준선을 변경할 수 있다.

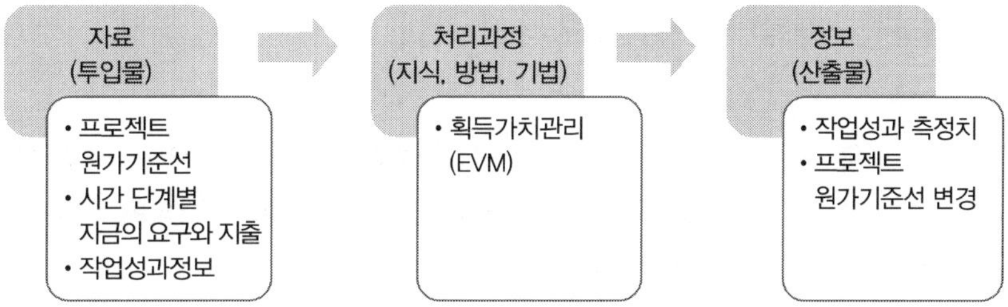

그림 7−14 프로젝트 원가통제 프로세스

연습문제

01 프로젝트 원가는 추적가능성에 따라 직접원가와 간접원가로 구분된다. 직접원가와 간접원가에 대하여 각각 예를 들어 설명하시오.

02 3점원가추정(three-point cost estimation)은 PERT의 개념을 응용한 것으로서 각 활동원가에 대해 3가지 추정치를 사용하게 된다. 3가지 추정치를 가중평균하여 산출하는 활동의 기대원가를 계산식으로 나타내시오.

03 프로젝트 예산은 프로젝트를 완료하기 위해 사용하는 자금의 총액이고, 그 프로젝트에 관련된 모든 이해관계자들로부터 승인을 받아야 된다. 이때 프로젝트의 원가기준선(cost baseline)은 어떻게 설정하는가?

04 프로젝트 원가통제에 필요한 성과측정 방법으로 가장 널리 사용되는 것은 획득가치관리(EVM) 기법이다. EVM 적용 시 사용되는 용어들 중 계획가치(PV), 획득가치(EV), 원가차이(CV)에 대하여 각각 설명하시오.

05 프로젝트 작업의 진행성과에 따라 프로젝트생애주기(PLC) 기획단계에서 추정된 완료시점예산(BAC)과 완료시점추정치(EAC) 간에 차이가 발생될 수 있다. 상황을 고려하여 완료시점추정치(EAC)를 예측하는 3가지 방법에 대해 각각 설명하시오.

4부

프로젝트관리 지원 스킬

제8장 프로젝트 품질
제9장 프로젝트 조달
제10장 프로젝트 리스크

제8장

프로젝트 품질

대량생산체제를 갖추면서 오랜 세월 동안 제품과 서비스를 생산하는 산업부문 중심으로 적용되어 왔던 품질관리가 산업뿐만 아니라 정치, 사회, 문화, 역사 등 다양한 분야에서 개선, 혁신 프로그램 및 프로젝트에 이르기까지 중요하게 다루어지고 있다. 프로젝트 발주자나 관련 이해관계자들의 요구사항 또는 기대사항을 충족하기 위해서는 프로젝트생애주기 기획단계에서부터 품질방침, 품질표준 및 품질보증방법을 명확하게 할 필요가 있다. 8장에서는 전통적인 제품과 서비스에 대한 품질과 품질관리의 기본개념을 이해하고, 그 기본개념에 기초하여 프로젝트관리에서 요구되는 품질계획, 품질통제 및 품질보증을 다룬다.

8.1 품질과 품질관리

몇 차례의 산업혁명과 세계대전을 치르면서 역동적으로 변화하는 비즈니스 환경과 기술발전에 이어 품질과 품질관리의 개념, 의식 및 접근방법에 있어서도 상당한 발전이 있었다.

(1) 품질 개념

품질이란 어떤 프로세스를 통해 생산된 제품, 서비스 또는 결과물에 대한 특성을 의미한다. 또한 품질은 본질적으로 고객 또는 소비자의 관점에서 제품의 품질특성뿐만 아니라 원가, 납기 및 서비스에 이르기까지 전체 프로세스로 확대하려는 경향이 있어 시장, 사회, 문화 등의 환경변화에 따라 진화하고 있다. 품질의 개념을 용도에 대한 적합성(fitness for use), 요구사항에 대한 적합(conformance to requirements), 니즈와 기대를 충족하는(fulfilling needs and expectations) 것 등으로 정의되고 있어, 그 각각에 대해 알아본다.

i) 용도에 대한 적합성

조셉 주란(Joseph M. Juran)에 의하면, 품질은 용도에 대한 적합성이고, 용도에 대한 적합성의 주요 매개변수들은 <그림 8−1>과 같이 상호 관련되어 있으며 매개변수의 범주별 그 의미는 다음과 같다.[1)]

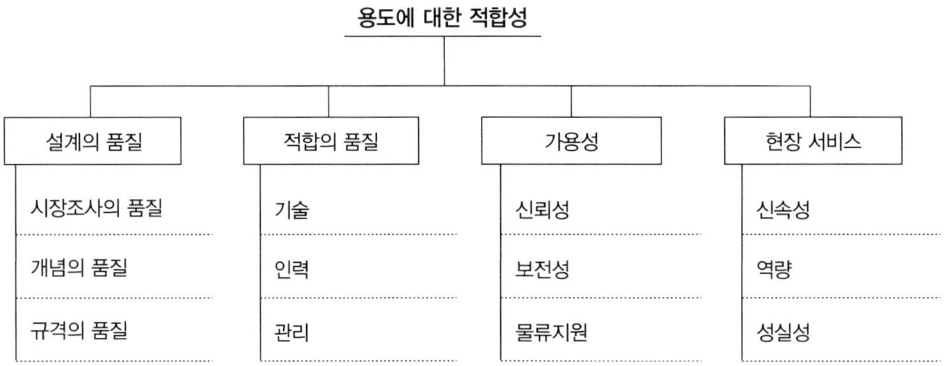

그림 8−1 매개변수들 간의 상호 관련

가) 설계의 품질

<그림 8−1> 용도에 대한 적합성에서 설계의 품질은 3단계 활동, 즉 시장조사의 품질 ▷ 개념의 품질 ▷ 규격의 품질을 결합한 것이다. 특히, 개념의 품질(quality of concept)은 시장의 니즈에 부응하는 제품이나 서비스를 대상으로 한 특성의 정도를 의미한다.

나) 적합의 품질

제품이 설계에 일치하는 정도를 적합의 품질(quality of conformance)이라 한다. 실제 제품을 생산하는 현장에서는 적합의 품질을 제조품질, 생산품질, 제품품질 등으로 불린다. 적합의 품질은 주로 기술, 인력 및 관리에 관련되어 있다.

1) Juran, J. M., Gryna, Jr. F. M., and Bingham, Jr. R. S., *Quality control handbook*, 3rd ed., McGraw-Hill, New York, 1975.

다) 가용성

고객 또는 소비자가 제품을 상당한 기간 동안 사용할 경우, 그 제품의 가용성(availability)은 수학적으로 제품의 작동 가능한 가동시간(up-time)과 작동 불가능한 정지시간(down-time) 간의 관계로 표현된다. 따라서 가용성은 신뢰성(reliability), 보전성(maintainability) 및 예비부품의 조달과 같은 물류지원을 포함한다.

라) 현장 서비스

제품이 사용자에게 판매된 이후, 제품의 설치, 수리 및 점검 등을 책임지는 현장 서비스(field service)는 즉시 대응할 수 있는 신속성, 고장에 대한 진단과 처방의 역량, 그리고 애프트 서비스(AS) 업무를 정중하게 처리하는 성실성(integrity)과 관련된다.

ii) 요구사항에 대한 적합

필립 크로스비(Philip B. Crosby)는 품질을 제품과 고객의 요구사항에 대한 적합이라고 정의하고, 일을 잘못해서 발생하는 부적합 비용(expense of nonconformance)에 대한 측정의 필요성을 강조하였다. 기업이 품질원가(quality costs)를 줄임으로써 매출 증가, 신규 장비 구입 또는 신입사원 채용 없이도 수익성을 개선시킬 수 있으며, 품질에 대한 성과표준(performance standard)은 무결점(zero defects)이고, 품질시스템은 사후평가(appraisal)하는 것이 아니라 사전에 예방(prevention)하는 것이어야 한다고 거듭 주장했다.

가) 품질 4원칙

필립 크로스비가 언급한 품질의 4원칙(four principles)을 간략하게 재정리하면 다음과 같다.

원칙 1. 품질 정의: 고객의 요구사항에 대한 적합이다.
원칙 2. 품질 시스템: 사후평가가 아니고 예방하는 것이다.
원칙 3. 품질 성과 표준: 무결점이다.
원칙 4. 품질 측정: 부적합 비용이다.

1970년대 중반 이후 미국시장에서 일본제품의 품질경쟁력이 서서히 미국을 앞지르자, 이를 지켜본 필립 크로스비는 품질위기에 대응하기 위해 품질의 4원칙을 기반으로 일을 처음부터 올바르게 하자(do it right the first time)는 구호와 더불어 14단계 품질개선 프로그램(14 steps quality improvement program)의 운영방안을 제시하였다.[2)]

---

2) Crosby, P. B., *Quality is free*, New American Library, New York, 1979.

나) 14단계 품질개선프로그램

14단계 품질개선프로그램은 <표 8-1>과 같이 경영자의 의지표명, 품질개선팀을 구성, 품질을 측정 및 기록, 품질원가를 평가, 품질인식을 공유, 문제점의 시정조치, 무결점 프로그램에 대한 특별위원회 구성 및 소통, 감독자에 대한 교육 · 훈련, 무결점의 날 행사, 측정 가능한 목표설정, 오류 원인파악 및 제거, 인정 및 시상, 품질자문위원회 개최, 지속적인 반복 등을 포함한다.

표 8-1 14단계 품질개선프로그램

단계	주제	내용(조치사항)
01	경영자 의지표명	품질방침을 준비하여 경영자들과 품질개선에 대한 필요성을 논의한다.
02	품질개선팀	각 부서에서 선정된 팀원들을 모아 품질개선팀(quality improvement team, QIT)을 구성한다.
03	품질측정	기업 조직 전반에 걸쳐 개선이 가능한 부분과 시정조치가 필요한 부분이 나타나도록 품질현황을 기록한다.
04	품질원가 평가	최초 추정치(initial estimate)는 대략적인 것이어서 좀 더 정확성을 높일 필요가 있다.
05	품질인식	브로슈어(brochure)나 소책자 같은 자료를 준비하여 품질개선에 대한 관심사를 직원들과 공유한다.
06	시정조치	각 부문의 회의를 통해 문제점에 관하여 논의하도록 격려함으로써 시정할 기회로 이어진다.
07	무결점 프로그램에 대한 특별위원회	무결점 개념과 방법을 조사하기 위해 3~4명을 선정한다. 무결점이란 단어와 모든 직원이 '일을 처음부터 올바르게 해야 한다'는 생각을 전 직원들에게 소통한다.
08	감독자 훈련	14단계의 실행에 앞서 모든 수준의 관리자들에게 예비교육을 한다.
09	무결점 날	기업의 성과표준으로 무결점 날(zero defects day, ZD)을 정한다.
10	목표설정	각 감독자는 사원들에게 회의를 통해 특정기간 동안(30일, 60일 등)의 측정 가능한 목표를 설정하도록 요청한다.
11	오류 원인 제거	각 사원들은 한 장 서식(one-page form)에 오류 없는 작업을 수행 유지하는데 따른 문제점(타자 오류, 발주 착오 등)을 목록화한다.
12	인정	목표를 달성하거나 뛰어난 행동을 한 사람들을 인정(recognition)하는 시상 프로그램을 설정한다.
13	품질자문위원회	준비 중에 있는 품질프로그램의 수준을 올리거나 개선하기 위해 품질전문가들과 팀장들이 정기적으로 서로 의사소통한다.
14	반복	단계 01에서 단계 13까지 수행하게 되면, 상황변화에 따라 새로운 팀원들로 QIT을 결성하여 반복한다.

품질에 대한 성과표준을 무결점으로 정했는데, 무결점의 진정한 의미는 결점을 지속적으로 사전에 예방하려는 업무태도가 중요하다는 데 있다. 즉, 사후평가 중심의 품질은 품질원가 상승이라는 결과를 초래하기 때문에 기본적으로 일 또는 업무를 처음부터 올바르게 수행함으로써 품질원가를 줄여야 한다.

iii) 니즈와 기대의 충족

국제표준화기구(ISO)에서 제정한 ISO 9000:2015 품질경영시스템–기본사항 및 용어(Quality management systems-Fundamental and vocabulary)[3]에서는 품질에 대한 개념을 다음과 같이 정의하고 있다.

a. 품질에 중점을 둔 조직은 고객과 기타 관련 이해관계자의 니즈와 기대에 대한 충족을 통해 가치를 산출하는 행동, 태도, 활동 및 프로세스로 이어지는 문화를 촉진한다.
b. 조직에서 생산되는 제품과 서비스의 품질은 고객을 만족시키는 능력 그리고 관련 이해관계자에 대한 의도적 및 비의도적 영향에 의해 결정된다.
c. 제품과 서비스의 품질에는 의도하는 기능과 성능뿐만 아니라 고객에게 인식된 가치와 편익(benefit)도 포함된다.

(2) 품질관리의 개념과 발전

산업화와 더불어 품질관리는 주로 반복적으로 생산되는 제품 및/또는 서비스의 품질 중심으로 발전되어 왔다. 이와 달리 프로젝트에는 시작과 끝이 분명하게 존재하는 한시적 활동이라는 특수성이 있어, 반복에 의한 지속적 개선활동은 어렵지만, 고객 또는 관련 이해관계자들의 요구사항이나 기대를 충족해야 한다는 측면에서는 산업부문의 제품 및/또는 서비스 품질관리와 다를 바 없다.

i) 제품과 서비스의 품질관리

1,2차 산업혁명에 의한 신기술의 연구개발과 발전으로 대량생산 체제를 갖추면서 적어도 19세기까지는 생산현장에서 작업자들 스스로 자신들이 생산한 제품을 검사했다. 그 이후 20세기에 이르러 대규모 생산시설과 복잡한 분업형태의 시스템으로 전환되면서 생산업무와 품질검사업무를 분리하여 운영하게 되었다. 특히 1,2차 세계대전을 치르면서 미국을 중심으로 샘플링검사(sampling inspection)와 통계적 품질관리(statistical quality control, SQC)가 발전하였다.

가) 종합적 품질관리

아먼드 파이겐바움(Armand V. Feigenbaum)은 미국기업의 조직문화를 고려하여 종합적 품질관리(total quality control, TQC) 개념을 처음 고안하였다. 그의 주장에 의하면, '종합적 품질관리(TQC)란 고객이 충분히 만족하는 경제적 수준에서 마케팅, 공학, 생산

3) ISO, *Quality management systems-Fundamentals and vocabulary*(ISO 9000:2015).

및 서비스를 할 수 있도록 조직 내 다양한 집단의 품질발전(quality-development), 품질유지(quality-maintenance) 및 품질개선 노력(quality-improvement efforts)을 통합하는 효과적 시스템이다.'[4] TQC를 수행하기 위해서는 품질관리 활동에 마케팅, 설계, 제조, 검사 및 선적을 포함하여 조직 내 각 기능들로부터 전문가들의 참여가 요구된다.

나) 전사적 품질관리

가오루 이시카와(Kaoru Ishikawa)에 의하면, 일본에서 추진한 TQC와 아먼드 파이겐바움이 제시한 TQC 개념은 접근방식에 있어 서로 다르다. 일본에서의 TQC 접근방식은 기업 내 모든 부서와 모든 사원들이 품질관리를 공부하고 촉진하는 데 참여하도록 하는 것이었다.

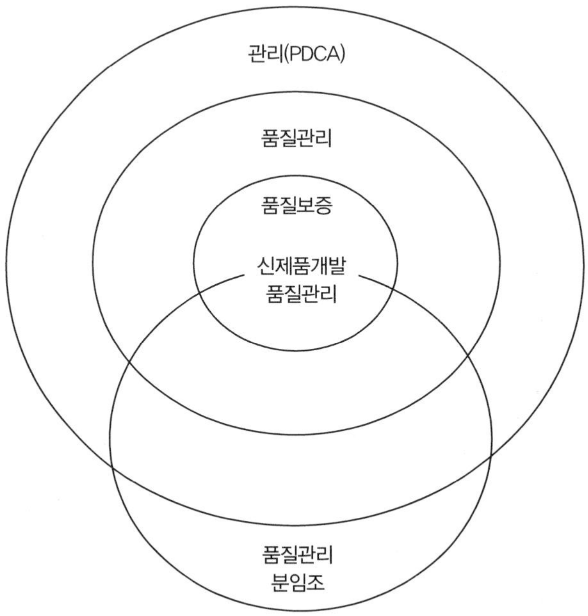

그림 8-2 CWQC 개념도

아먼드 파이겐바움의 TQC 개념과 일본의 TQC 접근방식 간에 차이가 있음에도 불구하고 동일한 용어를 사용함으로써 야기되는 혼돈을 피하기 위해 일본에서 추진한 TQC를 전사적 품질관리(company-wide quality control, CWQC)로 표현하기로 하였다.[5] <그림 8-2>에서와 같이 기업 또는 조직의 통합적 품질관리 접근을 필요로 한다는

---

4) Feignbaum, A. V., *Total Quality Control,* Vol. 1, 3rd ed., Revised, McGraw-Hill, Inc., New York, 1991.
5) Ishikawa, Kaoru, *What is total quality control?: the Japanese way,* Prentice-Hall, Inc., New Jersey, 1985.

의미가 강하다. 그림의 중심축에서 가장 바깥에 위치한 원에서는 관리(plan, do, check, act, PDCA)가 작동된다. 또 다른 원으로서 품질관리분임조(quality control circle, QCC) 활동이 조직 전반에 걸쳐 이루어져야 함을 강조한다.

다) 제품과 서비스의 품질경영표준

1987년 국제표준화기구(ISO)에서 제품과 서비스에 대한 품질경영표준(quality management standards, QMS) ISO 9000, 9001, 9002, 9003, 9004를 포함하는 ISO 9000 시리즈를 제정함으로써 글로벌 시장에서 공급자와 수요자 간 품질에 대한 신뢰를 구축하게 되었고, 품질경영에 대한 인식이 더 높아졌다. ISO 9000 시리즈는 조직 또는 기업들로 하여금 그들이 생산하는 제품과 서비스의 품질을 개선하고 고객의 기대를 지속적으로 충족하도록 요구한다.

특히, ISO 9000 시리즈 품질경영표준에서는 문서화하는 것을 상당히 중요하게 다루었다. 품질문서는 <그림 8−3>과 같이 수준별 계층적 구조를 갖는다.

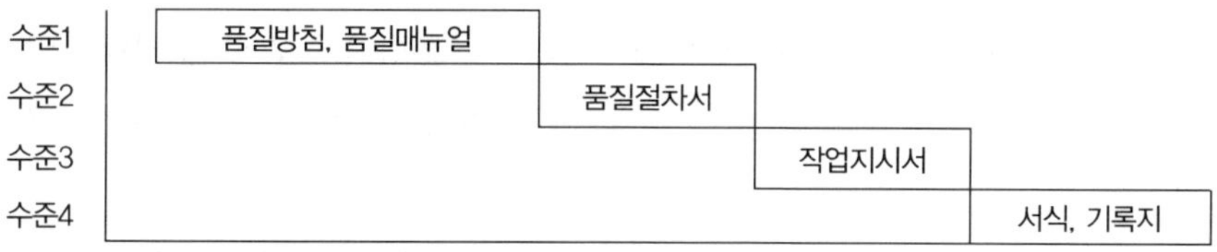

그림 8−3 품질문서구조

수준1. 품질매뉴얼은 ISO 9000을 실행, 등록 및 유지관리하기 위하여 필요한 품질방침(품질경영, 품질보증 및 품질통제에 관련된 품질문제를 처리하는)을 기술한 것이다.

수준2. 품질절차서는 기능부서 또는 프로세스의 절차(품질심사 절차서, 구매 절차서, 품질검사 절차서 등)에 관한 문서이다.

수준3. 작업지시서(제품시험지침, 통계적 샘플링지침, 내부심사 점검지침 등)는 어떤 작업이 실제 어떻게 이루어지는지를 설명하는 문서이다.

수준4. 서식(구매발주서, 샘플링 서식, 관리도 등)과 기록지(온도측정기록지, 부품목록 등)는 구조적인 형태의 정보를 확보하기 위해 필요한 문서이다.

ⅱ) 제품과 서비스의 품질보증

제품과 서비스에 대한 품질보증(quality assurance) 방법의 발전은 주로 검사중심 품질보증에서 생산공정관리중심 품질보증, 그리고 신제품개발 중시 품질보증으로 이어졌다.

가) 검사중심 품질보증

생산되는 제품에 결점과 불량이 존재하기 때문에 검사가 필요하다는 당위성 하에 생산부문으로부터 검사기능을 독립적으로 분리시켜 검사를 강화함으로써 품질보증을 하려고 한다. 검사 행위를 통하여 양호품(good products)과 불량품(defective products)을 구분하거나 좋은 로트(good lots)와 나쁜 로트(bad lots)를 구별할 수는 있으나 검사를 하는 사람이 제품이나 서비스를 생산하지 않는다. 만약 제품생산 프로세스에서 결점과 불량이 사라진다면, 검사하는 사람이 불필요하게 될 것이다. 검사를 강화하면 검사하는 사람의 수가 늘어나, 생산성은 떨어지고 원가는 상승하게 된다. 로트에 대한 검사개수에 따라 전수검사(100% inspection)와 샘플링검사(sampling inspection)가 있다.

a. 전수검사: 로트에 불량품이 하나라도 섞여 있으면 그 불량품으로 인해 치명적인 손해가 발생될 수 있거나 검사항목 수가 적고 로트크기(lot size)가 작은 경우 전수검사를 한다.
b. 샘플링검사: 로트에 어느 정도 불량품의 혼입을 허용할 수 있는 경우, 로트에서 표본(sample)을 추출하여 검사하는 방식이다. 주로 검사비용에 따른 경제성을 고려하여 샘플링 검사를 한다.

나) 생산공정관리중심 품질보증

제품이 생산되는 프로세스의 공정능력(process capability)을 측정 및 연구하고, 그 생산공정을 통제함으로써 품질표준을 충족하게 하는 것이다. 품질은 사후검사가 아니라 각 생산공정에서 만들어진다. 하지만 공정관리에 의존한 품질보증에도 한계는 있다. 즉, 생산부서나 검사부서가 다양한 환경조건과 사용방법에 따른 소비자의 제품 유용성이나 소비자의 제품 오용까지는 해결할 수 없어, 그 전 단계인 신제품개발 단계에서부터 품질보증을 강화할 필요가 있다.

다) 신제품개발 중시 품질보증

신제품의 계획수립에서부터 생산된 제품의 판매 후 애프터서비스(after-service)에 이르기까지 각 단계에서 품질평가가 실시된다. 여기서 각 단계란 신제품의 계획수립, 설계, 시험생산, 시험, 하청, 구매, 생산준비, 대량생산 설계, 대량생산을 위한 시험

생산, 대량생산, 마케팅 등을 포함한다. 신제품개발 단계에서 품질보증이 되지 않으면, 충분한 품질보증의 효과를 기대할 수 없다.

특히, 신제품개발 프로젝트에는 문제점들이 많기 때문에 조직 내 모든 기능부서와 전 사원이 참여해야 품질보증을 할 수 있다. 만약 신제품개발 프로젝트의 품질보증에 실패하게 되면, 그 조직(기업)은 파산의 위기에 직면할 수도 있다. <그림 8-2>에서 신제품개발 품질관리와 품질보증이 함께 CWQC 개념도의 중심에 위치하고 있어 핵심요소로서의 중요함을 나타낸다. 또한 품질관리와 품질보증은 항상 상호 관련되어 있음을 시사한다.

8.2 프로젝트 품질계획

프로젝트 품질계획에서는 이해관계자들이 바라는 프로젝트 품질의 요구사항, 표준 또는 기준을 파악하여, 그것을 어떻게 실행에 옮길 것인지에 대해 구체적으로 문서화하게 된다. 한시적인 활동으로서의 프로젝트 특성을 고려할 때, 프로젝트 품질계획 수립에 도움을 줄 수 있는 기본 테크닉으로는 품질원가(quality costs), 흐름도(flow chart or flow diagram), 품질기능전개(quality function deployment, QFD) 등이 있다.

(1) 품질원가

전쟁물자 중심의 군수품 생산에 집중했던 제2차 세계대전 이후 1950년대부터 공산품 중심 산업부문에서 지금까지 적용해온 전통적인 통계적 기법(statistical techniques)이나 통계적 품질관리(SQC)만으로 원가측면의 제품경쟁력을 확보하기에는 한계가 있음을 인식하게 되었고, 새로운 접근방법으로서 품질은 곧 돈(money)의 경영으로 보기 시작하였다. 예를 들어, 품질원가는 금 광산(gold mine)에서 금을 채취하는 것이다라는 개념이었다. 즉, 좋은 품질은 업무 또는 활동수행의 생산성을 높이고, 품질원가를 줄임으로써 수익성에 기여하게 된다.

i) 품질원가의 범주분류

품질원가(quality costs)의 범주는 내부실패원가(internal failure costs, IFC), 외부실패원가(external failure costs, EFC), 평가원가(appraisal costs, AC), 예방원가(prevention costs, PC)로 분류된다.

가) 내부실패원가

고객에게 제품을 인도하거나 선적하기 전에 또는 서비스를 제공하기 전에 발생되는 비용이다. 예를 들어, 스크랩(scrap), 재작업, 재검사, 가동중단 등.

나) 외부실패원가

내부실패원가(IFC)와 달리 고객에게 제품을 인도하거나 선적한 후에 또는 서비스를 제공한 후에 발생되는 비용이다. 예를 들어, 고객으로부터 접수되는 불만처리, 클레임(claims)처리, 반품처리, 자발적 회수 등.

다) 평가원가

품질표준과 성과에 대한 적합을 확보하기 위하여 실행하는 제품 또는 서비스의 측정, 평가 및 심사 관련 비용이다. 예를 들어, 구입하는 원 · 부자재에 대한 시험과 검사, 생산 프로세스에서 실시하는 시험과 검사, 출하검사, 측정장비교정 등.

라) 예방원가

제품이나 서비스의 불완전한 품질로 인해 발생될 수 있는 내부실패원가(IFC), 외부실패원가(EFC) 및 평가원가(AC)를 최소화하기 위한 활동비용이다. 예를 들어, 품질매뉴얼과 절차를 포함한 품질계획수립, 품질교육 · 훈련, 신제품 검토, 품질자료수집과 분석, 품질개선 프로젝트 등.

ii) 품질원가 범주 간의 관계

내부실패원가(IFC)와 외부실패원가(EFC)를 합한 실패원가(failure costs, FC)는 평가원가(AC)의 몇 배에 달하고, 예방원가(PC)는 전체 품질원가(total quality costs)와 비교할 때 아주 미미한 정도에 불과하다. 전체 품질원가에 대한 범주별 품질원가 비율은 산업분야별로 다르고, 동종업계 내에서도 서로 다르다. <표 8–2>는 품질원가 범주별 다양성을 고려한 비율을 나타낸다.[6]

표 8–2 품질원가 범주별 범위 비율

품질원가 범주	전체 품질원가에 대한 비율(%)
내부실패원가(IFC)	25 ~ 40
외부실패원가(EFC)	20 ~ 40
평가원가(AC)	10 ~ 50
예방원가(PC)	0.5 ~ 5

6) Juran, J. M., & Gryna, Jr. F. M., *Quality planning and analysis*, 2nd ed., McGraw-Hill, New York, 1980.

<표 8-2>에서 실패원가의 비율이 전체 품질원가의 45 ~ 80%에 달하고 있어 실패원가를 줄이는 것이 핵심이다. 현실적으로 조직 내 원가회계시스템에서 품질원가를 구체적으로 세분화하여 관리하지 않으면, 관리자가 품질원가의 구성과 흐름을 알 수 없어 품질보다는 전체 원가와 일정에 더 관심을 갖게 된다.

원가회계시스템으로는 활동기준원가계산(activity-based costing, ABC) 방식이 품질원가시스템에 적합하다. 활동기준원가계산은 구체적인 활동, 제품, 프로세스, 서비스 등의 품질 관련 원가에 초점을 맞춤으로써 세부 절감목표와 연계될 수 있다.

ⅲ) 품질원가시스템의 목표

조직의 품질원가 절감 전략과 더불어 품질원가시스템을 가동함으로써 원가절감 기회로 연결하는 품질개선 활동을 용이하게 할 수 있다.

가) 품질원가 절감 전략

a. 실패원가를 공격하여 실패원가 제로화(zero)에 힘쓴다.

b. 품질개선을 할 수 있도록 예방활동에 투자(예방원가에 투입)한다.

c. 성과 결과를 고려하여 평가원가를 줄인다.

d. <표 8-1> 필립 크로스비의 14단계 품질개선 프로그램을 활용한다.

(2) 흐름도

조직 내 업무의 흐름이나 프로세스를 도식적으로 표현한 것이 흐름도이며, 이것은 다양한 상자(boxes) 형태의 기호로 하여 각 단계를 표현하고, 그 상자들을 화살표로 연결하여 순서를 정한다. 결국, 품질은 제품 또는 서비스의 생산에 필요한 업무나 작업 프로세스에서의 산출물이라고 할 수 있다.

ⅰ) 흐름도 기호

다양한 영역의 업무 또는 프로세스를 체계적으로 분석, 설계, 문서화 또는 관리하기 위해 흐름도를 사용하게 된다. 다음 <표 8−3>은 미국국립표준협회(American National Standards Institute, ANSI)와 국제표준화기구(ISO)에서 채택한 흐름도의 기본적인 기호이다.[7]

---

7) Myler, H. R., *Fundamentals of Engineering Programming with C and Fortran.*, Cambridge University Press. pp. 32-36, 1998.

표 8-3 흐름도의 기호

기호	명칭	설명
	흐름선	프로세스의 작동 순서를 나타낸다. 하나의 기호에서 나온 선이 다른 기호를 가리킨다.
	단말	프로그램 또는 하위프로세스의 시작과 끝을 나타낸다.
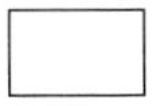	프로세스	자료의 가치, 형태 또는 위치를 변경하는 일련의 작동을 나타낸다.
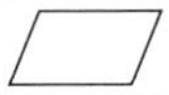	입력과 출력	자료를 입력하고 출력하는 프로세스를 나타낸다.
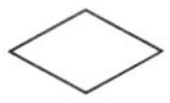	결정	2개의 갈림길에서 어느 하나를 결정하는 조건적인 작동을 나타낸다. 작동은 예/아니오 또는 참/거짓 형태이다.
	페이지 상에서의 연결기	흐름도 페이지 상에서 길게 늘어지거나 혼란스러운 라인들을 대체하는 분류된 연결기의 쌍이다. 문자를 넣은 작은 원으로 나타낸다.
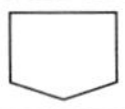	페이지를 벗어난 연결기	세부목표가 다른 페이지 상에 있을 때 사용할 목적으로 분류된 연결기이다.
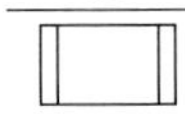	미리 정의된 프로세스	다른 곳에서 정의되어 이름 붙여진 프로세스를 나타낸다.

ii) 수입자재의 품질관리

협력회사 또는 납품회사로부터 구입되는 원·부자재, 부품 등에 대한 품질검사 프로세스 흐름도는 조직의 규모와 특성에 따라 다양할 수 있으나 일반적으로 <그림 8–4>와 유사하다. 거래처로부터 들어오는 자재(원자재, 부자재, 부품)의 대기장소에서 대기 중인 로트에 대해 수량 확인과 동시에 품질검사(시험)용 시료가 채취된다. 시료의 품질검사 결과를 확인하고, 로트에 대한 합/부(pass/fail) 판정기준에 따라 합격 시 자재 창고에 입고되면서 대금지불 또는 불합격 시 반품처리 프로세스를 거친다.

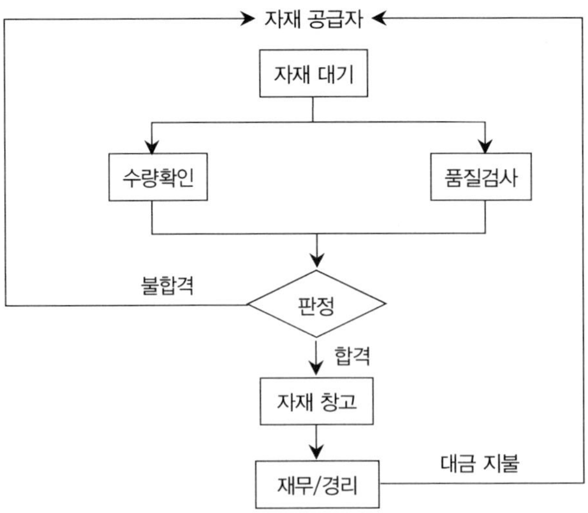

그림 8–4 수입자재 품질관리 프로세스 흐름도

ⅲ) 제품생산 품질관리

제품생산품질관리 흐름도는 제품생산에 필요한 작업 프로세스를 관리하기 위해 누가, 무엇을, 언제, 그리고 어떻게 하는지에 대한 구체적인 프로세스의 흐름에 맞추어 작성된다. 제품생산 프로세스를 구성하는 4M, 즉 재료, 기계, 작업자 및 작업방법이 품질 변동의 요인으로 작용할 수 있고, 그 프로세스에서 품질특성들을 어떻게 관리할 것인지가 중요하다. 제품생산 프로세스 흐름을 중심으로 각 프로세스별 관리항목과 관리방법을 기록한다.

가) 제품생산 품질관리 프로세스

제품생산 프로세스에서의 품질관리는 산업분야 또는 그 프로세스의 특성에 따라 여러 가지 형태의 서식이 사용되고 있다. 예를 들어, 조립공정의 경우, <표 8−4>와 같은 제품생산 품질관리 프로세스 서식을 사용할 수 있다.

표 8−4 제품생산 품질관리 프로세스(예시)

작업공정	점검항목	품질표준	관리방법				비고
			빈도	측정기	기록	담당	
볼트 조임	볼트 조임 정도	나사 10mm 이상	매번	게이지	현장 점검표	작업자	

(3) 품질기능전개

품질기능전개(QFD)는 고객의 니즈 또는 요구사항을 제품의 공학적 특성으로 전환하는 데 도움을 줄 수 있는 방법이며, 1960년대 일본에서 처음 개발되어 제품 및 서비스의 개발 프로세스에 널리 적용되었다.[8)]

ⅰ) 품질기능전개 방법

고객의 정성적 니즈(qualitative needs)나 요구사항을 정량적 매개변수(quantitative parameters)로 전환 및 우선순위화하여, 품질특성에 영향을 미칠 수 있는 조직기능에 적절하게 배치하고, 설계품질을 달성하기 위한 수단을 하위시스템과 구성부품 및 세부 제조공정으로 전개하게 된다.

---

8) Goetsch, D. L., & Davis, S. B., *Quality Management: Introduction to Total Quality Management for Production, Processing, and Services*, 5th ed., Pearson Education, Inc., New Jersey, pp. 566-587, 2006.

가) 질문에 대한 체계적 전개

누가, 무엇을, 언제, 어디서, 어떻게 라는 4W+1H 질문에 대하여 다음과 같이 체계적으로 전개한다.

a. 고객의 니즈 또는 요구사항이 무엇인지 공식적으로 식별한다.
b. 식별된 고객의 니즈 또는 요구사항을 충족할 수 있는 조직의 능력은 무엇인지 파악한다.
c. 고객의 니즈 또는 요구사항이 조직과 공급자 내 어디서 충족될 수 있는지 결정한다.
d. 고객의 니즈 또는 요구사항을 어떻게 충족할 것인지를 문서화한다.
e. 프로세스에서 고객의 니즈나 요구사항을 누가, 언제 관리할 것인지에 대한 계획을 수립한다.

ii) 품질기능전개 구조

품질의 집(house of quality)이라고 하는 품질기능전개 구조는 제품개발 프로세스의 시작단계에서 상호 관련이 있는 내용을 <그림 8-5>와 같이 매트릭스 형태로 펼쳐 놓은 통합적 사고를 위한 것으로 고객의 소리(voice of customer, VOC)에서부터 공학적 사고 프로세스로 이어진다.

가) 품질기능전개 프로세스

품질기능전개 프로세스에 기반한 <그림 8-5> 품질기능전개 구조의 매트릭스 관계를 다음과 같이 정리할 수 있다.

a. 고객의 니즈/요구사항과 제품/서비스의 설계품질 요구사항 간의 매트릭스
b. 제품/서비스의 설계품질 요구사항과 공학설계 간의 매트릭스
c. 공학설계와 제품/서비스의 품질특성 간의 매트릭스
d. 제품/서비스의 품질특성과 제조공정 간의 매트릭스
e. 제조공정과 통계적 공정관리(statistical process control, SPC) 간의 매트릭스.

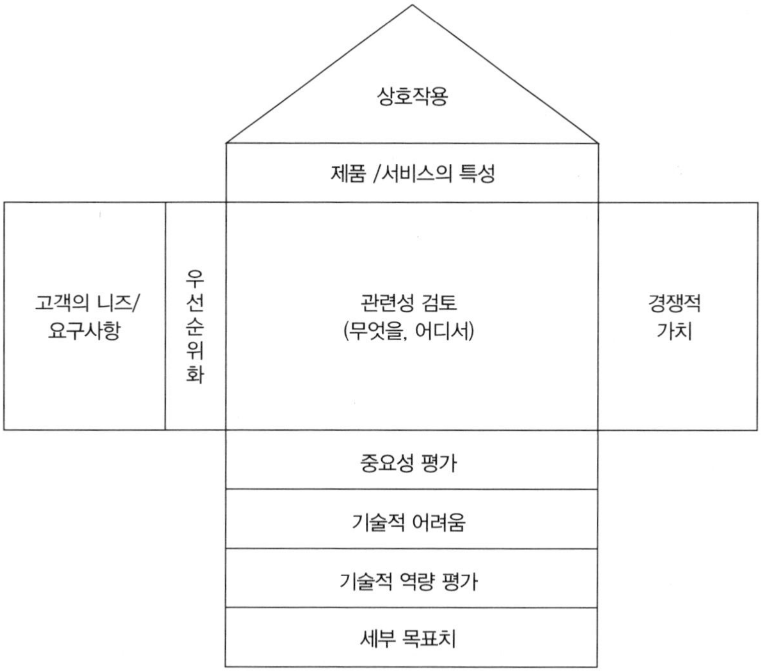

그림 8-5 품질기능전개 구조

ⅲ) 품질기능전개 편익

조직이 제품 또는 서비스를 개발할 때 품질기능전개 방법을 적용함으로써 고객중심 프로세스 구축, 체계적인 계획수립 및 생산효율 향상과 같은 편익을 얻을 수 있다.

가) 고객중심 프로세스

기업이 현재 보유한 자체기술에 초점을 두는 것이 아니라 고객의 니즈 또는 요구사항을 중심으로 한 프로세스이다. 즉, 고객이 원하는 것을 정확하게 파악하고, 제품 또는 서비스를 개발할 때 파악된 것들이 어떻게 접목되어야 하는지를 결정하는 데 도움을 준다.

나) 체계적 계획수립

제품 또는 서비스에 대한 고객의 니즈 또는 요구사항을 엔지니어링/기술 팀이 수행하는 설계규격에 반영하고, 기대하는 결과를 만들어 내기 위하여 필요한 공정을 식별함으로써 식별된 공정의 관리와 정비까지 고려하는 전체 생산계획 관련 활동들에 대해 체계적으로 계획을 세울 수 있게 된다.

다) 생산효율 향상

제품 또는 서비스의 개념단계에서부터 그 제품 또는 서비스에 대한 설계규격서와 제조표준을 개발한다. 사전에 준비된 최종제품 또는 서비스의 품질특성 관련 정보를 활용하여 그 제품 또는 서비스를 생산하면서 모니터링 할 수 있다. 품질 관련 문제점들을 사후에 관리하는 것이 아니라 시작단계에서 다루기 때문에 생산효율 향상에 기여하게 된다.

(4) 프로젝트 품질계획 프로세스

프로젝트 품질계획 프로세스의 투입물은 프로젝트 범위기준선(WBS와 WBS 사전, 품질계획수립에 영향을 미칠 수 있는 기술적 이슈 포함), 이해관계자 등록대장(품질에 영향을 미칠 수 있는 이해관계자 포함), 원가기준선, 일정기준선, 리스크 등록대장(품질 요구사항에 영향을 미칠 수 있는 정보 포함), 정부규제사항, 품질방침, 지침, 절차서, 서식 등이다.

프로젝트 품질계획 프로세스를 통해 생성되는 산출물은 프로젝트 품질계획, 제품 또는 서비스의 품질특성과 허용범위, 측정 또는 시험방법, 품질 점검표, 품질 이슈에 대한 개선계획 등이다.

8.3 프로젝트 품질통제

프로젝트 품질통제에서는 프로젝트 품질계획 수립 시 설정한 품질의 목표, 기준 또는 표준과 실제 프로젝트를 수행하면서 모니터링(측정/시험)한 결과를 비교 및 분석한다, 분석한 결과에 따라 분산이나 차이에 대한 의사결정과 개선조치를 취한다.

(1) 품질통제에 필요한 고려사항

프로젝트의 수행 프로세스, 제품 또는 결과물에 관련된 품질사항들을 통제하기 위해 고려할 사항은 다음과 같다.

a. 고객이 요구하는 참 품질특성(true quality characteristics)을 이해한다.
b. 참 품질특성을 측정/시험 또는 모니터링하는 방법을 결정한다.
c. 대용 품질특성(substitute quality characteristics)을 찾고, 참 품질특성과 대용 품질특성 간의 관계에 대하여 올바른 이해를 한다.

(2) 품질통제 기법

품질통제에 도움을 줄 수 있는 테크닉에는 샘플링검사(sampling inspection) 특성요인도(cause and effect diagram), 파레토도(Pareto chart or Pareto diagram), 경향도(trend chart), 히스토그램(histogram), 층별(stratification), 산점도(scatter plot or scatter diagram), 점검표(check sheet), 관리도(control chart) 등이 있다.

ⅰ) 샘플링검사

1930년대에 닷지-로믹 샘플링검사표(Dodge-Romig sampling inspection tables)가 개발되면서 통계적 품질관리(SQC)와 더불어 샘플링검사가 널리 적용되어 왔다. 샘플링검사는 어떤 물품의 로트(lot)에서 무작위로 추출한 표본(random samples)을 조사 또는 측정하고, 그 결과를 로트의 합 · 부 판정기준(criteria for acceptance or refusal)과 비교하여 그 물품 로트의 합격여부를 결정하는 것이다.

가) 샘플링검사 구분

모집단에서 추출한 표본의 품질을 양호품과 불량품의 개수 또는 결점수로 나타내면 계수형 샘플링검사(sampling inspection by attributes)이고, 측정치로 나타내는 경우에는 계량형 샘플링검사(sampling inspection by variables)에 해당된다. 샘플링검사의 결과에 따라 로트 또는 작업공정과 같은 모집단(population)에 대해 조치를 취할 수 있다. <그림 8-6>은 모집단에서 표본을 추출하여 조사 또는 측정하는 프로세스를 나타낸다.

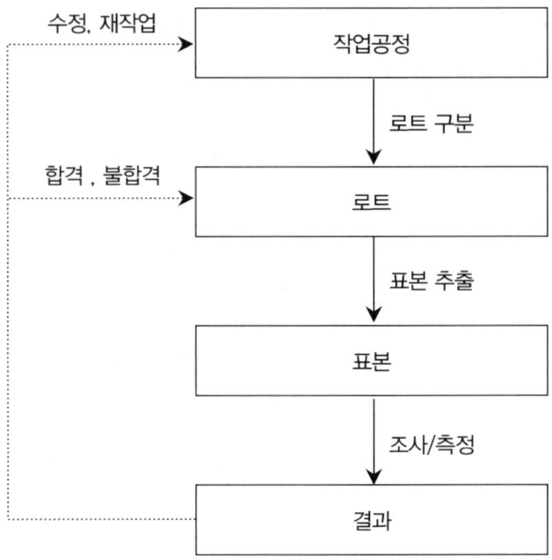

그림 8-6 샘플링검사를 위한 모집단과 표본

ii) 특성요인도

1943년 일본 동경대학교(The University of Tokyo)에 재직 중이었던 가오루 이시가와(Kaoru Ishikawa) 교수에 의해 처음 고안되었으며, 그의 이름을 따서 이시가와 다이어그램(Ishikawa diagram)이라고도 한다. 특성요인도는 결과에 영향을 미칠 수 있는 잠재적 요인을 식별하는 체계적 접근방법이며, 주로 신제품 개발 또는 품질결함 예방을 위해 널리 사용된다.

가) 특성요인도 작성

특성요인도의 작성 순서는 문제가 된 결과를 우측 끝 중앙에 적어놓고 가운데 화살표를 그린다. 그 다음, 그 결과의 원인에 대한 주된 범주들을 가운데 화살로부터 연결된 가지 끝부분 직사각형 상자에 표기하고, 브레인스토밍((brainstorming) 회의를 통해 가능한 여러 가지 관련 원인들을 찾아 곁가지에 적어 놓는다. <그림 8-7>은 TV 브라운관 사업장의 공정관리 활동 중에 작성한 특성요인도(예시) 이다.

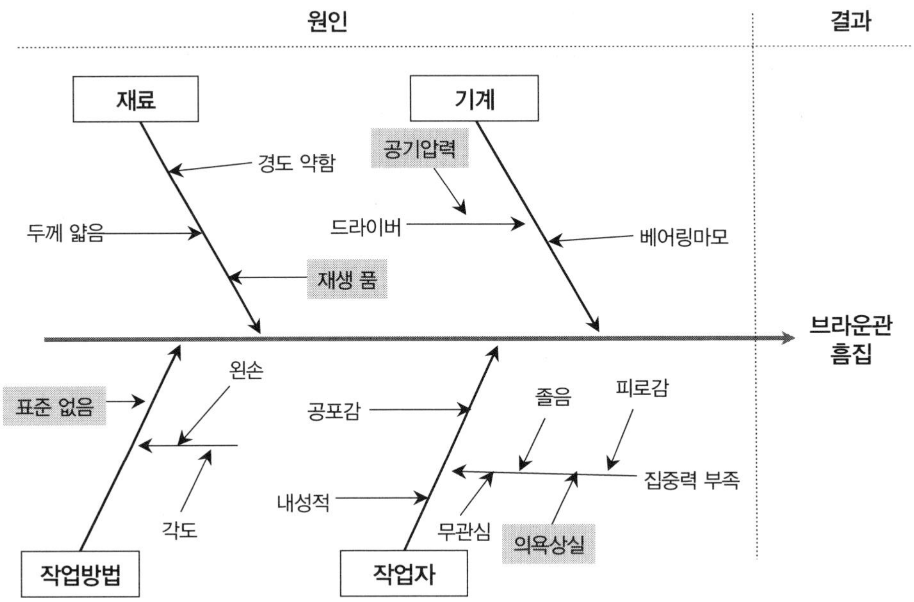

그림 8-7 브라운관 흠집에 대한 특성요인도

작성된 특성요인도는 관련 이해관계자들(공정관리 팀 구성원) 간에 브레인스토밍 형태의 논의 과정에서 나온 주요 원인들을 한눈에 볼 수 있는 장점이 있는 반면에, 원인들 간의 상호관련성을 식별하기는 어렵다.

ⅲ) 파레토도

19세기 이탈리아 경제학자 빌프레도 파레토(Vilfredo Pareto)의 연구에 의하면, 이탈리아 전체 인구 중 20%가 이탈리아 전체 토지의 80%를 소유하고 있었다. 그는 시민의 부와 소득에 적용해도 유사한 분포(80/20 규칙)를 나타낸다고 주장하였다. 그 이후 미국의 품질경영 전문가 조셉 주란(Joseph M. Juran)이 품질이슈의 원인들 중 20%가 결과에 거의 80%를 차지한다고 하면서 품질경영분야에까지 80−20 분포 규칙이 적용되어 파레토 원칙(Pareto principle) 또는 바이탈 퓨(vital few)로서 널리 알려지게 되었다.

가) 파레토도 작성

파레토도는 막대 도표와 선 도표를 합친 그래프로서 품질불량항목별 개개의 값은 막대 도표로서 내림차순으로 표현되고, 누적된 값은 사선으로 나타난다. 이때 왼쪽 축은 비용, 불량 개수, 결점 수 등 다양한 형태의 발생빈도로 그리고 오른쪽 축은 누적비율(%)을 각각 나타낸다. 다음 <그림 8−8>은 어떤 섬유가공회사에서 생산하는 넥타이의 품질불량에 대한 파레토도(예시)이다.

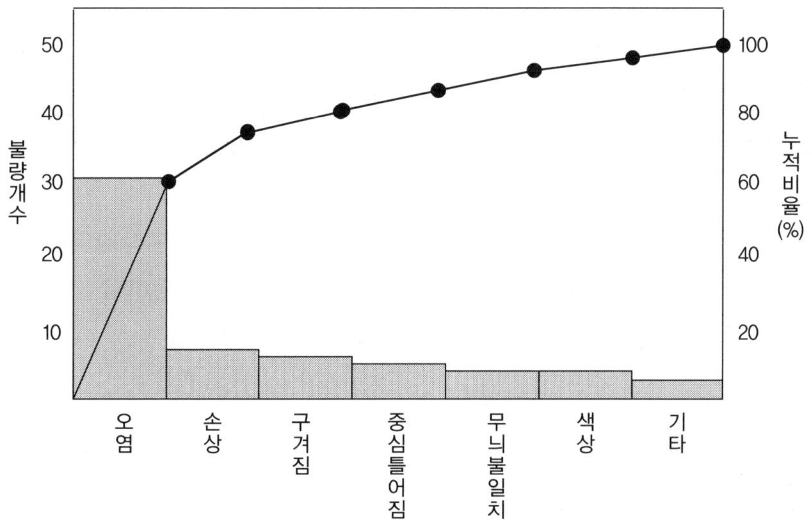

그림 8−8 넥타이 품질불량 파레토도

<그림 8-8>의 전체 넥타이 품질불량항목에서 오염불량의 수가 상대적으로 높아 바이탈 퓨(vital few)에 해당된다. 이러한 오염불량을 중점관리 대상으로 접근하면 충분한 품질불량개선 성과를 올릴 수 있다.

ⅳ) 층별

지구의 표면에 형성된 퇴적층처럼 어떤 모집단에서 표본을 추출하기 전에 표본의 정밀도(precision)를 높이기 위해 모집단을 동질성의 집단끼리 구분하여 쪼개는 것을 층별이라 한다. 층별을 함으로써 표본추출에서 발생할 수 있는 오차를 줄일 수 있다. 모집단을 나눌 때 동질성의 집단 내에서는 가능한 한 균일하거나 변동이 작게, 그리고 집단과 집단 간에는 변동을 크게 한다.

예를 들어, 어떤 생산작업공정에서 4가지 구성요소인 작업자, 작업방법, 재료 및 기계를 각각 구분하여 불량 개수, 재작업, 스크랩 등을 파악한다.

ⅴ) 히스토그램

1892년 영국 수학자 칼 피어슨(Karl Pearson)이 유니버시티칼리지런던(University College London)에서 강의를 하면서 처음 히스토그램 용어를 사용하였다. 히스토그램은 연속변수에 대한 확률분포를 추정하기 위한 빈도분포의 표현이다.

가) 히스토그램 작성

히스토그램을 작성하는 순서는 먼저 데이터의 개수를 고려하여 구간의 수(number of intervals)를 정한다. 그 다음, 전체 데이터 값의 범위(가장 큰 데이터 값−가장 작은 데이터 값)를 구간의 수로 나누어 산출된 값에서 큰 쪽의 정수를 선택한다. 얼마나 많은 데이터 값이 각 구간에 들어가는지 계산한다. 이때 구간은 연속적이고 중복되지 않는다.

예를 들어, 서울초등학교 5학년 학생들을 대상으로 40명을 무작위 추출하여 그들의 체중을 측정한 결과 <표 8−5>와 같았고, 체중 분포를 조사하였더니 <표 8−6>과 같은 도수분포표로 나타났다. 이 체중 도수분포표에 대한 히스토그램을 작성하면 <그림 8−9>와 같다.

표 8−5 체중 측정 자료

단위: kg

50	44	46	43	44	47	46
52	48	52	41	49	55	58
57	61	49	54	56	52	51
49	47	43	44	43	56	54
42	51	53	59	64	68	71
50	58	52	47	49		

표 8-6 체중 도수분포표

구간	구간의 중앙치	빈도
38.5 ~ 43.5	41	5
43.5 ~ 48.5	46	8
48.5 ~ 53.5	51	14
53.5 ~ 58.5	56	8
58.5 ~ 63.5	61	2
63.5 ~ 68.5	66	2
68.5 ~ 73.5	71	1

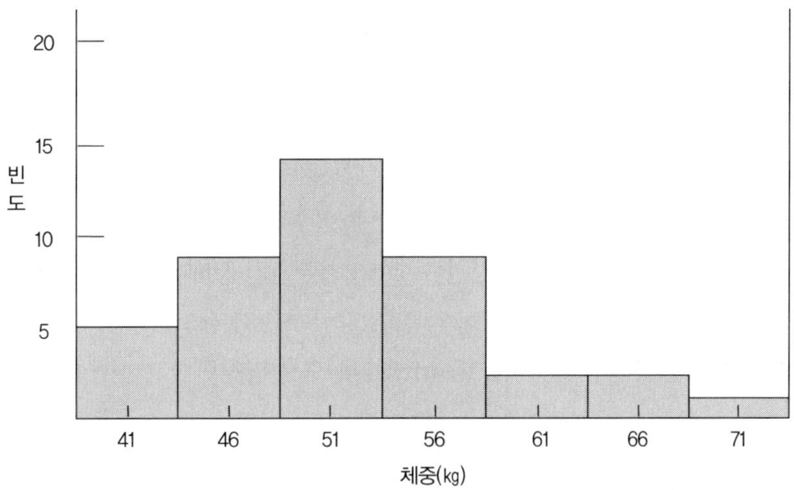

그림 8-9 체중 분포 히스토그램

vi) 산점도

산점도는 2개의 연속적인 변수, 즉 변수 x의 값과 변수 y의 값 간의 관계(relationship)를 볼 수 있도록 직교좌표(rectangular coordinates) 위에서 만나는 점을 표시한 그래프이다. 이때 그 변수들 간에 관련이 있으면 선을 따라 타점한다. 두 변수 간의 관련이 크면 클수록 그 점들이 선을 따라 더욱 가까이 위치하게 된다. 두 변수 중 변수 x가 독립이고 변수 y는 변수 x에 종속할 경우, <그림 8-10>과 같은 그래프로 나타낼 수 있다.

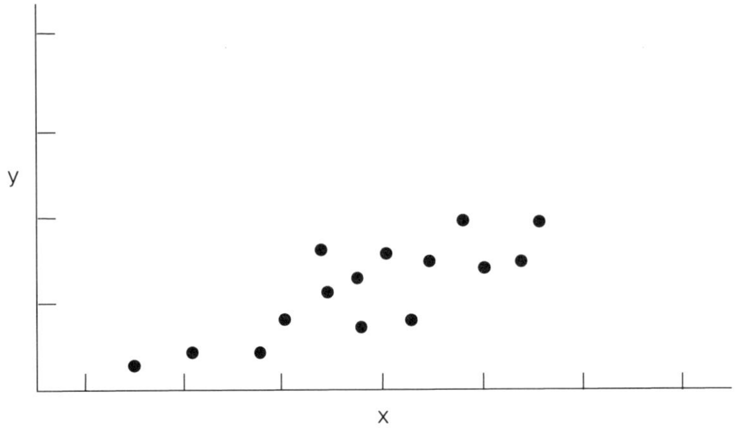

그림 8-10 산점도

두 변수 x와 y 간의 상관관계가 결정되면, 독립변수 x의 값에 따라 종속변수 y 값의 움직임을 예측할 수 있다. 독립변수 x의 값이 증가함에 따라 종속변수 y의 값도 증가하는 관계를 양의 상관관계(positive correlation), 독립변수 x의 값이 증가함에 따라 종속변수 y의 값이 감소하는 관계를 음의 상관관계(negative correlation)에 있다고 한다. 하지만 독립변수 x의 값이 증가함에 따라 y의 값이 증가하는지 감소하는지 타점의 경향이 명확하지 않을 때는 상관관계 없음(no correlation)으로 판단한다.

vii) 점검표

실제 데이터가 발생하는 제품생산현장에서 점검할 목적으로 개발된 점검표는 데이터를 실시간으로 수집하는 데 유용한 서식이다. 이 서식은 집계하기 쉽게 고안되어 있으며 수집되는 자료는 사용 목적에 따라 정량적(quantitative)이거나 정성적(qualitative)일 수 있다. 주로 생산 프로세스 점검, 불량항목 점검, 결점위치 점검, 불량발생원인 점검 및 대조확인 점검 시 사용된다.

가) 점검표 작성

제조업체 생산공정에서 품질불량을 줄이려면 적절한 형태의 점검표를 사용하여, 우선 발생되고 있는 결점의 종류와 점유율을 파악할 필요가 있다. 예를 들어 <그림 8-11>은 어느 합성수지생산 공장에서 사용된 점검표 사례이다.[9]

9) Ishikawa, Kaoru, *Guide to Quality Control*, Asian Productivity Organization, Tokyo, 1982.

점검표

제품명:	날짜:
생산공정: 최종 검사	공장:
결점 종류: 표면자국, 균열, 불완전, 외관	부서:
총 검사 수량:	검사자:
비고: 전 항목 검사	로트 수량:
	발주 수량:

결점 항목	점검										소계
표면자국	卌	卌	卌	卌	卌	卌	//				32
균열	卌	卌	卌	卌	///						23
불완전	卌	卌	卌	卌	卌	卌	卌	卌	卌	///	48
외관	////										4
기타	卌	///									8
	합계										115
불합격품	卌	卌	卌	卌	卌	卌	卌	卌	卌	卌	86
	卌	卌	卌	卌	卌	卌	卌	/			

그림 8-11 합성수지 결점항목 점검표

viii) 관리도

1920년대 미국 벨전화연구소(Bell Telephone Laboratories)에 근무했던 월트 슈하트(Walter A. Shewhart)가 처음으로 관리도를 고안하였다. 작성된 관리도를 분석함으로써 프로세스가 관리상태에 있는지 아니면 그 관리상태를 벗어나 있는지에 대해 알 수 있을 뿐만 아니라 그 프로세스의 미래에 대한 성과도 예측 가능하다.

가) 관리도의 기본

기본적으로 제품생산 프로세스 내에서 2가지 품질변동이 일어난다. 그 중에서 하나는 확률적으로 예측가능한 우연원인(chance cause) 또는 보통원인(common cause)에 의해 나타나는 품질변동이고, 다른 하나는 확률적으로 예측할 수 없는 이상원인(assignable cause) 또는 특수원인(special cause)에 의해 나타나는 품질변동이다. <그림 8-12>는 관리도 중심선으로부터의 상 · 하 관리한계선을 나타낸다.

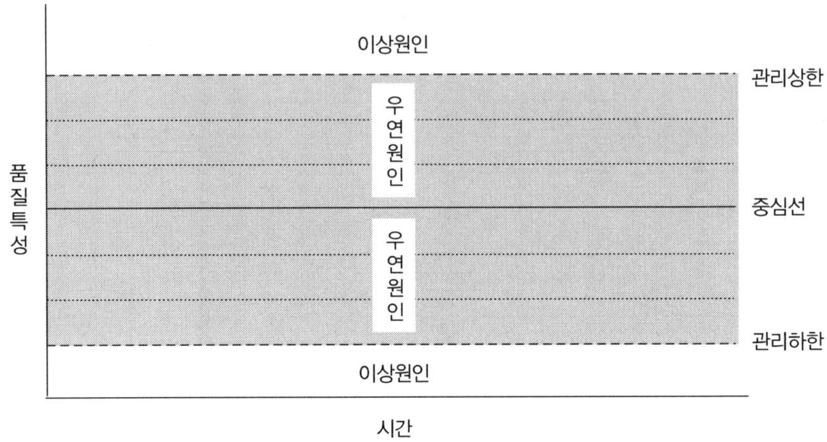

그림 8-12 관리도의 관리한계

예를 들어, 어떤 프로세스가 관리상태에 있다면, 측정한 전체 데이터들 중 99.73%는 관리한계(control limits) 내에 들어 있게 된다. 중심선(central line)은 품질변동의 확률분포상 평균치이고, 관리상한(upper control limit, UCL)은 중심선으로부터 3시그마 위쪽 ($+3\sigma$)에 위치하는 관리한계이며, 관리하한(lower control limit, LCL)은 중심선으로부터 3시그마 아래쪽(-3σ)에 있는 관리한계이다.

나) 품질변동

월트 슈하트가 제시한 관리도에 의하면, 평균치관리도($\bar{x}$ 관리도) 상에서 이상원인으로 판단할 수 있는 품질변동(variation)에는 다음과 같은 8가지 규칙이 있다.

규칙 1. 어느 한 점이 관리한계($\pm 3\sigma$)를 벗어나 있다.

규칙 2. 중심선에서 위쪽이든 아래쪽이든 어느 한쪽으로만 연속적으로 9점이 나타난다.

규칙 3. 연속적으로 6점이 증가하거나 감소한다.

규칙 4. 연속하여 14점이 증가와 감소를 반복한다.

규칙 5. 연속하는 3점 중 2점이 중심선에서 위쪽이든 아래쪽이든 어느 한쪽구역($\pm 3\sigma$)에 나타난다.

규칙 6. 연속하는 5점 중 4점이 중심선에서 위쪽이든 아래쪽이든 어느 한쪽구역 ($\pm 1\sigma, \pm 2\sigma$)에 나타난다.

규칙 7. 연속하여 15점이 $\pm 1\sigma$ 구역에 나타난다.

규칙 8. 연속하여 8점이 $\pm 3\sigma$ 에 나타나지 않고, $\pm 1\sigma, \pm 2\sigma$ 구역에만 나타난다.

다) 데이터(계량치, 계수치) 구분

프로세스의 품질변동을 통제하기 위해 사용하는 관리도에는 무게, 강도, 압력, 온도 등과 같은 계량치(variables) 데이터를 대상으로 하는 평균치와 범위관리도($\bar{x}-R$ control chart), 개개의 측정치관리도(x control chart), 메디안과 범위관리도($\tilde{x}-R$ control chart), 지수가중이동평균(exponentially weighted moving average, EWMA)관리도 등이 있다. 또한, 불량률, 불량 개수, 결점 수와 같은 계수치(attributes) 데이터에는 불량개수 관리도(p_n control chart), 불량률 관리도(p control chart), 결점 수 관리도(c control chart), 단위당 결점 수 관리도(u control chart) 등이 사용된다.

라) $\bar{x}-R$ 관리도 작성

프로세스의 계량치 데이터에 대해 가장 일반적으로 사용되는 $\bar{x}-R$ 관리도의 작성 절차는 다음과 같다.

단계 1. 통제하고자 하는 제조 프로세스 또는 제품 로트에서 측정한 데이터를 100개 정도 수집한다.

단계 2. 수집한 데이터를 시간, 날짜 등을 고려하여 4~5개씩 부분군 표본(subgroup sample)으로 나눈다.

단계 3. 평균치와 범위관리도 데이터시트($\bar{x}-R$ control chart data sheet)에 부분군 표본별로 데이터를 기록한다.

단계 4. 각 부분군 표본의 평균치($\bar{x}$)를 계산한다.

$$\bar{x}=\frac{x_1+x_2+\cdots+x_n}{n}$$, 여기서 n: 부분군의 크기

단계 5. 각 부분군 표본의 범위(R)를 계산한다.

$R=x\,(\text{최대치})-x\,(\text{최소치})$

단계 6. 전체 평균치($\bar{\bar{x}}$)를 계산한다.

$$\bar{\bar{x}}=\frac{\bar{x}_1+\bar{x}_2+\cdots+\bar{x}_n}{k}$$, 여기서 k: 부분군의 수

$\bar{\bar{x}}$는 $\bar{x}$ 관리도의 중심선이 된다.

단계 7. 범위의 평균치($\bar{R}$)를 계산한다.

$$\bar{R}=\frac{R_1+R_2+\cdots+R_k}{k}$$, 여기서 k: 부분군의 수

$\bar{R}$는 R 관리도의 중심선이 된다.

단계 8. 관리한계를 계산한다.

$\bar{x}$ 관리도의 관리상한 계산은 $UCL = \bar{\bar{x}} + A_2\bar{R}$

$\bar{x}$ 관리도의 관리하한 계산은 $LCL = \bar{\bar{x}} - A_2\bar{R}$

R 관리도의 관리상한 계산은 $UCL = D_4\bar{R}$

R 관리도의 관리하한 계산은 $LCL = D_3\bar{R}$

관리한계의 계산에 필요한 계수(coefficients)는 <표 8-7>과 같다.

표 8-7 관리한계 관련 계수

부분군의 표본크기	$\bar{x}$ 관리도		R 관리도	
n	A_1	A_2	D_3	D_4
2	3.760	1.880	–	3.267
3	2.394	1.023	–	2.575
4	1.880	0.729	–	2.282
5	1.596	0.577	–	2.115
6	1.410	0.483	–	2.004
7	1.277	0.419	0.076	1.924

단계 9. 각 부분군에 대해 계산된 평균치($\bar{x}$)와 범위(R)를 관리도 상에 점(dot)으로 표기한다. 이때 만약 관리한계 밖으로 벗어난 점이 있으면, 그 부분군의 계산치를 제외하고, 다시 계산하여 조정한다.

(3) 프로젝트 품질통제 프로세스

프로젝트 품질통제 프로세스의 투입물은 프로젝트 품질계획, 프로젝트 범위기준선(품질계획수립에 영향을 미칠 수 있는 기술적 이슈를 포함하는 프로젝트 범위기술서, WBS 및 WBS 사전), 원가기준선, 일정기준선, 작업성과정보(예: 원가, 일정, 품질특성 측정치), 승인된 변경요청서, 인도물, 제품 또는 서비스의 품질특성과 허용범위, 품질 점검표, 품질통제 관련 절차서, 지침서, 서식 등이다.

프로젝트 품질통제 프로세스를 통해 생성되는 산출물은 품질통제 과정에서 측정된 데이터, 제품 또는 서비스의 품질특성 측정결과 허용범위를 벗어난 경우 수정 또는 재작업, 인도물의 적합성 확보, 필요한 경우 전체 프로젝트관리 계획 내 프로젝트 품질계획 갱신 등이다.

8.4 프로젝트 품질보증

프로젝트에서의 품질보증은 프로젝트의 인도물이나 결과물에 대한 실수(재작업, 스크랩 같은)와 결점을 예방하고, 고객에게 인도물 또는 결과물을 넘겨줄 때 야기될 수 있는 문제점을 회피하는 수단이다. 품질보증은 고객의 니즈 또는 요구사항에 기반하여 품질계획수립 시 설정한 품질의 목표, 표준 및 품질통제 프로세스에서 실제 측정한 결과를 비교하는 등, 전반적인 과정을 객관적으로 심사하는 것이다. 품질 요구사항이 충족될 것이라는 신뢰를 제공하는 데 초점이 맞추어지기 때문에 프로젝트의 품질보증은 조직 내에서 독립된 품질기능의 도움을 받아 수행된다.

(1) 품질심사

프로젝트 품질업무 관련 프로세스들이 성공적으로 실행되었는지를 판단하기 위해 그 프로세스들에 대한 객관적 증거를 기반으로 평가하여 결정을 내린다. 이와 같이 품질심사(quality audit)에서도 프로젝트 품질계획에 따라 제반 품질활동들이 효과적으로 실행되었는지 그리고 계획된 품질목표가 이루어지고 있는지 여부 등에 대해 독립적이고 체계적인 평가를 한다.

품질심사에 필요한 준비와 절차에는 심사 기본계획수립, 심사 일정표 작성, 심사원 선정, 심사의 목적과 범위 확정, 점검표 준비, 심사실시 날짜 통보, 심사 실시, 심사 결과 보고 및 기록 등이 포함될 수 있다.

(2) 프로젝트 품질보증 프로세스

프로젝트 품질보증 프로세스의 투입물은 프로젝트 품질계획, 공정개선계획(업무 효율향상), 원가기준선, 일정기준선, 작업성과정보(예: 인도물, 원가, 일정, 품질특성 측정치), 품질통제 활동 결과 등이다.

프로젝트 품질보증 프로세스를 통해 생성되는 산출물은 프로젝트관리 계획 갱신(예: 품질계획, 일정계획, 원가계획), 변경요청서, 프로젝트 문서 갱신(품질심사보고서, 프로세스 관련 문서), 품질표준 또는 기준 갱신 등이다.

연습문제

01 조셉 주란(Joseph M. Juran)은 '품질을 용도에 대한 적합성'이라고 정의하였다. 용도에 대한 적합성의 주요 매개변수들(설계의 품질, 적합의 품질, 가용성, 현장서비스)이 상호 관련되어 있음을 그림으로 표현하시오.

02 필립 크로스비(Philip B. Crosby)는 품질의 4원칙을 기반으로 '일을 처음부터 올바르게 하자'는 구호와 더불어 14단계 품질개선프로그램 운영방안을 제시하였다. 14단계 품질개선프로그램의 각 단계별 주제와 내용(조치사항)을 기술하시오.

03 가오루 이시카와(Kaoru Ishikawa)에 의하면, 일본의 전사적 품질관리 접근방식은 기업 내 모든 부서 및 사원들이 품질관리(quality control)를 공부하고 촉진하는 데 참여하도록 하는 것이었다. 일본에서 추진했던 전사적 품질관리(CWQC)에 대한 개념도를 작성하시오.

04 제1차 산업혁명 이후 기술혁신과 제조공정의 시스템화로 대량생산이 가능한바, 제품과 서비스의 품질보증은 검사중심에서 프로세스관리중심, 더 나아가 시장의 니즈를 반영하는 신제품개발 중시로 발전해 왔다. 프로세스관리 중심 품질보증에 대하여 기술하시오.

05 1960년대 일본에서 처음 개발되어 제품 및 서비스의 개발 프로세스에 널리 적용되었던 품질기능전개(QFD) 구조에 대하여 설명하시오.

06 월트 슈하트(Walter A. Shewhart)의 관리도 이론에 의하면, 평균치관리도($\bar{x}$ 관리도)에서 이상원인으로 판단할 수 있는 품질변동에는 8가지 규칙이 있다. 품질변동의 8가지 규칙은 어떤 것들인가?

제9장

프로젝트 조달

조직의 목표를 달성하기 위해 필요한 물품(제품, 부품, 원료 등) 또는 용역과 같은 서비스를 구입하는 행위를 구매(purchasing)라 한다. 이와 같이 일반화된 물품 또는 서비스를 구입하고자 하는 경우에는 관련 품질규격(quality specification)에 기반한 물가정보를 통해 저렴한 것을 찾으면 된다. 하지만 고객 또는 소비자의 니즈가 다양해지면 상황은 달라진다.

조달(procurement)의 경우에는 고객이나 구매자의 니즈 또는 요구사항을 충족하기 위해 일반화된 구매행위에 추가하여 그 물품과 구성 부품을 공급하는 공급자의 제조공정, 품질보증, 포장, 납기, 물류 등의 적합성까지 고려하게 된다. 조달 업무영역이 시장의 글로벌화와 더불어 부가가치 중심의 물류 이동, 즉 공급사슬관리(supply chain management, SCM)로 확장되었다. 9장에서는 프로젝트의 특수성을 고려한 조달의 체계적 접근, 프로젝트 조달계획수립, 프로젝트 조달수행 및 프로젝트 조달종료 등에 대해 상세하게 다룬다.

9.1 조달의 체계적 접근

조달은 계약조건을 찾아, 합의하며, 입찰(tending) 또는 경쟁입찰(competitive bidding) 과정을 통해 외부 공급자로부터 물품, 서비스 또는 작업을 구하는 프로세스이다.[1] 조직에서 조달의 역할을 세분화하면, 구입하고자 하는 물품 또는 서비스의 규격개발, 가치분석, 공급자 시장조사, 협상, 구입활동, 계약행정, 재고관리, 운송, 검수 및 보관을 포함한다.

1) Laffont, Jean-Jacques., and Tirole, Jean., *A Theory of Incentives in Procurement and Regulation*, MIT Press, 1993.

프로젝트의 목표를 달성하는 데 있어 체계적으로 필요한 물품, 서비스 또는 작업을 외부로부터 구입 또는 획득하기 위해서는 9단계 조달관리 프레임워크가 필요하다.

(1) 조달관리

프로젝트의 규모나 특성에 따라 상이할 수 있으나 조달업무를 체계적으로 수행하기 위해서는 단계적으로 비즈니스 관련 니즈 또는 요구사항의 식별에서부터 거시적 시장 분석, 원가분석, 공급자 식별, 기밀유지 협약, 공급자 의사소통, 협상과 계약, 인수와 성과검증 및 공급자관리로 이어진다. 하지만 해당 프로젝트가 1회성 조달에서 그칠 경우, 현실적으로 구매자와 공급자 간에 중장기적 전략적 관계까지 유지하기는 쉽지 않다.

i) 조달관리 프레임워크

조직에서 체계적인 조달관리를 실현하기 위해 <그림 9-1>과 같이 9단계 조달관리 프레임워크에 따라 단계적으로 접근한다.

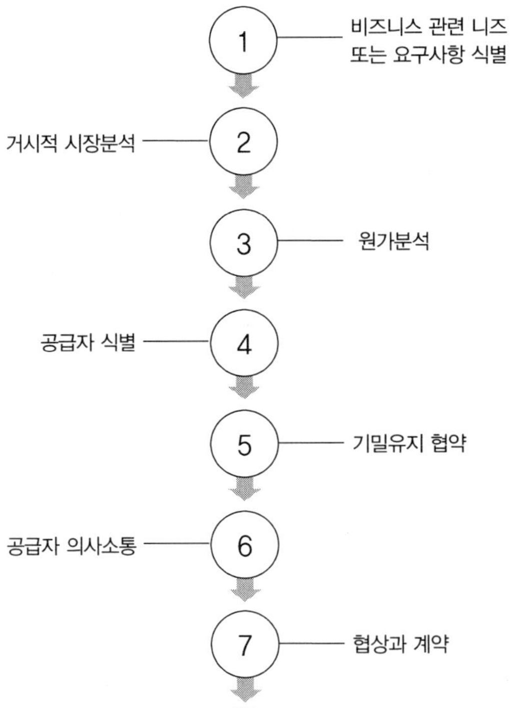

그림 9–1 9단계 조달관리 프레임워크

ii) 조달관리 프레임워크 단계별 이해

조달관리의 9단계 프레임워크 내용을 간략하게 다음과 같이 정리할 수 있다.

단계 1. 비즈니스 관련 니즈 또는 요구사항의 식별; 기술적인 방향과 니즈 또는 요구사항을 구체화하고, 장단기 투자전략을 수립한다.

단계 2. 거시적 시장분석; 시장분석을 통해서 영향을 미칠 수 있는 조직의 경쟁력을 이해한다.

단계 3. 원가분석; 원가 비교분석을 통해 자체적으로 제작할 것인지 아니면 외부로부터 구입할것인지를 결정한다.

단계 4. 공급자 식별; 요구된 물품 또는 서비스를 제공할 수 있는 특정 공급자를 찾는다.

단계 5. 기밀유지 협약; 민감한 정보(신제품의 설계 및 계획)를 보호하기 위해 정보를 논의하기 전에 미리 잠재적인 계약자 또는 공급자로부터 기밀유지 서약을 받는다.

단계 6. 공급자 의사소통; 물품, 서비스 및 작업 관련 경쟁입찰을 수행하기 위해 잠재적인 계약자 또는 공급자들과 다양한 요청서 방식(견적요청서, 제안요청서, 자료요청서 및 입찰요청서)으로 의사소통을 한다.

단계 7. 협상과 계약; 가격, 품질보증 및 납기준수 등에 대한 협상을 하고 합의에 이르면 계약서를 작성한다.

단계 8. 인수와 성과검증; 공급자로부터 인수받은 제품 또는 서비스의 성과를 검증하기 위해 현지에 그것을 설치 및 시험가동 하고, 성과(품질수준, 효율 및 성능)를 측정한다.

단계 9. 공급자관리; 공급자와 지속적으로 거래관계를 가질 경우, 중장기적으로 전략적 외주관계를 수립하고 공식적 관리에 들어간다.

9.2 프로젝트 조달계획

조직은 프로젝트에서 요구하는 물품, 서비스 또는 작업을 자체적으로 수행할 수 있는지 아니면 외부에서 구입해야 할 것인지를 판단한다. 만약 물품, 서비스 또는 작업을 외부공급원으로부터 조달 받아야 한다면, 어떤 방법으로 할 것인지를 결정하고 잠재적인 공급자를 발굴해야 한다. 프로젝트 조달계획 수립에 필요하거나 도움을 줄 수 있는 것으로는 작업기술서(SOW), 제작 또는 구입(make or buy)의 결정, 계약(contract) 등이 있다.

(1) 작업기술서

작업기술서(SOW)는 공급자가 조달계약(procurement contract) 시에 제품, 서비스 또는 작업의 내용을 이해하고, 제공할 수 있는지에 대해 결정을 내릴 수 있도록 구체적으로 설명한 것이다.

i) 작업기술서 구성

작업기술서(SOW)에 들어갈 내용은 구매자의 제안요청서(request for proposal, RFP)에 따라 다를 수 있으나 일반적으로 프로젝트의 개요, 적용 가능한 표준과 요구사항, 인도물, 인도일정 및 마일스톤 등을 포함한다.

가) 프로젝트의 개요

프로젝트에 관한 개괄적인 설명, 프로젝트를 선정하게 된 배경 및 프로젝트의 최종 결과물을 통해 무엇을 얻고자 하는지에 대하여 기술한다.

나) 적용표준과 요구사항

작업 범위의 결과로서 구매자가 무엇을 달성하려고 하는지(기술규격, 품질기준, 성능 등)에 대해 간략하게 기술한다.

다) 인도물

인도물은 구매자의 수락(acceptance)을 받아야 하는 최종 제품 또는 서비스로서 작업기술서(SOW) 내에 명시된 적용표준과 요구사항을 충족하여야 한다.

ii) 작업기술서 서식

조직의 비즈니스 특성을 고려하여 <표 9-1>과 같은 작업기술서(SOW) 서식을 개발하여 사용할 수 있다.

표 9-1 작업기술서(예시)

작업기술서(SOW)			
작성일자:		작성자:	
프로젝트 명칭:			
프로젝트 최종결과물(제품 또는 서비스):			
프로젝트 시작 날짜:		프로젝트 완료 날짜:	
개요 / 배경			
작업 범위 (적용표준)			
인도물	작업패키지	내용	
	1.		
	2.		
	3.		
원가추정	원가 유형	금액	지불조건
	노무비		
	장비, 건물임대,		
	교육/훈련, 출장		
마일스톤 일정	인도물		인도날짜
	1.		
	2.		
	3.		
가정사항			
연락처	담당자/ 직책:		
	전화:	이메일:	
승인	승인날짜:	서명:	

(2) 제작 또는 구입

프로젝트 조달에서 제작 또는 구입에 대한 결정은 프로젝트를 수행하는 조직이 제품, 서비스 또는 작업을 조직 내부에서 자체적으로 생산하는 방안과 외부 공급자로부터 구입하는 방안 간의 전략적인 선택 행위이기 때문에 제작 또는 구입에 대한 통합적 접근을 하는 것이 중요하다.[2)]

2) Gardiner, S. C. and J. H. Blackstone Jr., " The Theory of Constraints and the Make-or Buy Decision," *International Journal of Purchasing and Materials Management,* Vol. 27, No. 3, pp. 38-43, 1991.

i) 조달의 전략적 선택

조직이 자체적으로 제작할 경우의 이점과 구입에 따른 리스크를 동시에 고려함으로써 제작, 동반자관계 및 구입 중에서 전략적으로 선택할 수 있음을 <그림 9-2>에서 보여준다. 그래프 상의 세로 축(Y axis)에는 자체 제작에 따른 이점으로써 낮은 원가, 좋은 품질, 시간관리의 용이성, 기술적인 노하우의 보호 등이 포함될 수 있다. 가로 축(X axis)에서는 구입 리스크로서 구매자의 생산용량, 기술력, 노동조합 압력, 유연성 부족 등이 고려될 수 있다.

그래프 상에서 자제 제작 시 이점은 높고, 구입시 리스크가 높을 경우에는 자체 생산하는 것으로 결정은 하되 철저한 통제를 필요로 한다. 이와는 달리 자체 제작에 따른 이점이 낮고, 구입 시 리스크도 낮으면 구입으로 결정하게 된다. 이점과 리스크가 모두 낮기 때문에 통제 또한 상대적으로 느슨할 수 있다. 구매자와 공급자 간에 동반자관계(partnership relation)의 형태로 접근하기 위해서는 장기적인 계약이 필요하다.

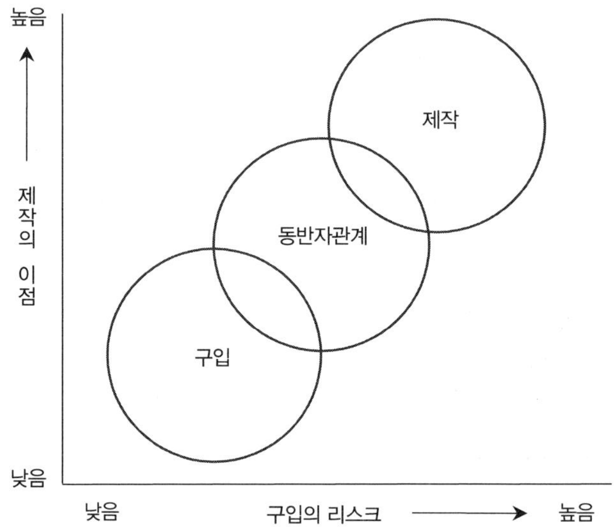

그림 9-2 제작, 동반자관계, 구입 간의 결정

가) 프로젝트 팀의 업무부하 고려

프로젝트 팀이 자체적으로 작업할 능력을 갖추고 있어도 현실적으로 다른 프로젝트에도 팀의 업무가 걸쳐 있을 경우, 프로젝트의 일정이 동시에 겹치게 되어 부득이 외주 의뢰하는 경우가 허다하다. 따라서 프로젝트 팀이 원하는 시점에 요구된 품질의 제품, 서비스 또는 작업이 공정한 가격으로 구매자에게 인도될 수 있도록 한다.

(3) 계약

계약 당사자 간에 계약서(contract document)를 작성하고 상호 간 협상을 하며 관리에 들어가는 조달의 특정한 단계로서 계약은 어느 한 개체가 다른 개체로부터 상품 및/또는 서비스를 구매하기를 원할 때 두 개체 간에 서명된 합의이다. 구입하는 쪽의 개체는 구매자 또는 고객이 되고 다른 개체는 공급자가 된다. 구매자와 공급자 간의 계약은 두 개체 사이에 합의된 권리와 의무를 상호 인정하고, 준수하도록 법적 구속력을 갖는다. 따라서 계약서에는 구체적인 조달의 범위, 법률적 권한, 품질 요구사항, 계약기간, 지불조건 등이 포함될 수 있다.

계약의 유형에는 고정가계약(fixed price contracts, FPC), 시간과 재료계약(time and materials contracts, TMC) 및 원가정산계약(cost reimbursement contracts, CRC)이 있다.

ⅰ) 고정가계약

공급자가 장비, 재료 및 노무 관련 원가에 의존하는 것이 아니라 설정된 가격에서 요구되는 제품, 서비스 또는 작업을 제공하기로 합의하는 방식이다. 구매자 입장에서 고정가계약(FPC) 방식을 채택할 경우, 외주 구매 발주에 따른 리스크를 공급자에게 전가하거나 최소한으로 줄일 수 있고, 제시하는 작업의 범위와 작업기술서(SOW)가 구체적이고, 정확하며, 경쟁입찰자 선정이 잘 되면 가격통제도 가능하다. 하지만, 만약 작업범위에 변경이 있으면 계약가격이 증가할 수 있다.

미국연방구입규정(Federal Acquisition Regulation, FAR)에서 제시하는 고정가격요소를 가진 계약유형은 다음과 같다.3)

가) 확정고정가계약(firm fixed price contract-FAR 16, 202)

구매자가 조정할 수 없는 가격을 제시한다. 단, 합의된 작업의 범위변경에 의한 가격변경은 예외로 한다. 이 계약방식은 리스크가 최소이거나 충분히 예측 가능할 때 적용된다. 리스크의 발생 또는 저조한 작업성과에 따른 원가의 상승 책임은 공급자에게 있다. 따라서 계약담당자가 최초에 공정하고 합리적인 가격을 설정할 수 있는 상용품목(commercial items) 또는 명확한 기능과 상세규격에 기초한 기타비품이나 서비스를 구입하는 데 적절하다.

---

3) Acquisition GOV., *Part 16-Types of Contracts*, accessed Feb. 17, 2025, https://www.acquisition.gov/far/part-16.

나) 경제적 가격조정고정가계약(fixed price contract with economic price adjustment-FAR 16, 203)

특정 환경하에서 긍정적 또는 부정적 가격변경을 허용하는 계약 방식이다. 예를 들어, 판매자가 통제할 수 없을 정도로 시장의 상황변화가 있을 때 가격조정이 가능하다. 단, 특수조항에 물가 상승률에 따른 가격상한 또는 가격하한 경계 등을 설정한다. 결국 구매자와 공급자 양측을 보호하는 의미가 있으며, 장기적인 거래관계에 있을 때 가능하다. 이 계약방식은 연장된 계약수행기간 동안에 있을 수 있는 시장 또는 노동조건의 안정성에 관해 심각한 우려가 있을 때 그리고 계약가격에 포함될 비상사태(contingencies)가 식별될 수 있어 계약에서 별도로 다루어질 수 있을 때 적용 가능하다. 특히, 인건비와 재료비에 기초한 가격조정은 산업전반에 걸친 비상사태로 제한되어야 한다.

다) 미래 가격재결정고정가계약(fixed price contract with prospective price redetermination-FAR 16, 205)

최초의 기간(initial period) 동안에는, 공정하고 합리적인 확정고정가격(firm fixed price)에서 협상한 제품, 서비스 또는 작업의 수량을 구입할 수 있으며, 그 이후 지속되는 기간 동안에는 가격을 재결정할 수 있게 되어 있다. 또한, 성과에 대한 불확실성과 원가의 영향 등을 평가하여 공급자에게 가격상한을 제공할 수 있다. 이 계약방식은 최초의 기간 동안에는 공정하고 합리적인 확정고정가격 협상이 가능하지만 그 이후 이어지는 계약수행 기간에는 동일한 가격조건으로 구입 불가능한 수량의 생산 또는 서비스의 구입에 적용될 수 있다.

ii) 시간과 재료계약

원가정산계약(CRC)과 고정가계약(FPC)을 모두 고려한 것으로써 시간당 임금률(hourly rate of labor)에 기초한 실제 작업범위에 대한 거래금액을 예측한다. 즉, 구매자는 프로젝트에 사용된 시간의 양에 재료원가(materials costs)를 추가한 금액을 부담하게 된다. 여기서 재료원가란 최종 제품(end product)에 직접적으로 들어가거나 그 제품 또는 서비스의 비품과 연관되어 직접적으로 사용되거나 소모된 재료의 비용을 의미한다. 이 계약방식은 작업의 규모(extent) 또는 기간을 정확하게 추정할 수 없거나 합리적 수준의 신뢰를 기대할 수 없을 경우에만 적용될 수 있다.

ⅲ) 원가정산계약

계약자가 자금(funds)을 편성하고, 계약담당자의 사전 승인 없이 자금을 초과할 수 없는 최고한도를 설정하기 위해 총원가를 추정한다. 즉, 이 계약은 완료된 작업에 들어간 모든 실제원가에 공급자 측 수익에 해당하는 수수료(fee)를 추가하여 지불하는 방식이다. 따라서 이 계약방식은 고정가(fixed price) 유형의 계약을 하기에 충분할 정도로 구매자의 요구사항이 정의되지 않은 상황이거나 계약수행에 관련된 불확실성으로 인해 고정가 유형의 계약을 하기에 충분할 정도로 정확한 원가추정이 불가능할 경우에만 적용될 수 있다.

가) 인센티브 가산원가계약(cost plus incentive fee contract-FAR 16, 304)

요구된 주요 시스템의 개발이 가능할 것으로 예상될 때 기술적인 인센티브를 제공하는 방식이다. 즉, 이 계약방식은 목표원가, 목표수수료, 최소수수료, 최대수수료 및 수수료 조정공식을 적용함으로써 인센티브를 관리한계 내에서 적절히 제공하여 목표원가를 효과적으로 통제하게 된다.

나) 보상금 가산원가계약(cost plus award fee contract-FAR 16, 305)

계약을 시작할 당시 구매자 평가에 기초한 기본금액과 원가, 일정 및 기술적 성과에 대한 동기부여에 충분할 정도의 보상금액으로 구성된 수수료를 제공하는 방식이다. 보상금 계획에는 5단계 평가 등급(매우 우수, 우수, 양호, 보통, 미흡)이 포함되어있다. 이러한 계약은 수행할 작업이 원만하게 실행될 것 같지 않을 때 적용 가능하다.

다) 고정수수료 가산원가계약(cost plus fixed fee contract-FAR 16, 306)

원가를 통제하기 위한 최소의 인센티브로서 계약을 시작할 당시에 고정된 협상수수료를 공급자에게 제공하는 방식이다. 이러한 계약방식은 요구되는 노력의 정도를 알 수 없는 불확실한 연구개발 및 시험의 예비조사에 적용될 수 있으며, 정상적인 주요 시스템 개발에는 적용되지 않는다. 고정된 수수료는 실제원가에 관계없이 변하지 않는다.

(4) 프로젝트 조달계획 프로세스

프로젝트 조달계획 프로세스의 투입물은 프로젝트 범위기준선(프로젝트범위기술서, WBS 및 WBS 사전), 프로젝트 요구사항(품질기준, 성능, 보험, 기밀유지협약, 안전성, 환경, 지적소유권 등), 구매자와 공급자 간의 법률적 계약합의, 프로젝트 원가기준선, 일정기준선, 리스크 관련 책임소재 결정사항(보험가입 등), 시장환경, 정부규제사항, 조달방침, 지침, 용어와 정의, 절차서 등이다.

프로젝트 조달계획 프로세스를 통해 생성되는 산출물은 프로젝트 조달계획, 조달품목에 대한 작업기술서, 제작 또는 구입의 결정 문서 및 공급자 선정기준(전반적인 원가, 기술능력, 리스크, 관리능력, 보증, 재정능력, 과거 이력, 지적재산권) 등이다.

9.3 프로젝트 조달수행

조직은 프로젝트에서 요구되는 물품, 서비스 또는 작업을 외부로부터 조달 받기 위해 공개입찰을 하거나 제안서를 접수하여 선정기준에 따라 공급자를 선정하게 된다. 조직에서 적용하는 공급자선정기준(supplier selection criteria)에는 원가와 가치, 품질과 안전, 납기, 서비스, 사회적 책임, 편의성(convenience)/단순성(simplicity), 리스크 및 민첩성(agility)이 포함된다.[4] 조달수행에 도움을 줄 수 있는 기법은 공급자 평가(supplier evaluation), 경쟁입찰(competitive bidding), 계약협상(contract negotiations) 등이 있다.

(1) 공급자 선정

공급자가 제공하는 물품, 서비스 및 작업에 대한 품질, 원가 및 납기뿐만 아니라 시설용량, 기술역량, 재정상태, 평판, 시스템, 절차 준수, 노무관계, 위치, 과거 거래실적 등도 공급자 선정에 영향을 미칠 수 있다. 특히, 조직의 신제품개발 프로젝트에서는 거래물량과 기밀유지에 대한 당사자 간 협약도 중요한 요인으로 작용한다.

ⅰ) 불확실성 상태에서 공급자 선정

비즈니스 환경의 불확실성 하에서 공급자를 선정하는 방법으로 의사결정나무(decision tree)를 사용할 수 있다. 이것은 의사결정과 불확실성이 존재하는 확률적 사건결과, 자원비용, 효용(utility)과 같은 것들의 가능한 결과를 나무모형으로 표현되는 의사결정 지원도구이다.

가) 의사결정나무 적용

<그림 9-3>은 두 공급자를 놓고 신중하게 고려하는 1단계 상황과 2가지 가능한 결과를 나타내는 의사결정나무이다. 사각형은 의사결정마디(decision node)이고, 원은

---

4) Dominick, C. and Lunney, S. R., *The Procurement Game Plan: Winning Strategies and Techniques for Supply Management Professionals*, J. Ross Publishing, Florida, pp. 31, 2012.

상황마디(event node)이며, 의사결정마디에 연결된 가지는 대안이 된다. 따라서 구매자는 두 가지 대안 중 하나를 선택한다.

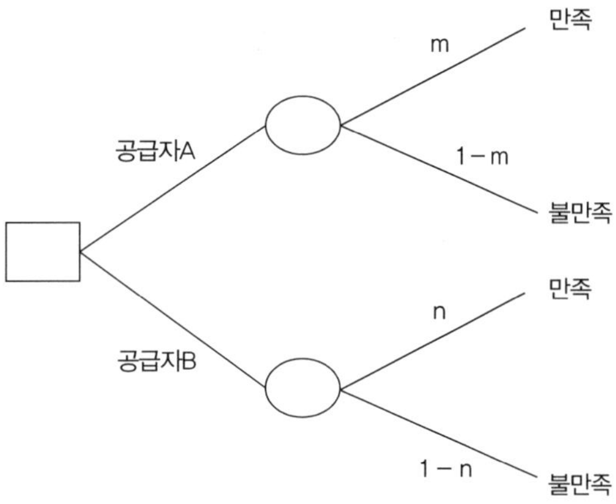

그림 9–3 공급자 선정 의사결정나무

구매자는 의사결정나무를 효과적으로 적용하기 위해 판단을 내리는 평가(evaluation)에 대한 대안과 기준을 식별하고 성공과 실패의 확률을 평가(assessment)할 필요가 있다.

(2) 공급자 평가

조직은 거래관계에 있는 기존 공급자의 성과가 실제 나타나고 있는지 그리고 신규로 발굴하고자 하는 잠재공급자(potential suppliers)에 대해 구매자의 요구사항을 충족할 수 있는 능력을 갖추고 있는지를 확인할 필요가 있다. 공급자 평가는 조달과정에서 수행되어야 할 필수적 과제이다.

i) 기존공급자 평가

현재 거래하고 있는 공급자는 구매자로부터 이미 능력 검증과정을 거쳐 적어도 한 번 이상 거래한 실적이 있어 공식 평가(formal evaluation) 또는 비공식 평가(informal evaluation)가 이루어진다. 즉, 계약준수 보장, 원가절감, 리스크 완화 및 지속적 개선에 관련된 기존공급자의 관행을 측정한다.[5)]

5) Gordon, S. R., *Supplier Evaluation and Performance Excellence: A Guide to Meaningful Metrics and Successful Results,* J. Ross Publishing, Florida, pp. 4, 2008.

가) 공식 평가

구매자로부터 발주 받은 물품, 서비스 또는 작업의 품질기준, 수량, 원가, 일정 등 관련 계약조건들에 대한 충족여부를 확인 및 평가한다. 확인 과정에서 불만족스러운 사안이 발생하면, 필요에 따라 시정조치에 들어간다. 특히, 프로젝트 관리에서는 납기 또는 일정의 준수가 중요하기 때문에 일정에 가중치를 부여할 수도 있다.

나) 비공식 평가

구매자와 공급자 간의 개인적인 접촉, 전문가 회의, 컨퍼런스, 매체 등을 통해 공급자에 대한 새로운 정보를 수집할 수 있다. 특히 규모가 크지 않은 중소기업의 경우, 발주한 물품, 서비스 또는 작업에 대한 만족도 평가는 대부분 당사자 간의 개인적 접촉과 피드백 과정에서 이루어진다.

ii) 잠재공급자 평가

잠재공급자 발굴은 상당한 시간과 노력을 필요로 하기 때문에 중요한 발주를 받을 가능성이 있는 선정후보명단에서 이루어진다. 구매자가 발주하는 물품, 서비스 또는 작업에 대한 요구사항을 충족시켜줄 수 있는 기술역량, 제조능력(manufacturing capability), 재정상태, 납기준수, 관리능력, 지리적 위치 등을 평가한다.

가) 기술역량

구매자로부터 발주되는 물품, 서비스 또는 작업에 관련된 품질기준을 충족시킬 수 있는 공학과 기술(신기술 포함)을 갖추어야 한다. 구매자는 시장 또는 고객의 니즈 변화에 따라 새로운 형태의 품질특성을 공급자에게 요구할 수 있어 현재의 기술뿐만 아니라 미래 기술 변화에 신속하게 대처할 수 있는 능력, 지적재산권 등도 고려하게 된다.

나) 제조능력

기술역량을 충분히 갖추었다 하더라도 이미 다른 구매자와 거래하고 있거나 발주 받은 물량공급으로 인해 제조용량(manufacturing capacity)이 부족하거나 더 이상 공간 확장이 어려울 경우, 다양한 요구사항에 대응할 수 있는 제조능력의 유연성이 떨어진다.

다) 재정상태

공급자의 재정상태는 고객의 니즈에 대응하는 능력에 영향을 미칠 수 있다. 구매자의 입장에서 공급자의 재정상황을 잘 알고 있으면 협상에서 유리하다. 재정상태 척도로서 신용등급, 매출액, 수익성, 시장점유율, 자본구조, 유동비율(current ratio), 투자수익률(return on investment, RQI), 운전자본(working capital), 재고자산회전율 등을 검토한다.

라) 관리능력

잠재 공급자의 관리능력이 부족하면 장기적 거래와 효율적 의사소통을 할 수 없다. 관리능력을 파악하기 위해 조직구조, 관리자의 자질, 리스크 통제, 상벌체계, 교육훈련체계, 조달시스템 등을 조사한다.

마) 지리적 위치

대부분의 구매자는 필요한 물품, 서비스 또는 작업을 현지 공급자로부터 구입하고자 한다. 현지 공급자가 원거리에 위치한 공급자보다 상대적으로 가까운 거리에서 자주 방문하여 품질문제 해결, 기술적 논의 등 서비스를 제공할 수 있다. 현지구매를 선호하는 또 다른 배경에는 지역사회 일자리 창출에도 기여할 수 있다.

(3) 구매자와 공급자 간의 관계

공급자가 물품, 서비스 또는 작업을 구매자에게 제공할 때 양측의 상호관계는 품질, 원가, 납기, 서비스, 지불조건, 공정성 등 궁극적인 가치와 고객만족에 관련이 있다. 구매자와 공급자 간의 거래관계는 선호공급자(preferred supplier), 동반자(partnership) 및 전략적 제휴(strategic alliance)로 구분될 수 있다.

i) 상호 만족도 관계

조달기능 담당 또는 구성원들이 과거에 거래를 했거나 현재 거래를 하고 있는 공급자와 구매자 간의 만족 여부를 평가하기 위해 가로축을 공급자의 만족으로 하고, 세로축을 구매자의 만족으로 표현하는 <그림 9-4> 구매자-공급자 간의 만족도 위치 모형 그래프를 사용할 수 있다.[6]

---

6) Leenders, M. R. and Fearon, H. E., *Purchasing and Materials Management*, 10th ed., Richard D. Irwin Inc., Illinois, 1992.

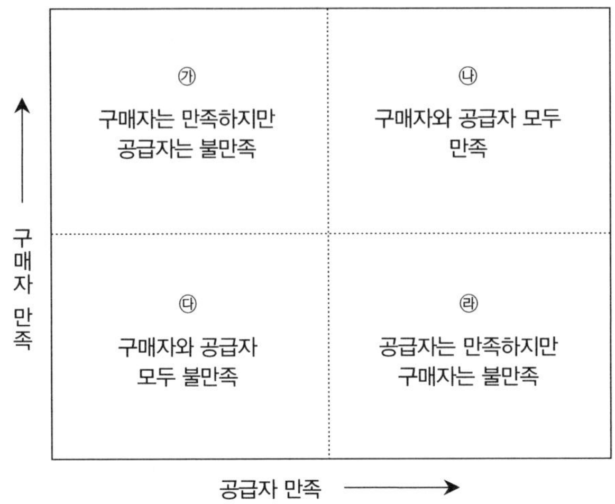

그림 9-4 구매자-공급자 간의 만족도 위치 모형

만족도 위치모형에서 구매자와 공급자가 모두 만족하는 ㉯ 위치에 있을 때 장기적인 거래관계가 유지될 수 있고, 특히 시장 또는 고객의 니즈에 따른 신제품개발 프로젝트에서 상당한 기술노하우 개발과 기밀유지가 필요한 경우 양측 모두 전략적 동반자 관계로 발전할 가능성이 있다. 하지만, 양측이 ㉯의 위치와 상반되는 ㉰ 위치에 있는 경우, 구매자와 공급자 간의 관계가 불안정하여 상호 특단의 개선조치가 이루어지지 않으면 거래가 중단될 수 있다.

구매자는 만족하나 공급자가 불만족스럽게 생각하는 ㉮ 위치에 놓일 때, 구매자 입장에서 장기적으로 현재의 공급자와 거래를 유지해야 한다면, 불만족에 대한 요인분석과 대안을 마련하여야 할 것이다. 이와는 달리 ㉱의 경우, 구매자는 다른 공급자를 찾거나 자체적으로 불만족에 관련된 요인과 대책을 수립하여 재 협상 또는 ㉯ 위치로 이동하도록 노력할 필요가 있다.

ii) 선호공급자 관계

가격중심의 전통적 단기 거래관행에서 한 단계 발전한 선호공급자 관계는 구매자가 요구하는 품질기준, 원가 및 납기를 충족할 뿐만 아니라 사전 계획에 없던 급송주문(rush order), 규격변경, 고객불만 해결 등에 적극적으로 대응한다. 대부분의 구매자는 선호공급자와 장기간 거래를 유지하려고 한다. 구매자와 선호공급자 간의 가치(value)는 학습곡선(learning curve) 효과와 같이 장기간 거래를 함으로써 얻을 수 있는 의사소통 속도, 낮은 구매단가, 재고비용, 배송비용, 품질비용 등에 집중된다.

ⅲ) 동반자관계

선호공급자 관계에서 더 발전하여 구매자와 공급자 간의 동반자관계를 형성함으로써 얻을 수 있는 이점은 품질목표 달성, 신속한 배송, 재고비용 절감 및 지속적 개선에 있다. 장단기 전략과 계획에 기반된 리스크와 기회요소, 수익, 기술표준 및 관련 프로젝트 정보를 상호 공유한다. 예를 들어, 신제품개발의 경우, 설계단계에서부터 상호 장벽을 허물고, 제품안전, 품질개선 및 원가절감을 위해 한 팀으로 활동한다. 따라서 동반자관계는 공급자의 기술력, 제조능력, 원가절감, 납기준수, 재무상태, 관리능력, 안전확보, 환경보호, 지리적 위치 등을 고려하여 장기간 거래를 해왔던 선호공급자들 중에서 선정될 가능성이 높고, 요구된 물품, 서비스 또는 작업을 자체적으로 제작할 것인지 아니면 외주 구입할 것인지에 대한 의사결정 방안으로도 활용될 수 있다.

ⅳ) 전략적 제휴관계

구매자와 공급자 간에 전략적 제휴관계는 일반적인 조달개념과 달리 글로벌시장의 선점, 리스크 공유 또는 신기술개발 투자를 위해 상호 이해관계에 따라 차별화된 전략으로 접근한다. 즉, 동반자관계보다 더 진전된 개념으로 볼 수 있다.

(4) 경쟁입찰

경쟁입찰은 요구되는 물품, 서비스 또는 작업의 수용 가능한 가격대를 넓혀서 경쟁을 유도하는 방식이다. 경쟁 입찰방식에는 일반경쟁입찰, 제한경쟁입찰, 지명경쟁입찰 등이 있다. 특히, 제한경쟁입찰의 경우에는 구매자가 신뢰할 수 있는 잠재공급자들을 사전에 선정하고 그들에게 제안요청서(request for proposal, RFP) 또는 입찰요청서(request for tender, RFT)를 제출하도록 한다.

ⅰ) 경쟁입찰 프로세스

공급자 선정 영역을 지역사회로 제한할 것인지, 국가전역으로 아니면 글로벌로 확대할 것인지에 따라 경쟁입찰 프로세스에 다소 차이는 있을 수 있으나 일반적으로 예비적격심사(preliminary screening), 제안요청서 작성과 제출, 입찰평가와 결정 등의 과정을 거치게 된다.

가) 예비적격심사

구매자가 제안요청서(RFP)나 입찰요청서(RFT)를 발송하기 전에 선정후보명단 또는 공급자의 웹사이트, 직업별 전화번호부, 관련 산업협회 등으로부터 수집된 정보를 기초로 예비적격심사를 실시함으로써 경쟁력 있는 잠재공급자를 선별한다. 예비적격심사에서는 주로 잠재공급자 평가에서 적용한 기술역량, 제조능력, 재정상태, 관리능력, 지리적 위치 등을 검토하게 된다.

나) 제안요청서 작성과 제출

구매자로부터 제안요청서를 받거나 공개입찰에 참여할 의향이 있는 공급자는 제출 기간 내에 구매자가 제시한 입찰요건에 관련된 내용을 입력하여 제안요청서를 제출한다. 제안요청서에는 대상 물품, 서비스 또는 작업에 대한 기술적 전문성, 특화된 능력, 연구·개발 역량, 원가내역, 인적자원, 일정, 공급자로서의 전략 및 중장기 사업목표 등이 포함될 수 있다.

다) 입찰 평가와 결정

잠재공급자들로부터 접수한 제안요청서들이 평가 및 비교되어, 특별한 경우가 아니면 통상적으로 가장 낮은 가격의 제안요청서가 입찰 선정된다. 가장 낮은 가격의 제안요청서가 접수되었어도 선정이 되지 않을 수 있다. 예를 들어, 가장 낮은 가격이었지만 구매자가 타당하다고 생각하는 금액을 상회하거나 입찰자들 사이에 가격담합이 있었을 것으로 판단될 경우 결정이 보류될 수 있다.

ii) 경쟁입찰 대응전략

경쟁입찰에 성공하기 위해서는 구매자의 치밀한 전략이 필요하다. <표 9-2>는 V기업이 해외 플랜트 입찰에 성공하기 위해 준비한 점검사항과 대응전략 사례이다.[7]

표 9-2 입찰을 위한 점검사항 및 대응전략

점검사항	대응전략	비고
구매가 프로젝트에서 차지하는 비율이 얼마인가?	정상적인 프로젝트인 경우, 구매비율이 50% 이상이다. 이익을 남길 수 있는 여력이 많은 분야인 동시에 입찰에서 결정적인 영향을 미치는 분야이다. 필요한 경우, 구매 전문가를 동원해서 입찰에 응한다.	과거 기자재 금액관리 정보 참고.
설계 시 구매에 도움이 되는 자재요청서를 작성했는가?	설계부서에서 자재요청서 작성 시 구매에 유리한 방식으로 자재요청서를 작성한다. 필요하다면, 전기모터를 분리하여 발주함으로써 비용을 절감한다.	자재요청서(material requisition)
구매한 경험이 있는 기기 또는 벤더(vendor)인가?	과거에 구매한 경험이 있는 제품이라면, 사용방법과 가격구조를 이해할 수 있어 입찰 시 상호협조가 쉬울 수 있다. 좀 더 밀접한 관계를 유지하면 경쟁력 있는 구매금액을 받을 수 있다. 한국 벤더들은 대개 수행 시 네고(Nego.)를 고려해서 금액을 높게 정한다.	
기존의 구매금액을 시스템으로 관리하고 있는가?	구매팀과 시공견적팀이 각각 금액정보를 보관하고 있는 경우가 많다. 가능하면, 금액정보의 보안을 고려해서 시스템 개발을 한다.	

7) Choi, J. J., “Winning strategies for bidding and execution,” *2019 Global PM Conference*, pp. 140-141, 2019.

(5) 계약협상

경쟁입찰절차를 통해 공급자가 선정되면 구매자와 공급자 간에 구체적인 계약협상에 들어간다. 협상을 할 때 각 당사자는 특정조건(particular term)을 제시하며, 얻을 수 있는 편익이나 일어날 가능성이 있는 리스크를 평가한다. 결국, 계약협상은 구매자와 공급자가 상호 간의 계약조건을 수용하기 전에 계약의 상세한 부분을 검토하면서 장애물을 해소하는 과정이다. 조달시장의 글로벌화와 더불어 협상력을 높이기 위해서는 협상기술(negotiation techniques)에 대한 전문성이 요구된다.

i) 협상을 위한 준비

구매자의 요구사항이 물품, 서비스 또는 작업에 관련된 원가 또는 단가에만 국한하지 않고, 품질특성, 납기일정, 포장방법, 기밀유지, 시설투자, 상황변화에 따른 유연한 대응능력 등 다양한 요인들로 구성되어 있어 치밀한 협상준비가 필요하다. 일반적으로 협상은 사전에 협상계획을 수립하여, 협상회의에 참여하고, 협상을 마무리하는 것으로 진행된다.

가) 협상 계획수립

린더스(Leenders, M.R.)와 피어론(Fearon, H.E.)의 저서 구매와 재료관리(Purchasing and Materials Management, 1993)에 의하면, 구매자는 공급자 측과 협상회의에 들어가기 전에 <표 9–3>에서 열거하는 협상에 임하는 마음가짐(mental attitude)과 준비사항을 갖추는 것이 중요하다.

표 9–3 협상 전 마음가짐과 준비사항

협상에 임하는 마음가짐	협상 준비사항
• 절충하기 위한 준비를 한다.	• 가능한 공급자를 정한다.
• 나의 위치(영향력)를 활용한다.	• 공급자의 위치(영향력)를 분석한다.
• 포커페이스(poker face)를 유지한다.	• 시설(공급능력)에 대한 조사를 한다.
• 공급자를 과소평가하지 않는다.	• 공급자에 대한 재무분석을 한다.
• 절대로 방심하지 않는다.	• 공급자의 제안사항을 분석한다.
• 서두르지 않고, 일을 올바르게 한다.	• 협상팀을 조직한다.
• 술(alcohol)과 협상을 혼합하지 않는다.	• 작업기술서를 명확하게 이해한다.
• 무리하게 강요하지 않는다.	• 협상목표를 결정한다.
• 공급자의 제의에 상관없이 공급자에게 더 많은 것을 원한다.	• 선택 가능한 조치방향을 준비한다. • 자신의 권한 범위를 알아본다.
• 구매자 측에 대한 예민한 반응은 약해지고 있다는 신호로 해석될 수 있다.	• 회의시설을 충분히 준비한다. • 미리 회의실을 마련한다.

ii) 협상회의

위 <표 9-3>에서 열거하는 내용들이 잘 갖추어져 있어도 협상회의를 이끌어가는 구매자 측의 협상전략과 전술이 취약하면, 성공적으로 협상목표를 달성하기 어렵다. 구매자는 전략적으로 협상이 진행되는 동안 구매자와 공급자 간의 협상을 승-승(win-win) 상황으로 유도할 필요가 있다.

가) 협상전략과 전술

구매자와 공급자 간의 협상회의에서 승-승으로 이끌 수 있는 전략과 전술을 <표 9-4>와 같이 정리할 수 있다. 협상회의를 진행하는 중에 공급자 측의 반응을 수시로 점검함으로써 공급자 측 리더(실제 양보를 할 수 있는 권한을 가진)의 상황을 읽을 수 있다. 예를 들어, 이슈에 대한 논의를 망설이면 나약함을 나타내고, 공급자가 주요 이슈에 대해 자료를 갖지 않으면 취약한 상태이다. 구매자는 진지하고 집중적이며, 상대방의 정면을 바라보면서 말해야 할 것에 경청을 한다. 또한, 회의를 하는 도중에 협상이 교착상태에 빠지면, 다른 부분에 대한 논의를 계속하든가, 해결방안을 제안한다.

표 9-4 협상회의 동안의 전략과 전술

협상전략	협상전술
• 회의 탁자의 상석에 앉아 지휘한다. • 공급자 측 참석자의 이름을 숙지한다. • 공급자 측 대표의 권한범위를 설정한다. • 공급자의 최저 위치(원가, 물량...)를 평가한다. • 긍정적으로 말한다. • 질문은 긍정적인 답변을 촉구하도록 구사한다. • 유리한 상황에서는 사소한 사항에 대해 타협한다. • 회의에서 일찍 타협에 들어가면, 공급자에게 보답할 기회를 줄 수 있다. • 먼저 간단하고 쉬운 이슈로 시작한다. • 이분법의 입장을 선택하지 않도록 한다(공급자가 회의장을 떠날 수 있다). • 절대 공짜는 없다. • 정신적 · 육체적 인내를 초과하지 않는다.	• 이유 없이 논쟁하지 않는다. • 흥분하지 않는다. • 권한을 초월하는 약속은 하지 않는다. • 공급자 역시 승리해야 함을 기억한다. • 중단하지 않는다(중단은 무례한 일이고, 상대방에게 흥미를 잃게 한다). • 전적으로 수용할 수 없는 제의에 대한 최선의 답변은 완전한 침묵이다. • 본론에서 벗어나지 않는다. • 최고 위치를 드러내지 않는다.

iii) 협상 마무리

협상회의 후 구매자와 공급자 간의 최종합의(final agreement)에서 그동안 논의된 모든 항목들이 빠짐없이 포함되었는지 확인할 필요가 있다. 조달계약서 또는 합의서에는 상호계약 관련 역할과 책임, 변경권한, 법적인 적용, 기술, 소유권, 일정, 지불조건 및 가격 등이 포함된다.

(6) 납품검사

구매자는 발주한 제품, 서비스 또는 작업을 받아들이기 전에 검사(inspection)를 할 수 있는 권리를 갖는다. 즉, 발주된 품목이 조달계약서에 준하여 납품되었는지를 확인하여 수용여부를 결정한다. 따라서 특별한 상호합의 조항이 없으면, 구매자가 품질이든 수량이든 검사를 실시하여 그 품목을 수용한 경우, 그 검사 항목에 대해 이슈를 다시 제기하지 않는다.

(7) 프로젝트 조달수행 프로세스

프로젝트 조달수행 프로세스의 투입물은 프로젝트 조달계획, 조달문서(자료 요청서, 입찰초청장, 제안요청서 등), 각 조달품목에 대한 작업기술서(규격, 수량, 품질수준, 성과자료, 작업장 위치 등), 제작 또는 구입의 결정문서, 공급자 선정기준(전반적인 원가, 기술역량, 리스크, 관리능력, 보증, 재정상태, 과거이력, 지적재산권 등), 프로젝트 관리 계획, 공급자와의 과거 거래이력사항 등이다. 프로젝트 조달수행 프로세스를 통해 생성되는 산출물은 선정된 공급자, 조달계약서 또는 구매발주서, 자원달력, 프로젝트관리 계획 갱신, 변경요청서 등이다.

9.4 프로젝트 조달종료

조달수행이 완료되면, 프로젝트의 전체 또는 생애주기 단계에서 요구된 물품, 서비스 또는 작업의 조달계약 관련 업무를 마무리하는 조달종료에 들어간다. 각 조달계약의 종료는 구매자와 공급자 간의 상호합의에 따른다.

(1) 조달종료의 의미

행정적으로 조달이 완료되었다는 것은 조달계약에 관련된 모든 행정조치사항들이 수행되었고, 모든 양도업무가 이행되어, 최종지불(final payment)이 이루어진 상태이다.

ⅰ) 세심한 조달종료

조달종료는 최종지불을 포함하여 모든 행정적 조치사항들이 완료되었을 뿐만 아니라 구매자와 공급자 간의 모든 분쟁까지도 해결되었음을 의미한다. 따라서 조달계약이 소송 중 항소(appeal)하에 있거나, 조사 중 종료 조치 보류상태 또는 미해결 클레임 상태에 있을 경우, 종료되었다고 할 수 없다. 조달종료에 필요한 것에는 조달계획수립에서부터 종료에 이르기까지 전 과정에 대한 조달심사(procurement audits), 조달과정에서 발생된 이슈, 분쟁, 클레임에 대한 중재 또는 합의 등이 있다.

(2) 조달심사

조달심사의 목적은 조달계약서를 준비하는 데 있어 적용한 기존관행의 성공과 실패를 식별하여, 기록으로 남기는 데 있다. 즉, 조달심사는 조달계약서에 근거한 공급자의 성과와 조달효과를 공식적으로 평가하는 것이다.

i) 조달심사 기록

조달심사 기록 내용은 향후 유사한 프로젝트의 조달계약서 작성 또는 원가를 추정하는 데 소중한 자료가 되며 기존의 관행을 개선하는 데도 도움이 된다.

가) 조달심사 점검표

조달심사 시 공급자에 대한 성과와 조달효과를 평가하기 위해 <표 9-5>와 같은 점검표를 사용할 수 있다.

표 9-5 조달심사 점검표(예시)

조달심사 점검표			
프로젝트 명:		프로젝트관리자:	
일련번호	점검항목	점검	코멘트
01	• 제작 또는 구입에 대한 분석이 완료되었나?	√	
02	• 계약유형은 적절하였나?	√	
03	• 작업기술서는 수행될 필요가 있는 작업을 정확하게 반영하였는가?	√	
04	• 제안요청서는 완료되었는가?	√	
05	• 공급자선정기준은 적절하였나?	√	
06	• 충분할 정도로 잠재공급자들이 식별되었나?	√	특별한 노하우로 인해 공급자 수 제한적임
07	• 입찰자회의는 매끄럽게 잘 진행되었고, 모든 입찰자들의 질문에 적절하게 답변하였는가?	√	
08	• 계약협상은 승-승 상황으로 끝났는가?	√	
09	• 계약은 잘 전개되어 시의 적절하게 서명되었나?	√	
10	• 계약은 여러 번의 변경과 개정요구 없이 완료되었는가?	√	사전 대안부족으로 7번의 수정이 있었음
11	• 계약은 여러 번의 분쟁과 오해(misunderstanding)가 없을 정도로 충분히 명확하였는가?	√	
12	• 계약변경은 어떻게 잘 다루어졌는가?	√	
13	• 성과에 대한 보고와 검토는 이루어졌는가?	√	
14	• 검사는 공급자 측 현지에서 어떻게 잘 수행되었나?	√	코로나19로 인해 제한된 장소에서 실시함
15	• 지불시스템(payment system)은 효과적이었나?	√	
16	• 분쟁과 이슈는 어떻게 잘 다루어졌는가?	√	

(3) 분쟁해결

계약 당사자들(구매자와 공급자)이 협상을 통해 해결할 수 없는 의견충돌의 경우, 계약서에 명시된 분쟁해결 조항을 따른다. 대부분의 계약에서는 당사자들이 조정(mediation) 또는 중재(arbitration)를 받도록 요구한다. 즉, 당사자 간에 발생하는 이슈를 조정이나 중재 같은 대안적 분쟁해결(alternative dispute resolution, ADR) 방식에 의해 해결하도록 요구하기도 한다. 상당한 비용과 시간이 요구되는 법적 절차에 따르는 소송을 선택하기 전에 ADR을 시도해볼 필요가 있다.

ⅰ) 클레임

이슈 또는 클레임(claim)이 프로젝트 수행 동안에 해결될 수 없는 경우, 비록 그 프로젝트는 종료되지만 이슈나 클레임은 남아있을 수 있다. 클레임은 권리의 주장, 청구권의 행사 등을 의미하는 법률적 용어이며 법률이나 당사자 간의 계약에 기반된 객관적 성질을 갖는다. 예를 들어, 건설공사프로젝트 조달계약에서 지연, 잦은 변경, 예상하지 못한 상황, 정보부족 및 갈등 등과 같은 문제점들의 결과로서 클레임이 발생될 수 있다.

ⅱ) 조정

계약 당사자들 간의 협상에 실패할 경우, 그들은 제3자를 논의에 끌어들이는 조정을 고려할 수 있다. 이때 조정자의 역할은 경청, 동정(sympathize), 달램(coax), 치켜세움(cajole), 설득하는 데 있다. 중재자가 당사자들과의 신뢰(trust)와 신용(credibility)의 수준에 따라 가능한 해결방안을 제안, 지지 또는 조성할 수 있다. 중재자가 분쟁을 해결하는 데 있어 도움은 줄 수 있으나 의사결정은 하지 않는다.

ⅲ) 중재

여러 형태의 중재가 있을 수 있으나 기본적으로 분쟁의 결과물이 더 이상 당사자들의 손에 머물지 않고, 제3자에게 넘어간 상태에 있다. 당사자들이 그 결과물에 합의함으로써 해결을 하는 협상이나 조정과는 다르게 중재는 일반적으로 하나 또는 3명의 중재자로 구성되는 중재패널(arbitral panel)에게 의사결정 권한을 부여한다. 중재자는 양측으로부터 증언을 듣고, 증거를 검토한 후 사실과 법률에 근거하여 의사결정을 한다.[8]

---

8) Burt, D. N., Petcavage, S. D., and Pinkerton, R. L., *Supply Management*, 8th ed., McGraw-Hill/Irwin, New York, 2010.

(4) 프로젝트 조달종료 프로세스

프로젝트 조달종료 프로세스의 투입물은 프로젝트관리 계획, 각 조달품목에 대한 작업기술서, 계약변경사항, 일정, 원가, 지불기록, 검사기록 등이다. 프로젝트 조달종료 프로세스를 통해 생성되는 산출물은 공급자에게 제공할 조달계약종료 공문(인도물의 수용 또는 거절에 대한 공식적 표현 포함), 갱신된 조달문서(예: 원가 또는 일정기준선 변경) 등이다.

연습문제

01 조달업무를 체계적으로 수행하기 위해서는 조달관리 9단계 프레임워크에 따라 진행할 필요가 있다. 조달관리 9단계 프레임워크에는 어떤 항목들이 포함되어야 하는가?

02 작업기술서는 공급자가 조달계약서에 포함된 제품, 서비스 또는 작업의 내용을 이해하고, 제공할 수 있는지에 대해 결정을 내릴 수 있도록 구체적으로 설명한 것이다. 작업기술서 내에 포함되어야 할 항목들을 열거하시오.

03 조달에서 계약(contract)은 어느 한 개체(entity)가 다른 개체로부터 상품 및/또는 서비스를 구매하기를 원할 때 두 개체 간에 서명된 합의이다. 고정가계약(FPC) 유형 중 미래가격재결정고정가계약(fixed price contract with prospective price redetermination)에 대하여 설명하시오.

04 구매자가 발주하는 물품, 서비스 또는 작업에 대한 요구사항을 충족시켜줄 수 있는 잠재공급자(potential supplier)를 발굴 및 선정하기 위해 어떤 요소들을 평가하는가?

05 구매자는 경쟁입찰에서 선정된 공급자와 계약협상 시 전략적 관점에서 협상을 승-승(win-win) 상황으로 유도할 필요가 있다. 협상회의를 승-승으로 유도하기 위해 필요한 협상전략과 전술을 각각 5가지 열거하시오.

06 조달심사 기록은 미래 유사한 프로젝트의 조달계약서를 작성할 때 참고할 수 있는 자료이며, 기존의 관행을 개선하는 데 도움을 준다. 조달심사 시 물품, 서비스 또는 작업을 제공했던 공급자에 대한 성과와 조달효과를 평가하기 위해 어떤 사항들을 점검하는가?

제10장

프로젝트 리스크

리스크(risk)는 예측하여 단정지을 수 없고, 제어하기 어려운 불확실성(uncertainty)에 관련되어 있어, 프로젝트를 수행하면서 어떤 리스크가 발생하게 되면, 그 리스크가 긍정적이든 부정적이든 범위, 일정, 원가, 품질 등에 연관된 프로젝트의 목표달성에 영향을 미치게 된다. 프로젝트는 특성상 한시적 활동으로 끝나기 때문에 경험해보지 못한 새로운 리스크에 직면하기 쉽다. 10장에서는 전체 프로젝트 또는 프로젝트생애주기(PLC) 각 단계에서 발생할 수 있는 리스크를 관리하기 위해 필요한 계획수립, 식별, 분석, 대응 및 통제를 다룬다.

10.1 프로젝트 리스크계획

프로젝트에 관련된 이해관계자들이 적극적으로 리스크 계획수립 회의에 참여하여 리스크에 대한 인식을 함께하고, 리스크 관련 활동에 따른 역할과 책임의 분담, 필요한 시간과 자원의 제공, 리스크 범주 및 리스크 기준설정을 위해 각자의 견해를 적극적으로 반영한다. 프로젝트 리스크계획은 프로젝트생애주기 전반에 걸쳐 발생 가능한 리스크를 식별, 분석, 대응 및 통제하는 데 필요한 예산, 도구 및 접근방법을 포함한다. 이전에 수행했던 프로젝트에서 한 번 이상 발생되어 이미 알려진 리스크(known risk) 또는 유사한 리스크(similar risk)의 경우에는 리스크에 대해 대응계획을 수립할 수 있지만, 전혀 경험해보지 못한 리스크(unknown risk)에 대해서는 적극적으로 대응하기 어려워 비상예비비(contingency reserve)에 의존할 수밖에 없다.

(1) 리스크

1950년대 후반에 개발된 프로그램평가검토기법(PERT)은 프로젝트 리스크를 다루는 첫 일정계획 접근 중 하나이다.[1] 리스크란 2가지 요인, 즉 어떤 사건에 대해 예상되는 결과(consequences)와 그 사건이 발생할 수 있는 확률(probability)의 산물이다. 조직이 수행하는 모든 일 또는 행위에는 항상 불확실한 리스크가 존재하고 있어, 국제표준화기구(ISO)에서 발행하는 거의 모든 관리시스템표준에 리스크 영향을 포함한다.

ⅰ) 리스크 정의

프로젝트는 특정한 목표를 달성하기 위해 계획하는 협력적 작업이고, 실제 수행을 하는 중에 리스크가 발생하면, 긍정적이든 부정적이든 목표달성에 영향을 미친다. 'ISO Guide 73:2009 Risk management–Vocabulary'에 기초하여 개발된 한국산업표준 KS Q ISO 가이드 73:2009 리스크관리–용어에 의하면, 리스크는 '불확실성이 목표에 미치는 영향'으로 간략하게 정의를 하였고, 관련 비고에서 다음과 같은 해설을 덧붙였다.[2]

비고 1. 영향(effect)은 기대에서 벗어나는 것으로 긍정적 및/또는 부정적인 것이 있다.

비고 2. 목표에는 (재무, 안전보건 및 환경 목적 등) 여러 측면이 있을 수 있고, (전략, 전체조직 차원, 프로젝트, 제품 및 프로세스 등) 여러 가지 수준에서 적용될 수 있다.

비고 3. 리스크는 잠재적 사건(events) 및 결과(consequences) 또는 이 두 가지의 조합을 기준으로 특성화되는 경우가 자주 있다.

비고 4. 리스크는 (환경 변화를 비롯한) 사건의 결과 및 이와 연관된 사건 발생가능성의 조합으로 표현하는 경우가 자주 있다.

비고 5. 불확실성은 사건, 그 결과 또는 발생가능성에 대한 이해나 지식과 관련된 정보가 부분적이더라도 부족한 상태를 말한다.

(2) 리스크관리

조직은 비즈니스 관련 리스크를 관리하기 위해 수행하는 활동, 제품, 서비스 또는 프로세스에서 발생 가능한 리스크를 식별, 분석, 평가, 처리, 모니터링 및 검토하게 된다. 이와 같이 리스크의 관리는 조직을 지휘하고 통제하는 조정된 활동들로 구성된 하나의 체계적 접근방법이다. 조직의 기회비용(opportunity cost) 관점에서 리스크관리에 소

---

1) Prichard, C. L., *Risk Management-Concept and Guidance*, 2nd ed., ESI International, 2011.

2) ISO, *Risk management-Vocabulary (ISO GUIDE 73: 2009)*.

요되는 자원은 더 많은 수익을 창출할 수 있는 활동에 사용될 수 있다. 따라서 가능한 한 리스크를 비용–효과적으로 관리할 수 있도록 제한된 자원을 적절히 배분한다.

ⅰ) 리스크관리 정의

리스크관리란 조정에 의해 리스크를 식별, 평가 및 우선순위화 하며, 불행한 사건의 확률 또는 영향을 최소화, 모니터링 및 통제하거나 기회의 실현을 최대화하기 위해 자원을 경제적으로 적용하는 것이다(ISO 31000:2009 Risk management–Principles and guidelines).[3] 영국에 본부를 둔 프로젝트전문가 단체인 프로젝트관리협회(association for project management, APM)가 출판한 APM Body of Knowledge에 의하면, '리스크관리는 개개의 리스크 사건들과 전체의 리스크를 적극적으로 이해하고 관리하여 위협을 최적화, 기회와 성과(outcomes)를 극대화하는 프로세스이다.'[4] 이상적인 리스크관리는 자원의 소비를 최소화하면서 발생 가능한 리스크의 부정적 영향을 최소화하는 데 있다. 프로젝트에서의 효과적 리스크관리는 원가절감, 이해관계자의 참여 증가 및 더 나은 변경관리와 같은 중요한 편익을 가져오는 프로젝트 의사결정의 확고한 기반을 제공한다.[5]

ⅱ) 리스크관리 프로세스

프로젝트를 수행하는 조직은 리스크관리 프로세스에 따라 식별된 리스크의 발생가능성과 발생할 경우 미칠 수 있는 잠재적 영향을 분석(평가와 우선순위 포함)하고, 그 영향을 줄이기 위해 적절한 대응전략을 수립하며, 리스크를 적절히 통제한다.

가) 리스크관리 프로세스 단계

리스크관리 프로세스는 <그림 10–1>에서와 같은 4단계의 반복이다. 조직이 리스크에 대해 취해야 할 조치사항 프레임워크로서 리스크식별(risk identification)에서 시작하여 리스크분석(risk analysis), 리스크대응(risk response), 리스크통제(risk control)로 이어진다. 단계별 관련 내용들은 문서화되어 미래 프로젝트 리스크관리에 참고 자료로 사용된다.

---

3) ISO, *Risk management-Principles and guidelines (ISO 31000:2009).*

4) APM, "*APM Body of Knowledge*" 7th ed., 2019.

5) Bayati, A., Gharabaghi, A. A., & Ebrahimi, M., Practical risk management in petrochemical industries: an NPC case study, in: *Future Trends in Project, Programme and Portfolio Management, Proceedings International Expert Seminar in Zurich*, IPMA, IPMA, ISBN 978-3-9523891-2-6, 2011.

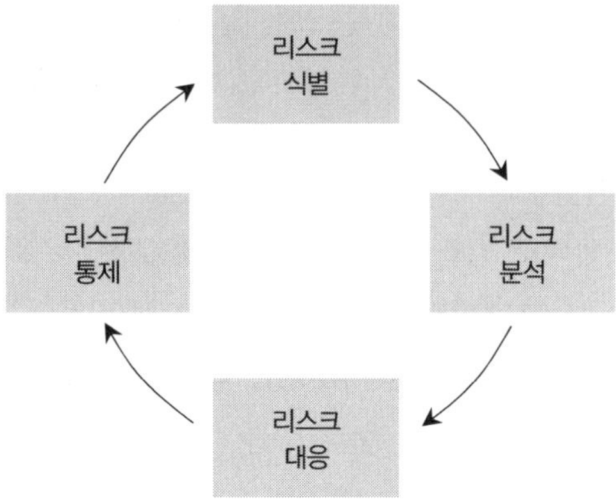

그림 10-1 리스크관리 프로세스

(3) 프로젝트 리스크계획 프로세스

프로젝트 리스크계획 프로세스의 투입물은 프로젝트 범위기술서, 프로젝트 일정(일정기준선), 원가기준선, 의사소통계획(이해관계자의 의사소통 요구사항, 서식과 내용을 포함한 의사소통 관련 정보, 의사소통 방법, 의사소통 빈도 및 갱신된 프로젝트문서) 등을 포함한다. 프로젝트 리스크계획 프로세스를 통해 생성되는 산출물은 프로젝트 리스크계획이다.

10.2 프로젝트 리스크식별

프로젝트의 착수단계에서부터 잠재된 리스크에 대한 식별이 진행되지만 현실적으로 이용 가능한 정보의 한계와 프로젝트에 대한 내 · 외부 비즈니스 환경의 변화 등으로 인하여 프로젝트가 진행되면서 경험하지 못한 또는 예상하지 못한 새로운 리스크(unknown risk)가 발생하거나 기존 리스크의 중요도가 변경될 수도 있어, 프로젝트 리스크의 식별과 갱신작업은 전 생애주기(PLC)에 걸쳐 반복적으로 수행된다.

(1) 프로젝트 리스크 범주 분류와 등록

프로젝트 리스크식별은 프로젝트에 대한 불확실성과 이슈를 설명 및 측정할 수 있고 구별 가능한 유형의 리스크로 변형시키는 프로세스이다.[6] 프로젝트 리스크를 식별하

6) Murphy, R.L., Alberta, C.J., Williams, R.C, et al. *Continuous Risk Management Guidebook*, SEI Carnegie Mellon University , pp. 28, 1996.

기 위해 프로젝트에 관련된 모든 문서를 체계적으로 검토하거나, 워크숍을 통한 브레인스토밍회의, 인터뷰, 리스크분할구조(risk breakdown structure, RBS) 같은 기법을 사용한다. 그리고 식별된 리스크는 리스크 등록대장(risk register)에 기록된다.

i) 리스크 범주 분류

식별된 리스크를 효율적으로 관리하기 위해 리스크를 범주별로 구분한다. 프로젝트 리스크 범주(risk category)의 분류는 프로젝트의 규모와 특성에 따라 차이가 있을 수 있으나 프로젝트의 삼중 제약(triple constraints)을 중심으로 하여 관련 지원 부문까지 고려하면, 리스크 범주에 범위, 일정, 예산 또는 원가뿐만 아니라 품질, 조달, 기술, 정보 보안, 기반구조, 교육과 훈련, 운용 등도 포함할 수 있다.

가) 리스크분할구조

프로젝트 리스크 범주를 계층적으로 좀 더 세분화하여 <그림 10-2>와 같은 리스크 분할구조(RBS)로 나타낼 수 있다.

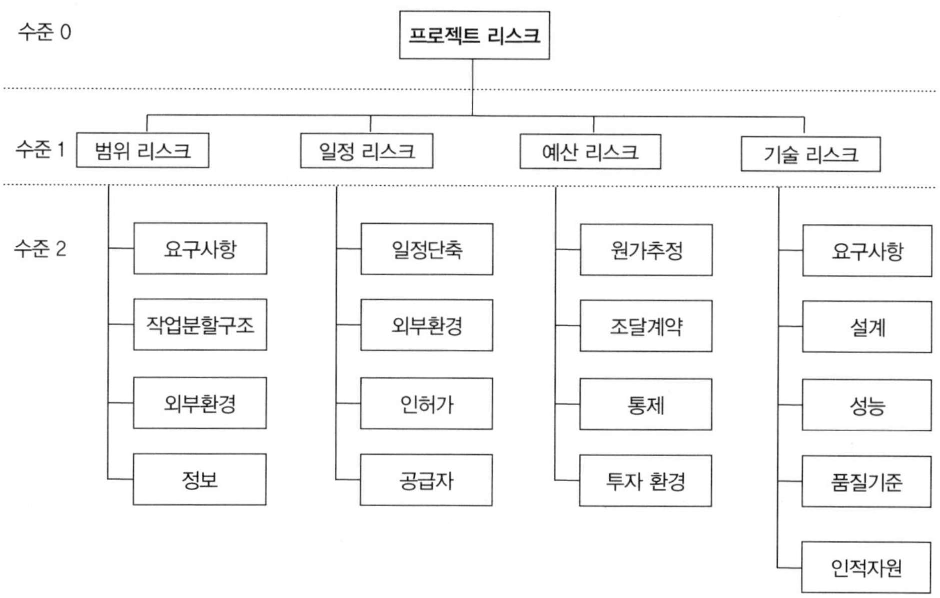

그림 10-2 리스크분할구조

ii) 리스크등록

프로젝트 이해관계자들과 브레인스토밍 회의를 하거나 인터뷰 등을 통해 범주별로 식별된 모든 리스크들은 리스크 등록대장 또는 리스크 로그(risk log)에 등재된다.

가) 리스크 등록대장

<표 10−1>과 같은 프로젝트 리스크 등록대장에 리스크 범주, 리스크 내용, 리스크 대응, 발생가능성, 미칠 수 있는 영향, 조치사항 등을 기록한다.

표 10−1 한국건축프로젝트 리스크 등록대장(예시)

식별번호	등록일	범주	내용	확률	영향	대응방안	조치사항	담당
SC−3−1	4/12/19	범위	건축물 고도 제한	L	H	2가지 제안 준비	지방정부에 협조 요청	이수일
SE−4−1	6/10/19	일정	공급자 노사분규	M	M	복수 공급자	조달본부에 협조 요청	심순애
ST−2−1	6/11/19	기술	초고층 기초공사 부실	M	H	2중 건축 설계감리	국내 및 해외 설계감리 의뢰	김판수

리스크 등록대장에는 리스크 내용을 간략하게 기록하지만 실제 적용할 때는 가능한 한 엑셀 스프레드시트(spread sheet) 등을 사용하여 상세하게 기술하고 프로젝트 리스크 관리담당 또는 관련 이해관계자들과 명확하게 의사소통을 한다.

나) 리스크 로그

<표 10−2>는 프로젝트 리스크 로그 서식에 대한 예시이다.[7] 서식 항목들 중 전략에는 확률이나 영향을 줄이기 위해 무엇을 할 것인지에 대해 기술한다. 대응현황에는 리스크의 발견 당시부터 현재까지 변경된 내용을 기록한다. 즉, 연/월/일 − 조치사항/현재상태를 기술하게 된다. 그리고 마무리 날짜란 리스크가 처리되는 최종날짜를 의미한다.

표 10−2 프로젝트 리스크 로그 서식(예시)

프로젝트 명칭 :
프로젝트관리자 :
개정 날짜 :

리스크 식별번호	WBS	리스크 순위	발견된 날짜	담당	사건에 대한 영향과 확률	전략	대응 현황	마무리 날짜

7) Verzuh, E., *The fast forward MBA in project management*, 4th ed., John Wiley & sons, New Jersey, pp. 129, 2012.

(2) 프로젝트 리스크식별 프로세스

프로젝트 리스크식별 프로세스의 투입물에는 이해관계자 등록대장, 범위기술서, 일정계획, 리스크계획, 원가계획, 품질계획, 리스크태도(risk attitude) 등이 있고, 프로젝트 리스크식별 프로세스를 통해 생성되는 산출물은 프로젝트 리스크 등록대장이다.

10.3 프로젝트 리스크분석

프로젝트 리스크의 식별 및 범주 분류에 이어서 각 리스크의 정성적 및 정량적 영향(impact)을 파악하기 위해 분석에 들어간다. 즉, 프로젝트의 목표달성을 위태롭게 할 수 있는 리스크 요인들을 찾아서 평가한다. 프로젝트관리자가 사용할 수 있는 시간과 자원은 제한되어 있어 식별된 리스크들을 모두 동일하게 다룰 수는 없으며, 리스크분석을 통하여 리스크의 우선순위를 정하거나 최악의 위협(threats)과 최상의 기회(opportunities)를 발굴할 필요가 있다.

(1) 정성적 리스크분석

프로젝트 리스크는 어떤 사건이 발생할 확률(probability) 또는 발생가능성(likelihood)과 그 사건이 발생함으로써 그 프로젝트의 목표달성에 미칠 수 있는 영향(impact) 또는 야기될 수 있는 결과(consequence) 간의 함수관계에 있다. 프로젝트 목표달성에 대한 잠재적 리스크(potential risks)를 정성적으로 분석하기 위해 그 리스크의 확률과 영향을 평가(assessment)한다.

프로젝트 리스크의 정성적 분석(qualitative analysis)을 위하여 잠재적 리스크의 확률과 영향에 대한 상대적인 비교, 즉 정의된 높음(high), 중간(medium), 낮음(low) 등으로 구분하여 평가한다. 이와 같은 정성적 평가(qualitative assessment)는 정량적 평가(quantitative assessment)에 비해 상대적으로 정밀도(precision)는 낮지만 적은 노력으로 리스크를 순위화하는 데 도움을 준다. 결론적으로 정성적 리스크분석을 하려면, 리스크의 확률과 영향에 대한 수준정의, 확률과 영향 도표, 리스크 데이터의 품질평가, 리스크 시급성 평가 등이 필요하다.

i) 리스크 발생 확률의 정성적 평가

평가자가 선택할 수 있는 몇 개의 확률범위로 구분하여 그중 하나를 선택하도록 한다. 이때 정성적 평가척도로서 리스크에 대해 3가지 이상의 확률수준 범위 값을 정한다. 예를 들어, 리스크를 분석하고자 하는 조직 또는 팀이 리스크에 대한 확률수준의 범위 값을 다음과 같이 구분하여 설정할 수 있다.

가) 3가지 확률수준과 범위를 선택하는 경우

높음(high, H): 50% 또는 그 이상(50% ≤ *P*)

중간(medium, M): 10～50% 미만(10% ≤ *P* < 50%)

낮음(low, L): 10% 미만(10% > *P*)

나) 4가지 확률수준과 범위를 선택하는 경우

높음(high, H): 80% 또는 그 이상(80% ≤ *P*)

중간−높음(medium-high, M−H): 60 ~ 80% 미만(60% ≤ *P* < 80%)

중간−낮음(medium-low, M−L): 30 ~ 60% 미만(30% ≤ *P* < 60%)

낮음(low, L): 30% 미만(30% > *P*)

다) 5가지 확률수준과 범위를 선택하는 경우

매우 높음(very high, VH): 80% 또는 그 이상(80% ≤ *P*)

높음(high, H): 60 ~ 80% 미만(60% ≤ *P* < 80%)

보통(moderate, M): 40 ~ 60% 미만(40% ≤ *P* < 60%)

낮음(low, L): 20 ~ 40% 미만(20% ≤ *P* < 40%)

매우 낮음(very low, VL): 20% 미만(20% > *P*)

일반적으로 3가지 확률수준과 범위를 적용하면, 평가자 간에 과도한 논쟁 없이 짧은 시간에 중대한 리스크와 사소한 리스크를 쉽게 구분할 수 있다. 하지만 확률수준과 범위의 수가 늘어날 수록 참여하는 평가자 간에 상호 이견이 있을 수 있어, 합의에 이르기까지 상당한 시간과 노력이 소요될 수 있다.

리스크에 대한 확률수준과 범위가 적절하게 설정되어도 참여하는 평가자에 따라 개인적인 편견(personal bias)이 있을 수 있다. 이러한 편견을 최소화하고, 평가의 일관성을 유지하기 위해 리스크 범주별로 각 수준에 대해 정의를 내릴 필요가 있다. 예를 들어, <그림 10−2> 리스크분할구조(RBS)에서 수준 1 기술 리스크에 대한 리스크 확률수준을 <표 10−3>과 같이 정의할 수 있다.

표 10−3 기술 리스크에 대한 리스크 확률수준

확률수준	확률범위	정의
높음(H)	50%≤*P*	• 전체가 새로운 기술이고, 성능에 대한 높은 신뢰성이 요구된다.
중간(M)	10%≤*P*<50%	• 전체 중 일부는 새로운 기술이고, 기술력 또는 노하우가 충분하지 않다.
낮음(L)	10%>*P*	• 유사한 기술 경험이 축적되어 있다.

ii) 리스크의 영향에 대한 정성적 평가

리스크가 발생할 가능성(확률)에 대한 평가가 이루어지면 바로 뒤이어 그 리스크가 발생했을 때 미칠 수 있는 영향에 대해 고려한다. 영향에 대한 정성적 평가척도는 프로젝트의 목표달성에 미칠 수 있는 영향의 정도로 구분될 수 있다. 즉, 리스크에 대한 영향의 수준을 다음과 같이 설정할 수 있다.

가) 3가지 영향수준을 선택하는 경우

높음(high, H): 프로젝트 목표(범위, 일정, 원가, 품질) 중 상당한 부분에 대한 수정
중간(medium, M): 프로젝트 목표는 그대로 두고, 프로젝트관리 계획을 조정 및 보완
낮음(low, L): 프로젝트관리 계획은 그대로 두고, 사소한 에러를 빠른 실천(quick fix)으로 해결

3가지 영향수준을 적용하면, 리스크에 대한 영향의 정도는 간단하게 구분될 수 있다. 필요한 경우, 평가자의 역량 또는 프로젝트의 특성에 따라 수준을 더 추가하여 매우 높음(VH), 높음(H), 보통(M), 낮음(L), 매우 낮음(VL) 등으로 세분화할 수도 있다.

영향에 대한 평가에서도 평가자의 개인적인 편견을 줄이고, 평가의 일관성을 유지하기 위해서 리스크 범주 또는 목표별로 영향수준을 정의할 필요가 있다. 예를 들어 <표 10−4>는 프로젝트 범위 리스크에 대한 영향수준을, 그리고 <표 10−5>는 프로젝트 원가 리스크에 대한 영향수준을 각각 정의한 것이다.

표 10−4 프로젝트 범위 리스크의 영향수준

영향수준	영향범위	정의
높음(H)	15%≤/	• 프로젝트 범위 중 상당한 부분을 축소하거나 수정해야 할 정도의 영향
중간(M)	5%≤/<15%	• 프로젝트 범위계획을 재검토하여 보완해야 할 정도의 영향
낮음(L)	5%>/	• 프로젝트를 수행하면서 범위를 조정 또는 수정할 수 있는 정도의 영향

표 10−5 프로젝트 원가 리스크의 영향수준

영향수준	영향범위	정의
높음(H)	10%≤/	• 프로젝트 원가의 추정, 관리, 통제 등이 잘 되지 않아 원가기준선보다 10% 이상 원가 상승 초래
중간(M)	5%≤/<10%	• 프로젝트 원가의 관리 또는 통제 과정에서 원가기준선보다 5 ~ 10% 원가 상승 초래
낮음(L)	5%>/	• 프로젝트 예산 집행과정에서 원가통제만 잘 하면 원가 상승이 거의 없을 정도의 영향

프로젝트의 범위와 원가 이외에 일정, 품질 등의 목표에 대해서도 각각 리스크의 영향수준을 정의할 수 있다. 프로젝트를 수행하는 현실에서는 안전, 환경, 화재 등 다양한 리스크까지 포함할 수 있으며, 수행하고자 하는 프로젝트의 특성을 세심하게 고려할 필요가 있다.

ⅲ) 리스크의 정성적 평가결과

<표 10-1>의 한국건축프로젝트 리스크 등록대장에 등재된 리스크 중심으로 확률과 영향에 대한 평가결과를 <표 10-6>과 같이 정리할 수 있다.

표 10-6 한국건축프로젝트 리스크의 확률과 영향에 대한 평가결과

리스크 식별번호	리스크 내용	확률	영향	평가결과
SC-3-1	건축물 고도제한	낮음(L)	높음(H)	LH
SE-4-1	공급자 노사분규	중간(M)	중간(M)	M
ST-2-1	초고층 기초공사 부실	중간(M)	높음(H)	MH

ⅳ) 리스크 평가매트릭스

각 리스크의 확률과 영향에 대한 정성적 평가결과를 리스크 평가매트릭스(risk assessment matrix) 상에 표기할 수 있다. 아래 <그림 10-3>과 같은 2차원평가(two-dimensional assessment)는 각 리스크를 높음, 중간, 낮음 우선구역의 확률-영향 매트릭스 상에 구성하도록 사용된다.[8] 위협과 기회의 영역을 구분하여 표시하고 중앙에 위치한 관심구역을 중심으로 대응한다. 정성적 평가결과를 리스크 평가매트릭스 상에 표기함으로써 각 리스크에 대한 상대적 중대성의 정도를 시각적으로 이해할 수 있다.

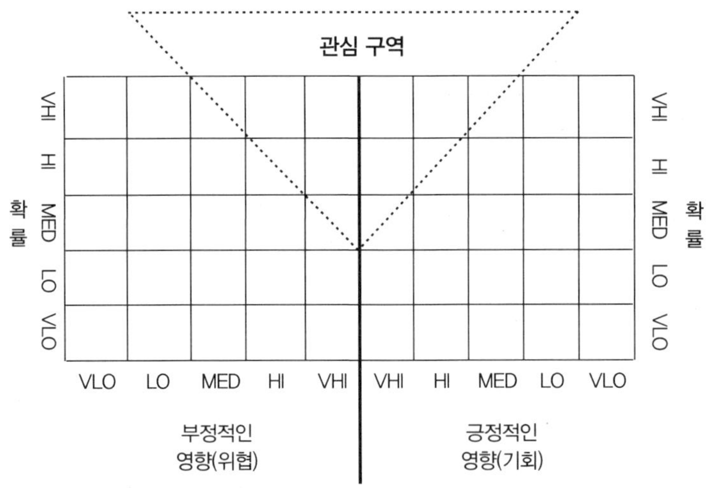

그림 10-3 위협과 기회에 대한 확률-영향 매트릭스

8) Dinsmore, P. C., and Cabanis-Brewin, J., The AWA handbook of project management, 2nd ed., AMACOM, New York, pp. 189-190, 2006.

가) 리스크의 상대적 중대성

각 리스크에 대한 상대적 중대성(relative importance)을 동시에 비교 및 검토한다는 관점에서 <표 10-6> 한국건축프로젝트-리스크 평가결과를 <그림 10-4> 리스크 평가매트릭스 상에 해당 위치를 배치시킬 수 있다. 또한 필요한 경우, 리스크 평가매트릭스 작성 시 행(확률)과 열(영향)의 수를 매우 높음, 높음, 보통, 낮음, 매우 낮음과 같이 더 늘릴 수도 있다.

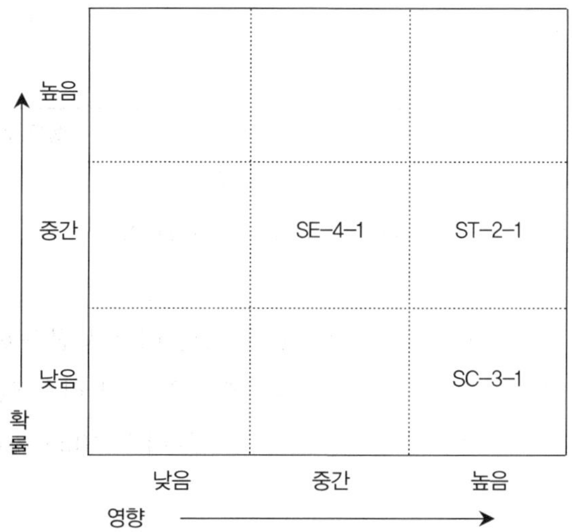

그림 10-4 한국건축프로젝트 - 리스크 평가매트릭스

나) 리스크의 상대적 점수

각 리스크의 중대성을 점수로서 상호비교할 수 있도록 확률수준과 영향수준을 조합하여 나온 상대적 점수(relative score)를 매트릭스형태로 나타내는 방법이다. 즉, 리스크에 대한 기댓값으로 산출될 수 있다. 기댓값(expected value) = 확률(probability) × 영향(impact)

<그림 10-5>는 확률수준과 영향수준에서 각각 높음은 3점, 중간은 2점, 낮음은 1점으로 배점하고, 리스크에 대한 확률수준과 영향수준을 조합하여 리스크 점수로 표현한 매트릭스이다.

확률수준 \ 영향수준	낮음(1)	중간(2)	높음(3)
높음(3)	3	6	9
중간(2)	2	4	6
낮음(1)	1	2	3

그림 10-5 리스크 점수매트릭스

일반적으로 상대적 점수매트릭스에서 오른쪽 상단 리스크 점수 6과 9는 적색의 높은 리스크(high risk) 영역, 리스크 점수 3과 4는 황색의 중간 리스크(medium risk) 영역, 그리고 왼쪽 하단 리스크 점수 1과 2는 녹색의 낮은 리스크(low risk) 영역으로 각각 구분한다.

ⅴ) 리스크의 우선순위

각 리스크에 대해 정성적 평가를 하는 주목적은 식별한 리스크들을 선별하거나 우선순위화 함으로써 중대하고 시급한 리스크 중심으로 비용–효과적인 대응이 가능하다는 데 있다. 가능한 한 리스크 등록대장에 리스크들의 수준, 우선순위 등을 기록해두면 리스크 계획수립 회의 시 유용한 정보로서 활용할 수 있다. 리스크 등록대장에 등재된 리스크들 중 우선순위 몇 번까지 다룰 것인지를 결정하는 것이 결코 쉬운 일은 아니다. 조직이 리스크에 대응하는 정도는 그 조직의 리스크 태도, 능력, 경험, 프로젝트의 규모, 특성, 예산 등에 따라 달라진다. 리스크 대응회의에서 합의를 할 필요가 있다.

ⅵ) 정성적 리스크분석 프로세스

정성적 리스크분석 프로세스의 투입물은 프로젝트 범위기술서, 리스크계획, 정성적 리스크분석 절차서 등이다. 정성적 리스크분석 프로세스를 통해 생성되는 산출물은 갱신된 리스크 등록대장(리스크 우선순위, 리스크대응 시급성 등 포함)이다.

(2) 정량적 리스크분석

정량적 리스크분석은 개별 리스크에 대한 정량화 필요성, 그리고 접근방법에 대한 상당한 이해를 필요로 한다. 정량적 리스크분석을 위해 그동안 많은 결정적 또는 확률적 방법들이 개발되어 왔으나 정량적 리스크분석은 고급통계와 수학적 방법에 기초하기 때문에 리스크분석에서 가장 어려운 부분으로 생각된다.[9] 일반적으로 프로젝트 리스크대응을 위하여 식별된 리스크들에 대한 순서나열 정도로 충분하다면, 무리해서 정량적 분석까지 진행할 필요는 없다. 하지만 정성적 리스크 분석프로세스에서 구분 또는 우선순위화된 각 리스크에 대해 영향을 구체적 수치로 나타내는 작업이 필요한 경우, 정량적 리스크분석(quantitative risk analysis)으로 이어진다.

리스크가 어떻게 프로젝트의 전반적인 시간과 원가에 영향을 미칠 수 있는지를 파악하기 위해서는 프로젝트 결과에 대한 리스크의 결합된 영향을 분석할 필요가 있다. 정량적 리스크분석에 도움을 줄 수 있는 방법으로는 민감도 분석(sensitivity analysis), 의사결정나무 분석(decision tree analysis), 모의실험(simulation), 베타분포(beta distribution), 삼각분포(triangular distribution) 등이 있다.

ⅰ) 민감도 분석

어떤 활동 또는 시스템의 산출물(output)에 존재하는 불확실성이 어떻게 그 활동 또는 시스템의 투입물(input) 내 여러 가지 불확실성의 근원으로 배분될 수 있는지에 대한 연구가 민감도 분석이다.[10] 즉, 어떤 독립변수의 상이한 값들이 주어진 가정들(assumptions) 하에서 특정 종속변수에 어떻게 영향을 미치는지를 결정하는 것이다. 예를 들어, 다른 불확실성 변수들은 모두 기준선의 값에 있을 때 어느 한 변수의 불확실성이 프로젝트 전체 목표에 미치게 될 영향의 정도를 분석할 경우, 변수들에 대한 상대적 중대성(importance)과 영향(impact)을 연구하는 민감도 분석에서 상대적 비교현황을 도식화하여 나타내는데 토네이도 다이어그램(tornado diagram)이 유용하다.

가) 토네이도 다이어그램

실무적 관점에서 민감도 분석에 대한 이해를 돕기 위해 다음 <그림 10-6>은 어떤 프로젝트의 원가 관련 9가지 리스크 변수에 대한 불확실성을 토네이도 다이어그램으로 표현한 것이다. 9가지 리스크 변수를 육안으로 상호 비교하여 2가지 리스크만 중점

9) Purnus, A., & Bodea, C., "Considerations on Project Quantitative Risk Analysis," Procedia - *Social and Behavioral Sciences* , Vol. 74, pp. 144-153, 2013.

10) Saltelli, A., "Sensitivity Analysis for Importance Assessment," *Risk Analysis*, Vol. 22, No. 3, pp.579-590, 2002.

관리하고자 할 경우, 산출물의 변동에 상대적으로 기여도가 높은 상위 1번과 2번 리스크 변수를 선택할 수 있다.

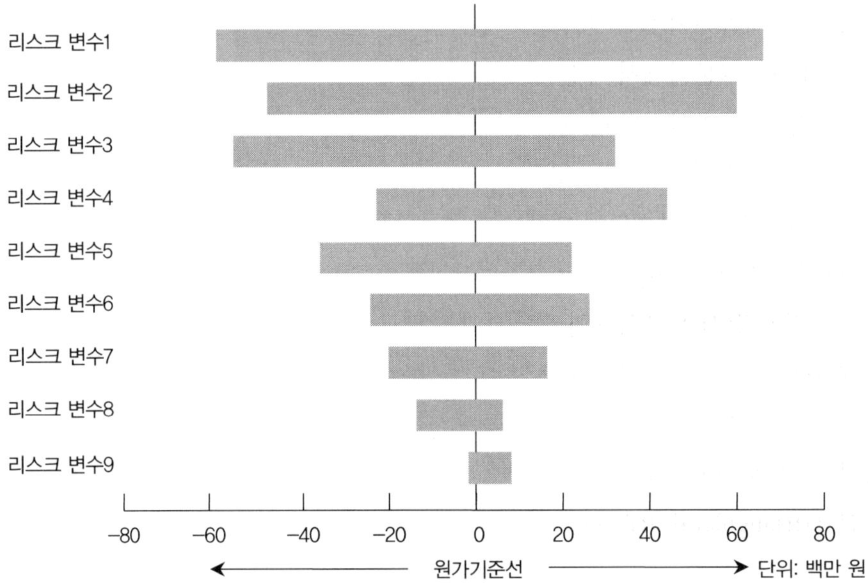

그림 10–6 프로젝트 원가리스크 토네이도 다이어그램

이와 같이 민감도분석은 리스크 평가뿐만 아니라 모형(model) 적용에 따른 오류를 발견하기 위해서도 사용되고 있어, 프로젝트관리자의 의사결정에 도움을 줄 수 있다.

ii) 의사결정나무 분석

의사결정나무 분석에서 의사결정나무(decision tree)는 가능한 모든 대안들과 각 대안별로 발생할 확률과 그 결과를 나무와 같은 모형으로 표현한 것이다.[11] 의사결정나무 분석을 통하여 최적 대안을 쉽게 결정할 수 있는데 가장 널리 사용되는 방법으로서 기대치(expected value)를 이용한다. 미래에 발생하거나 발생하지 않을 수도 있는 여러 시나리오들의 평균 결과치가 금액일 경우 기대금전가치(expected monetary value, EMV)라 한다. 기대금전가치의 계산은 어떻게 리스크 시나리오가 적용되느냐에 따라 달라지기 때문에 의사결정나무 분석과 결합되어 적용될 수 있다.

11) 강맹규, *불확실성하의 의사결정론*, 희중당, 서울, 1997.

가) 의사결정나무 구조

의사결정나무에서 사각형(square)은 의사결정마디(decision node)이고, 그 의사결정마디와 연결된 가지는 대안(alternative)이다. 원(circle)은 불확실성을 표현하는 상황마디(chance node, or event node)이고, 그 상황마디와 연결된 가지는 사건(event)을 나타낸다. 그리고 삼각형(triangle)의 끝마디(end node)로 마무리된다.

예제 10-1 (주) 글로벌화학은 화장품을 제조하여 아세아태평양 지역에 수출을 한다. 최근 한류문화의 확산과 더불어 해외에서 증가하는 화장품 주문에 대응하고자 (주) 글로벌화학 H 공장장은 공장설비를 증축할 것인지 아니면 기존공장의 설비를 개조만 할 것인지에 대해 의사결정을 하여야 한다. 공장설비를 증축하려면 18억 원, 기존공장의 설비를 개조하려면 7억 원이 각각 소요된다. 기대금전가치(EMV) 개념을 이용하여 리스크 시나리오에 따른 의사결정나무 분석을 하시오.

대안을 결정하기 위해 <그림 10−7>과 같은 의사결정나무 형태로 표현할 수 있다. 공장설비를 증축하는 경우의 기대금전가치 계산은 EMV=[(0.8 × ₩7) + (0.2 × −₩4)]= ₩4.8이고, 공장설비를 개조하는 경우의 기대금전가치 계산은 EMV=[(0.7 × ₩5) + (0.3 × ₩2)]= ₩4.1이다. 두 가지 대안 중 기대금전가치 측면에서 금액이 큰 공장설비 증축이 유리하다.

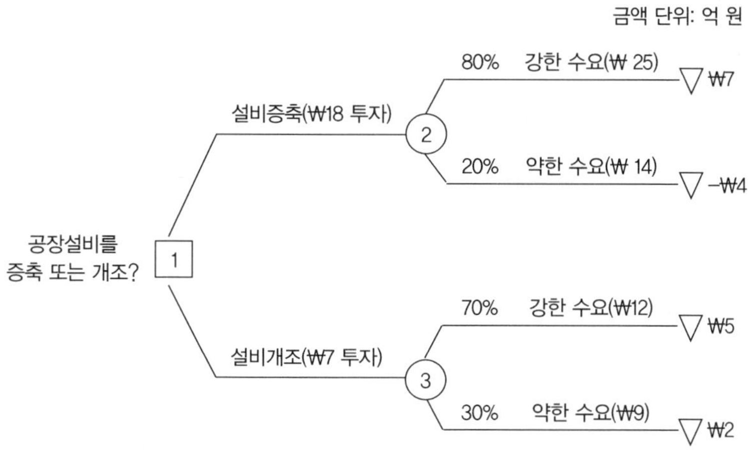

그림 10−7 대안결정을 위한 의사결정나무

iii) 모의실험

프로젝트 모의실험은 프로젝트의 리스크를 줄이고, 최상의 프로젝트계획을 선택하는 데 도움을 준다. 모의실험은 실제로 실행에 옮기기 어려운 프로세스 또는 시스템의 운용(operation)을 실제와 가깝게 간단히 모방하여 운용해보는 것으로 2가지 필수적 요소에 의존하게 된다. 하나는 프로젝트의 결과와 결과치(outcome values)를 정의하기 위한 모형이고, 다른 하나는 시나리오들을 반복적으로 만들어내는 테크닉이다.[12] 프로젝트의 불확실한 변수들이 소프트웨어를 통해 모형화된다. 즉, 프로젝트 모의실험은 어떤 프로젝트의 구체적인 불확실성들을 프로젝트 목표에 대한 잠재적 영향으로 해석하는 모형을 사용하는데 몬테카를로 기법(Monte Carlo technique)에 의해 반복된다.

가) 몬테카를로 모의실험

몬테카를로 모의실험(Monte Carlo simulation)은 예측모형에서 발생할 수 있는 리스크의 확률과 영향을 이해하는 데 사용되는 분석기법이며, 예측모형을 개발할 때 실제 값을 알 수 없기 때문에 과거 실적자료, 경험, 전문성을 기반으로 기대치 또는 값의 범위를 추정한다. 그 추정치의 범위에 기반하여 각 작업 또는 활동에 대한 무작위 값(예: 원가추정치 또는 활동기간)이 선정된다. 이와 같이 예측모형은 무작위 값에 기반하여 계산된다. 또한, 이러한 프로세스는 매번 다른 무작위 선정 값의 입력으로 수백 또는 수천 회에 걸쳐 반복적으로 진행된다.

나) 몬테카를로 모의실험 수행

몬테카를로 모의실험은 단계 1에서 단계 6까지 순차적으로 진행된다.

단계 1. 주요 프로젝트 리스크변수들을 식별한다.
단계 2. 리스크변수들에 대한 범위한계(range limits)를 파악한다.
단계 3. 범위 값에 대한 확률가중치를 명시한다.
단계 4. 서로 관련 있는 변수들에 대한 관계를 설정한다.
단계 5. 식별된 변수들과의 상관관계에 기반하여 모의실험을 수행한다.
단계 6. 모의실험 수행결과를 통계적으로 분석한다.

몬테카를로 모의실험은 프로젝트의 원가 또는 활동기간 관련 정량적 리스크분석뿐만 아니라 다양한 부문에서 알려지지 않은 미래(unknown future) 또는 리스크를 예측할 때 유용한 도구로 사용된다. 예를 들어, <그림 10-8>은 프로젝트 원가리스크 모의실험

---

12) Schyler, J., *Risk and Decision Analysis in Projects*, 2nd ed., PMI, Inc., 2001.

결과를 나타내는 누적곡선이다.[13)]

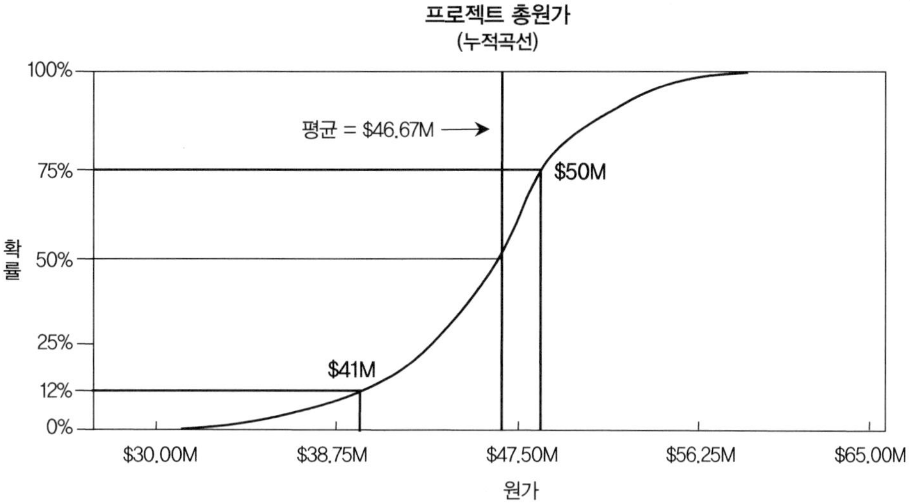

그림 10-8 프로젝트 원가리스크 모의실험 결과

이 누적곡선에서 추정원가 $41,000,000을 충족할 확률은 12%에 불과하다. 만약 프로젝트 팀이 성공할 확률을 75%로 높이고 싶다면, 비상예비비를 약 22% 추가하여 예산을 $50,000,000로 정할 필요가 있다.

ⅳ) 베타분포

베타분포는 확률변수의 지수로서 나타나, 분포의 모양을 결정하는 매개변수 α와 β라는 두 양의 수 형태 모수로 되어 있고, 구간[0, 1]에서 정의되는 연속확률분포(continuous probability distributions)에 속한다.

가) 베타분포의 확률밀도함수

확률변수 x가 $0 \leq x \leq 1$이고, 모수 $\alpha, \beta > 0$일 때 배타분포의 확률밀도함수(probability density function)는 다음과 같다.

$$f(x;\alpha,\beta) = \frac{1}{B(\alpha,\beta)} x^{\alpha-1}(1-x)^{\beta-1}$$

베타분포는 한정된 길이의 구간으로 제한된 확률변수의 행동을 모형화하는 데 적용될

---

13) Project Management Institute, *A Guide to the Project Management Body of Knowledge(PMBOK Guide)*, 4th ed. pp.300, 2008.

수 있어, 프로젝트 관련 정량적 리스크분석에 자주 사용된다. 예를 들어 α=2, β=5일 때 베타분포모양은 <그림 10-9>와 같다.

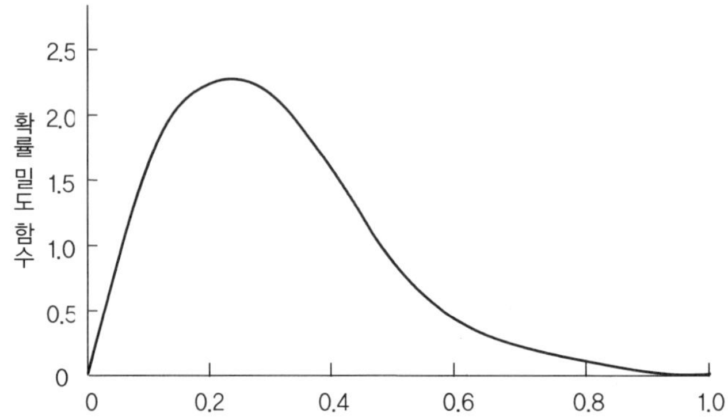

그림 10-9 베타분포모양

v) 삼각분포

삼각분포(triangular distribution)는 삼각모양의 확률밀도함수로 이루어진 비대칭 연속확률분포이다. 삼각모양의 값은 최솟값 a, 최댓값 b, 최빈값 m에 의해 정의된다. 실제 평균(mean)과 분산(variance)을 알지 못한다 할지라도 3가지 값, 즉 최솟값, 최댓값, 최빈값을 추정할 수 있다. 삼각분포의 확률밀도함수는 a 이하의 값과 b 이상의 값에서 제로(0)이다. 다음 <그림 10-10>은 최솟값 a, 최댓값 b, 최빈값 m을 갖는 삼각분포의 확률밀도함수를 나타낸다. 삼각분포에서 확률밀도함수의 최댓값은 $\frac{2}{b-a}$ 이고, 최빈값 m에서 발생한다.

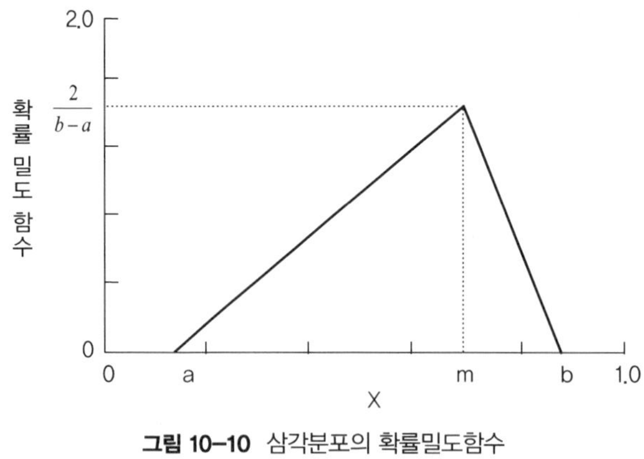

그림 10-10 삼각분포의 확률밀도함수

vi) 정량적 리스크분석 프로세스

정량적 리스크분석 프로세스의 투입물에는 리스크 등록대장, 리스크계획, 원가계획, 일정계획, 정량적 리스크분석 절차서 등이 있다. 정량적 리스크분석 프로세스를 통해 생성되는 산출물은 갱신된 리스크 등록대장(리스크 우선순위, 리스크대응 시급성 등 포함)이다.

10.4 프로젝트 리스크대응

조직은 프로젝트 리스크들의 식별, 범주 분류, 분석 및 우선순위화 과정 등이 완료되면, 리스크대응에 들어간다. 리스크대응에 관련된 이해관계자들 또는 기능들 간의 합의과정을 거쳐 프로젝트 목표달성에 위협이나 장해가 될 수 있는 리스크는 줄이고 기회는 강화할 수 있는 선택과 조치사항을 개발하게 된다.

(1) 프로젝트 리스크대응

분석된 리스크들의 우선순위화에서 결정된 각 리스크에 대한 적절한 대응을 위해 필요한 자원과 활동을 프로젝트 예산과 일정에 반영한다. 참여한 이해관계자들 또는 기능들 간의 리스크대응 합의과정에서 자금이 확보된 각 리스크를 전략적으로 적절히 대응하기 위해서는 프로젝트의 맥락, 리스크의 심각성(severity) 또는 중대성(significance), 비용-효과적이면서 시의 적절함, 관련 당사자들 간의 의견 일치, 책임 있는 리스크대응 담당자 선정 등을 고려한다.

i) 리스크대응 전략

리스크대응을 위한 전략을 크게 위협에 대한 것과 기회에 대한 것으로 구분하면, 위협에 대한 리스크대응 전략으로는 수용(acceptance), 회피(avoidance), 비상대응(contingency response), 전가(transfer), 완화(mitigation)가 있고, 기회에 대한 리스크대응 전략에는 이용(exploitation), 강화(enhancement), 공유(sharing)가 있을 수 있다. 프로젝트 팀은 각 리스크에 대해 가장 효과적일 수 있는 리스크대응 전략을 선택한다. 경우에 따라서는 1차 전략수행에서 효과가 없을 경우를 대비하여 대안전략도 준비할 필요가 있다.

가) 리스크 수용

프로젝트 리스크의 확률과 영향을 받아들일 수 있거나 그 리스크의 확률과 영향을 거의 제거할 수 없어 부득이 수용하는 전략이기 때문에 부정적 리스크와 긍정적 리스크에 모두 적용 가능하다. 결국, 리스크의 발생에 대비하여 그 리스크 처리에 필요한 자원과 시간을 비상예비비에 포함한다.

나) 리스크 회피

프로젝트의 목표달성에 부정적인 영향 또는 위협이 될 수 있는 근본원인을 제거하거나 프로젝트계획을 변경하는 데 초점을 맞춘다. 예를 들어, 비즈니스전략의 수정에 따라 프로젝트범위를 축소하거나 프로젝트일정을 연장하는 등 프로젝트관리 계획을 변경하는 경우이다. 프로젝트의 초기 시작단계에서 이해관계자들과의 의사소통을 강화하여 요구사항을 명확하게 하거나 과도한 프로젝트 일정단축을 회피한다.

다) 리스크 비상대응

리스크의 확률에 영향을 미칠 수는 없지만 적어도 부정적인 결과는 줄이게 할 수 있을 경우, 그 리스크에 대응할 목적으로 대안을 준비한다. 즉, 리스크가 중대하거나 알지 못했던 리스크가 발생할 경우에 대비하여 필요한 계획을 사전에 개발한다. 예를 들어, 공급자의 성과가 염려된다면, 프로젝트 초기에 성과 점검빈도를 높이고 진척상황을 조사한다. <표 10-7>은 프로젝트 관련 조달과정에서 공급업체의 성과가 불확실할 경우에 대한 비상대응전략 사례이다.[14] 신기술에 기대를 걸고 있지만, 다른 한편으로는 그 신기술이 제대로 작동하지 않게 될 경우에 대비하여 좀 더 안정된 기술을 사용하는 대안설계를 준비하게 된다. 대안설계 준비를 위해 상당한 원가가 추가된다.

표 10-7 비상대응전략(사례)

정의	상황: 제품설계는 아직 출고 대기중인 컴퓨터운용시스템을 요구하고, 제조사(공급업체)는 신뢰성이 없는 제품을 늦게 출고하는 것으로 널리 알려져 있다.
	결과: 제품이 규격을 충족하지 않는다면, 맞춤형 소프트웨어가 제작되어져야 할 것이다. 제품이 늦어지면, 프로젝트 전체가 지연될 것이다.
확률	프로젝트에 영향을 미칠 수 있는 결함을 가진 제품일 확률은 15%이다. 제품이 한 달 늦어질(프로젝트에 영향을 미치기에 충분한) 확률은 30%이다.
전략	1. 회피: 안정된 기술에 의존하는 새로운 설계(new design)를 선택한다. 2. 모니터링: 테스트팀이 소프트웨어에 조기접근(early access)하여 프로젝트에 영향을 미치는 양상들(features)을 모두 시험한다. 계획된 프로젝트공개(release) 2개월 전에 리스크의 확률을 평가하여 대안설계를 준비한다.

14) Verzuh, E., *The fast forward MBA in project management*, 4th ed., John Wiley & sons, New Jersey, pp. 115, 2012.

즉, 다음과 같은 2가지 가능한 전략을 등록한다.

전략 1. 회피
프로젝트계획: 새로운 설계와 개발 활동, 관련된 원가와 일정에서의 증가를 나타낸다.
제품 요구사항: 제품설계의 변경사항을 문서화한다.

전략 2. 모니터링
의사소통계획: 시험결과에 대한 모니터링 및 보고를 포함한다.
프로젝트계획: 시험과 비상설계(contingency design)에 대한 추가활동을 나타낸다.

대부분의 경우 최초 프로젝트 일정수립 단계에서는 고려하지 못해 빠진 활동이나 사건이 프로젝트 수행 중에 발생하게 되면, 프로젝트의 지연으로 이어진다. 이러한 지연을 회피하는 방안으로서 프로젝트 일정단축 시 요구되는 예산을 비상예비비(contingency reserve)에 미리 반영해 둔다.

라) 리스크 전가

리스크를 제거하는 것이 아니라 리스크의 책임을 제3자에게 전가하기 위해 계약적 합의를 하는 것으로서 금전적 리스크를 다루는 데 가장 효과적이다. 예를 들어, 보험활용, 원가절감 또는 전문성을 고려하여 외부 전문기업에 위탁하는 외주처리, 자체보험책임의 일부가 다른 보험회사로 옮아가는 재보험 계약(reinsurance contract) 유형의 산업손실보증(industry loss warranties), 타인의 채무를 보증하는 보증채무(liabilities of guarantees), 계약상의 채무자가 약정대로 계약을 이행하는 것을 제3자가 보증하는 계약이행보증(performance bonds) 등이 있다.

마) 리스크 완화

현실적으로 리스크를 완전히 제거할 수는 없고, 그 리스크의 확률과 영향을 줄이는 것이며, 리스크가 발생한 후에 사후처리하는 방식보다 더 효과적일 수 있다. 예를 들어, 단일 공급자에서 복수 공급자로 변경함으로써 어느 한 공급자 측에 재해가 발생해도 다른 공급자로부터 필요한 자재를 공급받을 수 있다. 제품에 대한 시험 또는 분석 회수를 늘려 자료의 신뢰를 높인다. 대량 생산을 하기 전에 미리 시험생산을 해본다. 공급자에 대한 현지실사(due diligence)를 통해 문제점을 진단한다. 수동설비를 자동화하여 안전사고를 줄인다. 교육과 훈련, 안전을 고려한 중복설계(redundancy)를 한다.

바) 리스크 이용

리스크가 긍정적인 영향 또는 기회로 이어질 수 있는 가능성이 있을 때 그 기회가 확실히 실현될 수 있도록 긍정적 리스크에 대한 불확실성을 제거하는 것이다. 예를 들어, 건축공사를 일정기준선에 맞추어 진행하고 있는데 발주자가 공사기간을 완료예정

시기보다 1개월 단축해 달라는 요구와 함께 공사금액의 20%를 더 지불하겠다고 제안한 경우, 공기단축에 따른 부실공사 우려가 있지만 기능도가 높은 인력을 추가로 투입거나, 주말 특근 및 보상 등을 제공함으로써 수익을 낼 수 있는 기회가 될 수 있다.

사) 리스크 강화

부정적 리스크의 발생확률을 줄이는 리스크 완화전략과 달리 긍정적 리스크의 발생확률을 증가시키는 것이다. 리스크를 강화한다고 해서 기회가 반드시 발생한다고 장담할 수는 없고 다만 그 기회가 발생할 수 있는 환경 또는 여건을 만들어 준다. 기회의 근본원인을 식별하여 그 근본원인을 중요하게 다룬다. 예를 들어, 프로젝트 활동을 조기에 완료하기 위해 적합한 자원을 추가한다.

아) 리스크 공유

편익(benefits)의 기회를 가장 잘 찾아낼 수 있는 제3자와 리스크뿐만 아니라 소유권(ownership)도 배분하는 것이다. 예를 들어, 리스크를 공유하는 동반자관계, 신기술을 가진 개발자와 자본을 대는 투자자 사이의 벤처 캐피털(venture capital), 합작투자(joint venture), 이익공유 프랜차이즈 등이 있다.

ii) 프로젝트 리스크대응 프로세스

프로젝트 리스크대응 프로세스의 투입물에는 리스크 등록대장(식별된 리스크, 정성적 리스크분석, 정량적 리스크분석 및 리스크 우선순위를 포함), 리스크계획(리스크 심각성 또는 중대성에 대한 정의, 역할, 책임, 리스크 검토 주기 등을 포함) 등이 있다. 프로젝트 리스크대응 프로세스를 통해 생성되는 산출물은 갱신된 리스크 등록대장(선정된 리스크대응 전략, 리스크 담당자, 리스크대응을 위한 예산과 일정, 비상예비비 등 추가), 리스크 관련 계약(보험, 외주서비스) 및 갱신된 프로젝트관리 계획 등이다.

10.5 프로젝트 리스크통제

프로젝트생애주기 전반에 걸쳐 리스크대응계획을 실행하고, 식별된 리스크들에 대한 점검과 추적, 새로운 리스크의 식별과 추가 및 리스크대응의 효과성을 평가한다. 리스크대응 담당자는 리스크대응의 효과성, 예상하지 못한 영향 또는 리스크를 다루기 위해 필요한 수정사항 등에 대해 주기적으로 프로젝트관리자에게 보고를 한다.

프로젝트 리스크통제를 위해 리스크 재평가(reassessment), 리스크 심사(audits), 변동분석(variation analysis), 경향분석(trend analysis) 등을 수행한다.

(1) 리스크 재평가

정기적으로 수행하는 리스크 재평가에서는 새로운 리스크를 식별할 뿐만 아니라 기존의 리스크에 대해서도 다시 평가를 하게 된다. 이러한 과정에서 더 이상 리스크로서 위협적이지 않거나 시효가 지난 것을 걸러낸다. 필요한 경우, 식별된 새로운 리스크에 대해 대응전략도 준비한다.

(2) 리스크 심사

식별된 리스크와 그 리스크의 근본원인을 다루는 리스크대응의 효과성뿐만 아니라 리스크관리 프로세스에 대한 효과성도 동시에 조사한다. 가능하다면, 정기적인 프로젝트관리 계획 검토회의주제에 리스크 심사를 포함할 필요가 있다.

(3) 프로젝트 리스크통제 프로세스

프로젝트 리스크통제 프로세스의 투입물에는 리스크 등록대장(식별된 리스크, 정성적 리스크분석, 정량적 리스크분석 및 리스크 우선순위, 리스크대응, 리스크담당자, 리스크대응을 위한 예산과 일정, 비상예비비 등 포함), 리스크계획(리스크 심각성 또는 중대성에 대한 정의, 역할, 책임, 리스크 검토주기 등 포함), 작업성과 정보(인도물, 일정, 원가 등) 등이 있다. 프로젝트 리스크통제 프로세스를 통해 생성되는 산출물은 갱신된 리스크 등록대장(리스크 재평가 결과, 리스크 심사결과 등 포함), 변경요청서(비상예비비 실행에 따른 시정조치 또는 예방조치사항 등 포함) 및 갱신된 프로젝트관리 계획 등이다.

연습문제

01 프로젝트는 특정한 목표를 달성하기 위해 계획하는 관련 이해관계자들과의 협력적 작업이기에 프로젝트 수행 중에 리스크(risk)가 발생하면, 긍정적이든 부정적이든 목표달성에 영향을 받는다. 프로젝트 리스크란 무엇인가?

02 프로젝트 리스크 식별을 통해 프로젝트의 목표달성에 대한 불확실성과 이슈를 파악 및 측정하여 분류 가능한 유형의 리스크로 전환할 수 있게 된다. 프로젝트 리스크식별 프로세스의 투입물(inputs)과 산출물(outputs)을 각각 열거하시오.

03 프로젝트 팀은 리스크관리 프로세스에서 식별된 리스크의 발생가능성과 발생할 경우 미칠 수 있는 잠재적 영향을 분석하고, 그 영향을 줄이기 위한 대응전략을 수립하게 된다. 리스크관리 4단계 프로세스를 그림으로 나타내시오.

04 프로젝트 리스크의 범주에 따라 정성적 또는 정량적 영향(impact)을 파악하기 위한 분석에 들어간다. 정성적 리스크분석 방법에 대하여 기술하시오.

05 개별 리스크 변수들이 어떻게 프로젝트의 전반적인 시간이나 원가에 영향을 미칠 수 있는가를 파악하는 데 도움을 줄 수 있는 민감도분석(sensitivity analysis)은 어떤 것인가?

06 예측모형에서 발생할 수 있는 리스크의 확률과 영향을 파악하기 위해 몬테카를로 모의실험(Monte Carlo simulation)을 한다. 몬테카를로 모의실험 6단계를 서술하시오.

07 프로젝트의 목표달성에 위협이 될 수 있는 리스크에 대한 대응전략으로서 리스크 비상대응(contingency response)과 리스크 전가(transfer)에 대하여 각각 설명하시오.

참고문헌

국가기술표준원, '프로젝트관리 지침' KS A ISO 21500:2013.

김성수, '지식경영사회의 기업경영윤리론', 삼영사, 2003.

강맹규, '불확실성하의 의사결정론', 희중당, 서울, 1997.

강창욱, 심창생, 김진호, 김형도, 민택기, 백동현, 송창용, 이상협, 정인재, 정은주, 최광호, 황인극, '경쟁우위 확보를 위한 프로젝트관리학', 도서출판 북파일, 2011.

Horngren, C. T., Foster, G., and Datar, S. M., /송자 외 공역, '원가회계', 대영사, 서울, 1998, pp. 32-33

Ali, A., Leadership and its Influence in Organizations- A Review of Intellections, *International Journal of Learning & Development*, Vol. 2, No. 6, pp. 73-85, 2012.

Alper, S., Tjosvold, D., & Law, K. S., Conflict management, Efficacy, and Performance in Organizational Teams, Personnel Psychology, Vol. 53, No. 3, pp. 625-642, 2000.

APM, "*APM Body of Knowledge*" 7th ed., 2019.

Appelbaum, S. H., Nadeau, D., & Cyr, M., "Performance evaluation in a matrix organization: a case study (Part One)," *Industrial and Commercial Training*, Vol.40, No.5, pp.236-241, 2008.

Atkinson, R., "Project management: cost, time and quality, two best guesses and a phenomenon, it's time to accept other success criteria," *International Journal of Project Management*, Vol.17, No.6, pp.337-342, 1999.

Bartlett, A. L., Probber, J., & Mohammed, S., The Effect of Team-Building on Team Process and Performance, *Journal of Hospitality & Tourism Research*, Vol.23, No.3, pp.299-311, 1999.

Bayati, A., Gharabaghi, A. A., & Ebrahimi, M., Practical risk management in petrochemical industries: an NPC case study, in: *Future Trends in Project, Programme and Portfolio Management, Proceedings International Expert Seminar in Zurich*, IPMA, IPMA, ISBN 978-3-9523891-2-6, 2011.

Bourne, L., Beyond reporting-the communication strategy. *PMI® Global Congress*, 2010.

Bourne, L., & Walker, D.H.T., Visualizing stakeholder influence — Two Australian examples, *Project Management Journal*, Vol.37, No.1, pp.5-21, 2006.

Brown, M. E., Trevino, L. K. & Harrison, D. A., 'Ethical leadership: A Social Learning Perspective for Construct Development and Testing', Organizational Behaviour and Human Decision Processes, Vol. 97, pp. 117-134, 2005.

Bubshait, A. A., & Farooq, G., Team Building and Project Success, *Cost Engineering*, Vol.41, No.7, pp.34-38, 1999.

Burt, D. N., Petcavage, S. D., & Pinkerton, R. L., *Supply Management*, 8th ed., McGraw-Hill/Irwin, New York, 2010.

Butt, A., Naaranoja, M., & Savolainen, J., Project change stakeholder communication, *International Journal of Project Management,* Vol. 34, pp. 1579-1595, 2016.

Cheney, G., *Organizational communication in an age of globalization: Issues, reflections, practices*, Long Grove, IL, Waveland Press, 2011.

Choi, J. J., "Winning strategies for bidding and execution," *2019 Global PM Conference*, pp.140-141, 2019.

Chua, D. K. H., Chan, W. T., & Govindan, K., "A time-cost trade-off model with resource consideration using genetic algorithm," *Civil Engineering and Environmental Systems*, Vol.14, No.4, pp.291-311, 1997.

Crosby, P. B., *Quality is free*, New American Library, New York, 1979.

Daft, R. L., Lengel, R. H., & Trevino, L. K., Message equivocality, media selection, and manager performance: Implications for information system, *MIS Quarterly*, Vol. 11, No. 3, pp. 355-366, 1987.

Dalkey, N. and Helmer, O., "An Experimental Application of the Delphi Method to the Use of Experts," *Management Science*, Vol. 9, No. 3, pp. 458-467, 1963.

Delbecq, A. L. and Van de Ven, A. H., "A Group Process Model for Problem Identification and Program Planning," *The Journal of Applied Behavioral Science*, Vol. 7, No. 4, pp.466-492, 1971.

Demeulemeester, E. L., & Herroelen, W.S., *Project Scheduling: A Research Handbook*, Kluwer Academic Publishers, Massachusetts, USA, 2002.

Denison, D.R., Haaland, S., & Goelzer, P., "Corporate Culture and Organizational Effectiveness: Is Asia Different From the Rest of the World?," *Organizational Dynamics*, Vol.33, No.1, pp.98-109, 2004.

Dimitrakos, T., Towards a Trust and Contact Management Framework for Dynamic Virtual Organizations, *In Proceeding of the e-Challenges 2004*, Vienna, Austria, October 2004.

Dinsmore, P. C., and Cabanis-Brewin, J., The AWA handbook of project management, 2nd ed., AMACOM, New York, pp.189-190, 2006.

Dominick, C. and Lunney, S. R., *The Procurement Game Plan: Winning Strategies and Techniques for Supply Management Professionals*, J. Ross Publishing, Florida, pp.31, 2012.

Feignbaum, A. V., *Total Quality Control,* Vol. 1, 3rd ed., Revised, McGraw-Hill, Inc., New York, 1991.

Freeman, R. E., *Strategic Management: a Stakeholder Approach*, Boston MA, Pitman Publishing, 1984.

Gardiner, S. C. and J. H. Blackstone Jr., "The Theory of Constraints and the Make-or Buy Decision," *International Journal of Purchasing and Materials Management,* Vol.27, No.3, pp.38-43, 1991.

Gharaibeh, H., Project Team Building: Case Study Investigation in the Construction Industry in Jordan, *International Journal of Engineering and Management Research,* Vol. 9, No. 4, pp. 61-68, 2019.

Goetsch, D. L., & Davis, S. B., *Quality Management: Introduction to Total Quality Management for Production, Processing, and Services*, 5th ed., Pearson Education, Inc., New Jersey, pp.566-587, 2006.

Gordon, S. R., *Supplier Evaluation and Performance Excellence: A Guide to Meaningful Metrics and Successful Results,* J. Ross Publishing, Florida, pp.4, 2008.

Green, K. C., Armstrong, J. S. & Graefe, A., "Methods to Elicit Forecasts from Groups: Delphi and Prediction Markets Compared," *Foresight: The International Journal ofApplied Forecasting,* 2007.

Haffner, E. W., and Graves, R. J., "Managing New Product Time to Market Using Time-Cost Trade-Off Methods," *OMEGA International Journal of Management Science*, Vol.16, No.2, pp.117-124, 1988.

Hassan, A. and Yahya, M., "Cost optimization for public school building projects during design stage using value engineering," *The 3rd International Conference on Buildings, Construction and Environmental Engineering*, 2017.

Hillier, F. S., and Lieberman, G. J., *Introduction to Mathematical Programming*, 2nd ed., McGraw-Hill, Inc., New York, 1995. See pp.447-448.

Homburg, C., & Pflesser, C., "A Multiple-Layer Model of Market-Oriented Organizational Culture: Measurement Issues and Performance Outcomes," *Journal of Marketing Research,* Vol.37, No.4, pp.449-462, 2000.

Ishikawa, Kaoru, *Guide to Quality Control*, Asian Productivity Organization, Tokyo, 1982.

Ishikawa, Kaoru, *What is total quality control?: the Japanese way,* Prentice-Hall, Inc., New Jersey, 1985.

ISO, *Quality management systems-Fundamentals and vocabulary(ISO 9000:* 2015).

ISO, *Innovation management—Tools and methods for strategic intelligence management—Guidance(ISO 56006:2021)*

ISO, *Project, programme and portfolio management-Guidance on governance(ISO 1505:2017)*

ISO, *Risk management-Vocabulary (ISO GUIDE 73: 2009).*

ISO, *Risk management-Principles and guidelines (ISO 31000:2009).*

Johnson, G., Scholes, K., & Whittington, R., *Exploring corporate strategy*, 8th ed., Pearson Education Limited, 2008.

Juran, J. M., Gryna, Jr. F. M., and Bingham, Jr. R. S., *Quality control handbook*, 3rd ed., McGraw-Hill, New York, 1975.

Juran, J. M., & Gryna, Jr. F. M., *Quality planning and analysis*, 2nd ed., McGraw-Hill, New York, 1980.

Karlsen, J. T., Græe, K., & Massaoud, M. J., Building trust in project-stakeholder relationships, *Baltic Journal of Management,* Vol. 3, No.1, pp. 7-22, 2008.

Kelley, James E., Jr., "Critical-Path Planning and Scheduling: Mathematical Basis," *Operations Research,* Vol.9, No.3, 1961, pp.296-320.

Kilman, R. H., & Thomas, K. W., Developing a forced-choice measure of conflict-handling behavior: The "mode" Instrument, *Educational and Psychological Measurement,* Vol.37, No.2, pp.309-325, 1977.

Kliem, R. L., Ludin, I. S., & Robertson, K. L., *Project management methodology: a practical guide for the next millennium,* New York: Marcel Dekker, 1997.

Laffont, Jean-Jacques., and Tirole, Jean., *A Theory of Incentives in Procurement and Regulation,* MIT Press, 1993.

Lawrence, A. T., & Weber, J., *Business and Society: Stakeholders, Ethics, Public Policy,* 13th ed., McGraw-Hill, Singapore, 2011.

Leach, L.P., *Critical Chain Project Management,* Artech House, Boston · London, 2000. See pp.85.

Lechler, T.G., Ronen, B. & Stohr, E.A., "Critical Chain: A New Project Management Paradigm or Old Wine in New Bottles," *Engineering Management Journal,* Vol.17 No.4, 47, 2005.

Lee, C., & Bobko, P., Self-efficacy beliefs: Comparison of five measures, *Journal of Applied Psychology,* Vol.79, No. 3, pp. 364-369, 1994.

Leenders, M. R. and Fearon, H. E., *Purchasing and Materials Management,* 10th ed., Richard D. Irwin Inc., Illinois, 1992.

Lehrer, J. "GROUPTHINK," *The New Yorker,* Jan. 30, 2012.

Liliana, P. R., Emilio, R. P., & Juan, R. P., Leadership Styles and Effectiveness: A Study of Small Firms in Chile, *Interciencia,* Vol.31, No.7, pp.500-504, 2006.

Luca, J., & Tarricone, P., Does emotional intelligence affect successful teamwork? *In Proceeding of the 18th Annual Conference of the Australasian Society for Computers in Learning in Tertiary Education at the ASCILITE,* pp. 367-376, 2001.

Lunenburg, F. C., Communication: The Process, Barriers, and Improving Effectiveness, *Schooling,* Vol.1, pp.1-11, 2010.

Malcolm, D.G., Roseboom, J. H., Clark, C. E., & Fazar, W., "Application of a Technique for Research and Development Program Evaluation," *OPERATIONS RESEARCH,* Vol.7, No.5, September-October, pp. 646-669. 1959.

Mendelow, A., *Proceedings of the Second International Conference on Information Systems,* Cambridge, MA, 1991.

Moder, J. J., Phillips, C. R., & Davis, E. W., *Project Management with CPM, PERT and Precedence Diagramming,* Van Nostrand Reinhold, 3rd ed., 1983.

Morgan, D. L., "Focus Groups," *Annual Review of Sociology,* Vol.22, pp.129-152, 1996.

Murphy, R.L., Alberta, C.J., Williams, R.C, et al. *Continuous Risk Management Guidebook*, SEI Carnegie Mellon University, pp.28, 1996.

Myler, H. R., *Fundamentals of Engineering Programming with C and Fortran.*, Cambridge University Press. pp.32-36, 1998.

Northhouse, P. G., *Leadership: Theory and Practice*, 3rd Edition, Sage Publications Ltd., London, 2004.

Office of the Secretary Of Defense, National Aeronautics and Space Administration, *DOD and NASA Guide: PERT COST Systems Design,* Washington, June 1962.

Olsen, R. P., "Can project management be defined?" *Project Management Quarterly*, 2(1), pp.12-14, 1971.

O'Reily Ⅲ, C. A., Chatman, J. A., & Caldwell, D. F., "People and Organizational Culture: A Profile Comparison Approach to Assessing Person - Organization Fit," *The Academy of Management Journal*, Vol. 34, No. 3, pp. 487-516, 1991.

Project Management Institute, *A Guide to the Project Management Body of Knowledge(PMBOK Guide), 4th ed.,* pp.5 and 300, 2008.

Prichard, C. L., *Risk Management-Concept and Guidance*, 2nd ed., ESI International, 2011.

Purnus, A., & Bodea, C., "Considerations on Project Quantitative Risk Analysis," Procedia −*Social and Behavioral Sciences*, Vol.74, pp.144-153, 2013.

Saltelli, A., "Sensitivity Analysis for Importance Assessment," *Risk Analysis*, Vol.22, No.3, pp.579-590, 2002.

Scarnati, J. T., On becoming a team player, *Team Performance Management*, Vol.7, No.1/2, pp.5-10, 2001.

Schyler, J., *Risk and Decision Analysis in Projects*, 2nd ed., PMI, Inc., 2001.

Scott-Young, C., & Samson, D., Process success and project team management: Evidence from capital projects in the process industries, *Journal of Operations Management*, Vol.26, pp.749-766, 2008.

Smith, M. L., & Erwin, J., Role & Responsibility Charting (RACI), *Project Management Forum*, 2005.

Stevens, S. S., Introduction: A Definition of the Communication, *The Journal of the Acoustical Society of America*, Vol. 22, No. 6, pp. 689, 1950.

Stogdill, R. M., 'Leadership, membership, and organization', Psychological Bulletin, Vol.47, No.1, pp.1-14, 1950.

Sunde, L., and Lichtenberg, S., "Net-present-value cost/time tradeoff," *International Journal of Project Management,* Vol.13, No.1, pp.45-49, 1995.

Sutterfields, J. S., Friday-Stroud, S. S., & Shivers-Blackwell, S. L., A Case Study of Project and Stakeholder Management Failures: Lessons Learned, Project Management Journal, Vol.37, No.5, pp.26-35, 2006.

Tuckman, B. W., & Jensen, M. A., Stages in small group development revisited, *Group and Organization Studies*, Vol.2, pp.419-427, 1977.

Verzuh, E., *The fast forward MBA in project management*, 4th ed., John Wiley & sons, New Jersey, pp.115 and 129, 2012.

Ward, J. A., "Project pitfalls," *Information System Management*, Vol.12, No.1, pp.74-76, 1995.

Wiest, J. D., and Levy, F. K., *A Management Guide to PERT/CPM: with GERT/PDM/DCPM and other Networks*, Frentice-Hall, Inc., New Jersey, 2nd ed., 1977. See pp.74.

Williams, T., "Assessing and Moving on From the Dominant Project Management Discourse in the Light of Project Overruns." *IEEE Transactions on Engineering Management*, Vol. 52, No. 4, November 2005.

Wysocki, R. K., *Effective Software Project Management*, Wiley Publishing Inc., 2006.

Acquisition GOV., *Part 16-Types of Contracts*, accessed Feb. 17, 2025, https://www.acquisition.gov/far/part-16.

찾아보기

ㄱ

가동시간(up-time) 183
가상조직(virtual organization) 46, 58
가장 가능성 있는 원가(most likely cost) 163
가용성(availability) 183
가정(assumptions) 94
가중평균(weighted average) 124
간접원가(indirect costs) 153, 154
간트차트(Gantt chart) 10
갈등관리 스킬(conflict management skills) 64
갈등효능(conflict efficacy) 68
개개의 측정치관리도(x control chart) 205
개인적인 편견(personal bias) 240
거버넌스 기구(governance body) 42, 43
건설표준품셈(standard of construction estimate) 154
결과(consequences) 234
결점 수 관리도(c control chart) 205
결정변수(decision variable) 131
결정적 추정(deterministic estimation) 126
경계(boundaries) 20, 97
경성논리(hard logic) 112
경영예비비(management reserves) 96, 167
경쟁입찰(competitive bidding) 209, 218, 223
경제적 가격조정고정가계약(fixed price contract with economic price adjustment-FAR 16, 203) 216
경향도(trend chart) 197
경향분석(trend analysis) 254
경험적 원가/기간 상충방법(heuristic cost/duration tradeoff methods) 157
계량형 샘플링검사(sampling inspection by variables) 197
계수형 샘플링검사(sampling inspection by attributes) 197
계약(contract) 215
계약이행보증(performance bonds) 253
계약협상(contract negotiation) 225
계획가치(planned value, PV) 149, 169
고객의 소리(voice of customer, VOC) 194
고정가계약(fixed price contracts, FPC) 215
고정수수료 가산원가계약(cost plus fixed fee contract-FAR 16, 306) 217
고정원가(fixed cost) 154, 155
공급사슬관리(supply chain management, SCM) 209
공급완충(feeding buffer) 140
공급자선정기준(supplier selection criteria) 218
공급자 평가(supplier evaluation) 218, 219
공식 평가(formal evaluation) 219, 220
공정능력(process capability) 188
관료적 리더십(bureaucratic leadership) 86
관리도(control chart) 197, 203
관리상한(upper control limit, UCL) 204
관리하한(lower control limit, LCL) 204
관리한계(control limits) 204, 206
교점(node) 115, 116
구간선형(piecewise linear) 156
권위적 리더십(authoritative leadership) 85
균형기능 매트릭스조직(balanced functional matrix organization) 51
근본원인(root cause) 106, 254
근사확률분포(approximate probability distribution) 122
급송주문(rush order) 222
기간-원가 상충(duration-cost trade-off) 155
기대금전가치(expected monetary value, EMV) 246, 247
기대원가(expected cost) 162
기대치(expected value) 123, 133
기준(criteria) 99
기준선(baseline) 21
기회비용(opportunity cost) 235

ㄴ

나무구조(tree structure) 11, 101
낙관적 추정치 123, 124
낙관적 원가(optimistic cost) 162

낮은 리스크(low risk) 244
내부실패원가(internal failure costs, IFC) 189, 190
내부이해관계자(internal stakeholders) 29
네트워크조직(network organization) 57, 58
논리적 관계(logical relationship) 111
높은 리스크(high risk) 244
늦은 시작(late start, LS) 130
늦은 종료(late finish, LF) 130

ㄷ

다중작업(multitasking) 140
다중작업 프로젝트(multitasking project) 145
단위당 결점 수 관리도(u control chart) 205
단위 비율(unit rate) 161
단위 원가(unit cost) 161
단축된 프로젝트기간(crashed project duration) 158
닷지-로믹 샘플링검사표(Dodge-Romig sampling inspection tables) 197
대안적 분쟁해결(alternative dispute resolution, ADR) 229
대용 품질특성(substitute quality characteristics) 196
대화식 의사소통(interactive communication) 78
더미활동(dummy activity) 116
델파이방법(Delphi method) 34
동반자(partnership) 221
동반자관계(partnership relation) 214, 223
동시공학(concurrent engineering) 143
디지털전환(digital transformation) 10
라시(responsible, accountable, consult, and inform, RACI)차트 59, 60
로봇기술(robotic technology) 9
로트의 합 · 부 판정기준(criteria for acceptance or refusal) 197
리드타임(lead time) 139
리스크대응(risk response) 235, 251
리스크 등록대장(risk register) 238
리스크 로그(risk log) 238
리스크 범주(risk category) 237
리스크분석(risk analysis) 235, 239
리스크분할구조(risk breakdown structure, RBS) 237
리스크식별(risk identification) 236, 239
리스크태도(risk attitude) 239
리스크통제(risk control) 235, 254
리스크 평가매트릭스(risk assessment matrix) 242

ㅁ

마음가짐(mental attitude) 225
마일스톤 목록(milestone list) 118
마일스톤 차트(milestone chart) 146
매트릭스조직(matrix organization) 50
메디안과 범위관리도($\tilde{x} - R$ control chart) 205
명목집단기법(nominal group technique, NGT) 33
모수 값(parametric value) 161
모수원가추정(parametric cost estimation) 161
모수추정(parametric estimation) 122
모의실험(simulation) 248
목적함수(objective function) 131, 160
몬테카를로 기법(Monte Carlo technique) 248
몬테카를로 시뮬레이션(Monte Carlo simulation) 142
무결점(zero defects) 183, 184
미국국립표준협회(American National Standards Institute, ANSI) 191
미국연방구입규정(Federal Acquisition Regulation, FAR) 215
미래 가격재결정고정가계약(fixed price contract with prospective price redetermination-FAR 16, 205) 216
민감도 분석(sensitivity analysis) 245

ㅂ

바이탈 퓨(vital few) 199
베타분포(beta distribution) 249
발생가능성(likelihood) 239
범위검증 점검표 105
범위변경 106
범위기준선(scope baseline) 99
범위한계(range limits) 248
범위 끼어들기(scope creep) 97
변동분석(variation analysis) 254
변동성(variability) 134
변동원가(variable cost) 155
변혁적 리더십(transformational leadership) 86

병목자원(bottleneck resources) 142
보상금 가산원가계약(cost plus award fee contract-FAR 16, 305) 217
보전성(maintainability) 183
보증채무(liabilities of guarantees) 251
보통원인(common cause) 203
복호화(decoding) 74
부분군 표본(subgroup sample) 205
부적합 비용(expense of nonconformance) 183
부호화(encoding) 74
분산(variance) 134, 250
불량개수 관리도(p_n control chart) 205
불량률 관리도(p control chart) 205
불량품(defective products) 188
불확실성(uncertainty) 55
브레인스토밍(brainstorming) 32
비관적 원가(pessimistic cost) 162
비관적 추정치 124
비공식 평가(informal evaluation) 220
비상계획(contingency plans) 142, 145
비상대응(contingency response) 252
비상사태(contingencies) 216
비상예비비(contingency reserve) 163
비상예비비추정(contingency reserve estimation) 163
비상예비시간(contingency reserve time) 125
비상예비시간추정(contingency reserve time estimation) 125
비용-편익(cost-benefit) 94
비-음정수(non-negative integer) 115
비주사슬(non-critical chain, NCC) 140
비주활동(noncritical activity, NCA) 128
비즈니스 포트폴리오(business portfolio) 39
비-프로젝트 활동(non-project activities) 113
빅데이터(big data) 9, 87
빠른 시작(early start, ES) 129
빠른 종료(early finish, EF) 129

ㅅ

사물인터넷(internet of things, IoT) 9
산술평균(arithmetic mean) 123
산업손실보증(industry loss warranties) 253
산업표준 94
산점도(scatter plot or scatter diagram) 201
산출물(outputs) 18, 25
3점원가추정(three-point cost estimation) 162
3점추정(three-point estimation) 122
삼각분포(triangle distribution) 123, 250
삼중 제약(triple constraints) 20
상대적 점수(relative score) 243
상대적 중대성(relative importance) 243
상용품목(commercial items) 215
상충관계(trade-off relationship) 144, 155
상향원가추정(bottom-up cost estimation) 162
샘플링검사(sampling inspection) 188, 197
선도(lead) 113
선택적 마일스톤(optional milestone) 118
선행활동(predecessor activities) 109, 110
선형계획(linear programming, LP) 131, 155
선호공급자(preferred supplier) 222
선호논리(preferred logic) 113
성과(outcomes) 235
성과표준(performance standard) 183
성실성(integrity) 46, 62
수락(acceptance) 212
수행된 작업의 실제원가(actual cost of work performed, ACWP) 169
수행된 작업에 대한 예산원가(budgeted cost of work performed, BCWP) 170
스마트(specific, measurable, achievable, realistic, and time-bound, SMART) 98
SWOT(strengths, weaknesses, opportunities, and threats)분석 41
승-승(win-win) 226
시간당 임금률(hourly rate of labor) 216
시간과 재료계약(time and materials contracts, TMC) 216
시간완충(time buffer) 125
시나리오분석(scenario analysis) 145
시뮬레이션 기법(simulation technique) 145
신뢰성(reliability) 183
신속처리(fast tracking) 143
실용적 관리기법(practical management technique) 9
실제원가(actual cost, AC) 169
심각성(severity) 251
심플렉스방법(simplex method) 131
14단계 품질개선프로그램(14 steps quality improvement program) 184

ㅇ

알려진 리스크(known risk) 233
애자일조직(agile organization) 54
약한기능 매트릭스조직(weak functional matrix organization) 52
양방향 의사소통(two-way communication) 87
양의 상관관계(positive correlation) 202
양호품(good products) 188
AoA 도형(activity-on-arc diagram) 115
AoN 도형(activity-on-node diagram) 117
여유시간(slack time or float time) 128
연성논리(soft logic) 113
연속확률분포(continuous probability distribution) 249
영향(impact) 145, 239
예비적격심사(preliminary screening) 223
예산코드(budget code) 164
예산한도 97
예정된 작업용 예산으로 반영된 원가(budgeted cost of work scheduled, BCWS) 169
완료시점추정치(estimate at completion, EAC) 175
완료시점예산(budget at completion, BAC) 169, 175
완화(mitigation) 251
외부실패원가(external failure costs, EFC) 190
외부적 의존성(external dependencies) 19
외부이해관계자(external stakeholders) 29
요구사항에 대한 적합(conformance to requirements) 183
우연원인(chance cause) 203
운전자본(working capital) 221
원가기준선(cost baseline) 166
원가대상(cost object) 154
원가분류코드화(coding for cost classification) 164
원가성과(cost performance) 172
원가성과지수(cost performance index, CPI) 174
원가/일정 통제시스템기준(cost/schedule control systems criteria, C/SCSC) 168
원가정산계약(cost reimbursement contracts, CRC) 217
원가차이(cost variance, CV) 172
원가추정코드(cost estimation code) 164
원가통제코드(cost control code) 165
위임적 리더십(delegative leadership) 86
유동비율(current ratio) 221
유사원가추정(analogous cost estimation) 162
유사추정(analogous estimation) 121
유사한 리스크(similar risk) 233
유인식 의사소통(pull communication) 79
유전 알고리즘(genetic algorithm, GA) 158
윤리적 리더십(ethical leadership) 87
음의 상관관계(negative correlation) 202
의무적 마일스톤(mandatory milestone) 118
의무적 의존성(mandatory dependencies) 19
의사결정나무(decision tree) 218
의사결정나무 분석(decision tree analysis) 246
이상원인(assignable cause) 203
2차원평가(two-dimensional assessment) 242
이해관계수준(interest level) 76
이해관계자 등록대장(stakeholder register) 30
인공지능(artificial intelligence, AI) 9, 87
인도물(deliverables) 11, 18
인센티브 가산원가계약(cost plus incentive fee contract-FAR 16, 304) 217
일방적 의사소통(one-way communication) 74
일정기준선(schedule baseline) 109, 125
일정네트워크도형(schedule network diagram) 115
일정성과(schedule performance) 171
일정성과지수(schedule performance index, SPI) 149
일정압축(schedule compression) 143
일정차이(schedule variance, SV) 149
일정통제(schedule control) 149
임의적 의존성(discretionary dependencies) 19
입찰(tending) 209
입찰요청서(request for tender, RFT) 223

ㅈ

자금한도(fund limit) 167
자원 역일표(resource calendar) 63
자원원가(resources costs) 166
자원완충(resource buffer) 140
자원 의존성(resource dependencies) 140
자원제약(resource constraints) 126, 136
자원-제약 일정문제(resource-constrained scheduling problem, RCSP) 142

자원-제약 주경로(resource-constrained critical path, RCCP) 138
자원평준화(resource leveling) 125
작업기술서(statement of work, SOW) 212
작업분할구조(work breakdown structure, WBS) 11
작업분할구조도 102
작업분할구조사전(WBS dictionary) 93, 103
작업 성과정보 106, 150
작업패키지(work packages) 11, 101
잠재공급자(potential suppliers) 219
잠재적 리스크(potential risks) 239
재보험 계약(reinsurance contract) 253
적합성(fitness for use) 182
전가(transfer) 251
전달식 의사소통(push communication) 79
전략적 리더십(strategic leadership) 86
전략적 제휴(strategic alliance) 221
전략지능(strategic intelligence) 41
전수검사(100% inspection) 188
전사적 품질관리(company-wide quality control, CWQC) 186
전진계산(forward calculation) 130
전진패스(forward pass) 126, 130
점검표(check sheet) 202
접합점(junctions) 116
정규분포(normal distribution) 122
정량적 리스크분석(quantitative risk analysis) 245
정량적 매개변수(quantitative parameters) 193
정량적 평가(quantitative assessment) 239
정밀도(precision) 239
정상기간(normal duration) 144
정상원가(normal cost) 144
정성적 니즈(qualitative needs) 193
정성적 분석(qualitative analysis) 239
정수계획(inter programming, IP) 158
정지시간(down-time) 183
정확도(accuracy) 124
제안요청서(request for proposal, RFP) 223
제약이론(theory of constraints, TOC) 12, 138
제약사항(constraints) 99
제작 또는 구입(make or buy) 213
제조능력(manufacturing capability) 220
제조용량(manufacturing capacity) 220
제품 범위(product scope) 98
제품설계시방서 98
조달(procurement) 209
조달계약(procurement contract) 212
조달심사(procurement audits) 228
조정(mediation) 229
조직문화(organizational culture) 44
조직전략(organizational strategy) 40
종합적 품질관리(total quality control, TQC) 185
주경로(critical path, CP) 126
주경로방법(critical path method, CPM) 10, 126
주사슬(critical chain, CC) 12, 138
주사슬프로젝트관리(critical chain project management, CCPM) 12, 138
주자원(critical resource) 140
주활동(critical activity, CA) 128
중간 리스크(medium risk) 244
중대성(significance) 243, 245
중복설계(redundancy) 253
중심선(central line) 204
중앙 추정치(median estimate) 138
중재(arbitration) 229
중재패널(arbitral panel) 229
지수가중이동평균(exponentially weighted moving average, EWMA)관리도 205
지연(lag) 113
지원적 리더십(supportive leadership) 70
직교좌표(rectangular coordinates) 201
직접원가(direct costs) 153, 154

ㅊ

참여적 리더십(participative leadership) 70, 85
참 품질특성(true quality characteristics) 196
최소직접원가곡선(minimum total direct cost curve) 156
최소지연시간(minimum lag time) 113
최소 총원가-기간 곡선(minimum total cost-duration curve) 159
최종합의(final agreement) 226
출시시기(time-to-market) 159
층별(stratification) 200

ㅋ

크래시기간(crash duration) 144
크래시원가(crash cost) 144
크래싱(crashing) 144

ㅌ

타당성 검토(feasibility review) 94
타협(compromising) 69
토네이도 다이어그램(tornado diagram) 245
토마스-킬만 도구(Thomas- Kilmann Instrument, TKI) 68
통계적 공정관리(statistical process control, SPC) 194
통계적 기법(statistical techniques) 189
통계적 품질관리(statistical quality control, SQC) 185
통합변경통제(integrated change control, ICC) 107
투입물(inputs) 25
투자수익률(return on investment, ROI) 221
특성요인도(cause and effect diagram) 198
특수원인(special cause) 203
팀-빌딩(team-building) 64
팀워크(team work) 46, 63

ㅍ

파레토도(Pareto chart or Pareto diagram) 199
파레토 원칙(Pareto principle) 199
파킨슨의 법칙(Parkinson's law) 139
평균(mean) 250
평균치와 범위관리도($\bar{x}-R$ control chart) 205
표준편차(standard deviation) 134
품질관리분임조(quality control circle, QCC) 187
품질경영표준(quality management standards, QMS) 187
품질규격(quality specification) 209
품질기능전개(quality function deployment, QFD) 193
품질보증(quality assurance) 188
품질심사(quality audit) 207
품질원가(quality costs) 183, 189
프로그램평가검토기법(program evaluation review technique, PERT) 11, 133
프로젝트 범위검증(project scope verification) 105
프로젝트 범위기술서(project scope statement) 97, 97
프로젝트 범위통제(project scope control) 106
프로젝트 마일스톤(project milestones) 96, 99
프로젝트생애주기(project life cycle, PLC) 20
프로젝트스폰서(project sponsor) 29, 105
프로젝트완충(project buffer) 140, 141
프로젝트 예산(project budget) 96, 167
프로젝트-집중 매트릭스조직(project-focused matrix organization) 51
프로젝트헌장(project charter) 94, 95

ㅎ

하향식 추정치(top-down estimates) 120
학생증후군(student syndrome) 139
학생증후군 성과곡선(student syndrome performance curve) 139
학습곡선(learning curve) 222
현지실사(due diligence) 253
협상기술(negotiation techniques) 225
협상스킬(negotiating skills) 62
형성단계(forming stage) 65
확률(probability) 234, 239
확률밀도함수(probability density function) 249
확정고정가계약(firm fixed price contract-FAR 16, 202) 215
활동기간추정(activity duration estimation) 120
활동기준원가계산(activity-based costing, ABC) 191
활동목록(activity list) 109
활동순서(activity sequence) 110
활동여유(activity slack or activity float) 128
활동자원 요구사항(activity resource requirements) 119
활동자원추정(activity resources estimation) 119
회피(avoidance) 251
획득가치(earned value, EV) 170
획득가치관리(earned value management, EVM) 11, 149
효과성(effectiveness) 31, 254
효용(utility) 218
후진계산(backward calculation) 130
후진패스(backward pass) 126, 130
후행활동(successor activities) 109
휴회단계(adjourning stage) 66
흐름도(flow chart or flow diagram) 191
히스토그램(histogram) 200

프로젝트관리의 길

저 자 김종열
발 행 인 김지영
발 행 처 자유아카데미
주 소 경기도 파주시 회동길 37-42
파주출판도시
전 화 031-955-1321
팩 스 031-955-1322
홈페이지 www.freeaca.com
전자우편 main@freeaca.com (대표)
editor@freeaca.com (편집)
crm@freeaca.com (영업)
등 록 제406-2003-017호, 1980. 7. 12
제1판1쇄 2025년 11월 15일 발행

저자와의
협의하에
인지생략

ISBN 979-11-5808-775-3 93500